JUSTIÇA, PROFISSIONALISMO E POLÍTICA

O STF e o controle da constitucionalidade das leis no Brasil

JUSTIÇA, PROFISSIONALISMO E POLÍTICA

O STF e o controle da constitucionalidade das leis no Brasil

FABIANA LUCI DE OLIVEIRA

Copyright © 2011 Fabiana Luci de Oliveira, alguns direitos reservados

Esta obra é licenciada por uma Licença Creative Commons
Atribuição — Uso Não Comercial — Compartilhamento pela mesma Licença, 2.5 Brasil.
"Você pode usar, copiar, compartilhar, distribuir e modificar esta obra, sob as seguintes condições:
1. Você deve dar crédito aos autores originais, da forma especificada pelos autores ou licenciante.
2. Você não pode utilizar esta obra com finalidades comerciais.
3. Se você alterar, transformar, ou criar outra obra com base nesta, você somente poderá distribuir a obra resultante sob uma licença idêntica a esta.
4. Qualquer outro uso, cópia, distribuição ou alteração desta obra que não obedeça os termos previstos nesta licença constituirá infração aos direitos autorais, passível de punição na esfera civil e criminal."
Os termos desta licença também estão disponíveis em: <http://creativecommons.org/licenses/by-nc-sa/2.5/br/>

Direitos desta edição reservados à EDITORA FGV,
conforme ressalva da licença Creative Commons aqui utilizada:
Rua Jornalista Orlando Dantas, 37
22231-010 | Rio de Janeiro, RJ | Brasil
Tels.: 0800-021-7777 | 21-3799-4427
Fax: 21-3799-4430
editora@fgv.br | pedidoseditora@fgv.br
www.fgv.br/editora

Impresso no Brasil | *Printed in Brazil*

Os conceitos emitidos neste livro são de inteira responsabilidade da autora.

Preparação de originais: Ronald Polito
Editoração eletrônica: Cristiana Ribas
Revisão: Adriana Alves | Fatima Caroni
Projeto gráfico de capa: 2abad
Imagem da capa: Sala de sessão de julgamento do STF

Ficha catalográfica elaborada pela
Biblioteca Mario Henrique Simonsen

Oliveira, Fabiana Luci de

Justiça, profissionalismo e política: o STF e o controle da constitucionalidade das leis no Brasil / Fabiana Luci de Oliveira. — Rio de Janeiro: Editora FGV, 2011.

260 p.
Inclui bibliografia.
ISBN: 978-85-225-0940-9

1. Poder Judiciário e questões políticas. 2. Controle da constitucionalidade. 3. Processo decisório. 4. Ministros do Supremo Tribunal. 5. Brasil. Supremo Tribunal Federal. I. Fundação Getulio Vargas. II. Título.

CDD — 341.256

Sumário

Apresentação. Caminhando pelas fronteiras do saber e da política   **7**

**Introdução. Direito, profissionalismo e política
no Supremo Tribunal Federal**   **11**

Contextualizando a discussão   14

Organização dos capítulos   19

Capítulo 1. Perspectiva teórico-metodológica   **23**

Introdução   23

Considerações sobre o Supremo Tribunal Federal
    e o controle da constitucionalidade das leis no Brasil   29

Estudos do comportamento do Poder Judiciário   43

Modelo de análise do comportamento do STF   54

Capítulo 2. Descrição da base de dados   **59**

Determinação do tamanho da amostra   59

Descrição da base de dados   61

Decisões não unânimes   74

Capítulo 3. Redes de votação no Supremo Tribunal Federal   **81**

Quem são os ministros do STF   81

Análise das redes de votação no STF   91

Capítulo 4. Modelagem estatística do voto dos ministros e da decisão do mérito das Adins — **113**

Introdução — 113

Modelos de análise — 115

Discussão dos resultados — 144

Capítulo 5. Argumentação dos ministros nas Adins — **149**

Introdução — 149

Argumentos vencedores — 154

Argumentos vencidos — 172

Capítulo 6. Ministros: restritivos *versus* ativistas — **181**

Introdução — 181

A orientação política do voto dos ministros
nas decisões não unânimes — 190

Restritivos *versus* ativistas — 197

Conclusão — **231**

Contribuições trazidas pelo modelo — 232

Referências — **247**

Anexo — **257**

Apresentação
Caminhando pelas fronteiras do saber e da política

Até os anos 1980, a sociologia das profissões priorizou a análise dos grupos profissionais no mercado, investigando os avanços e retrocessos dos processos de profissionalização, as disputas pelo monopólio da atividade, pela produção da *expertise*, pelo controle da jurisdição e do poder profissional. Um aspecto relevante nesse percurso pressupunha o insulamento das carreiras em relação aos interesses específicos, delimitando fronteira entre profissão e política. A vertente funcionalista naturalizou essa separação, concebendo a *expertise* profissional como neutra e, por conseguinte, apolítica. As críticas a tal abordagem vieram de diversas perspectivas, registrando-se a influência da análise foucaultiana do saber-poder a denunciar a falácia da neutralidade do conhecimento.

A polarização na concepção sociológica sobre a *expertise* — o saber abstrato que o profissional detém na especialidade que domina — recortou ideologicamente o campo de estudo entre aqueles que enfatizavam a neutralidade e aqueles que a denunciavam como uma falácia.

A expansão dos estudos sobre as relações das profissões com a política e o Estado trouxe nova compreensão a tal debate. O que antes foi assumido como uma essência dos grupos profissionais passou a ser problematizado, indagando-se sobre a existência ou não de fronteiras entre política e profissão, como estas foram construídas, sua dimensão simbólica e os impedimentos jurisdicionais. No lugar da polarização entre haver ou não neutralidade no saber, passou-se a priorizar a realização de estudos históricos e contemporâneos sobre como foram institucionalizadas e legitimadas as fronteiras profissionais em contextos específicos, como o Estado auxiliou esse processo, como tal ideário transformou-se na política própria às profissões, consolidando-se a valorização e a identificação com a *expertise*.

Justiça, profissionalismo e política, de Fabiana Luci de Oliveira, insere--se nesse movimento analítico. A autora elegeu o Supremo Tribunal Federal como foco de sua investigação por ser uma instituição-chave nesse debate, por ser, ao mesmo tempo, topo do Judiciário e Corte constitucional ativa na divisão dos poderes do sistema político. As fronteiras entre profissão e política, mais especificamente entre direito, profissionalismo e política, são cotidianamente mensuradas no exercício da função de ministro(a) pelos 11 membros do STF.

Reconhecendo o desafio que tal empreitada teórico-metodológica impunha, ela buscou amparar-se em artefatos conceituais e técnicas de pesquisa que lhe permitissem fundamentar seu estudo. Se o ponto de partida foi o debate interno à sociologia das profissões, em que ela "nadava de braçada" no domínio da literatura e do estado da arte dessa *expertise*, a autora caminhou para novos territórios cruzando fronteiras. Incorporou uma formação sólida em metodologia com um crescente conhecimento sobre uma área da ciência política voltada às instituições do Judiciário e ao ativismo judicial, conhecida como *judicial politics*. Da interseção entre profissões jurídicas, métodos e novo institucionalismo judicial nasce sua perspectiva analítica e a originalidade de sua contribuição ao conhecimento sobre profissionalismo, política e direito, focalizando o STF.

Analisando uma amostra de 300 ações diretas de inconstitucionalidade (Adins), julgadas pelo STF entre outubro de 1988 e março de 2003, Oliveira constrói um modelo que lhe permite avançar conclusões teóricas fundamentadas em evidências substantivas, afirmando que "no processo de decisão judicial direito e política se encontram imbricados, e

Apresentação

o profissionalismo atua nessa relação como uma via de distinção, como uma fonte de legitimação" (introdução, p. 12). Ela reconhece que todas as decisões têm algo de político, mas considera relevante a distinção analítica entre decisão técnica e decisão política dos ministros.

Envolvidos no julgamento dessas 300 Adins, a autora identificou 18 ministros ao longo desses 15 anos, sendo oito deles magistrados, grupo que foi maior antes da Constituição de 1988, abrindo a partir de então mais espaço no STF para as nomeações políticas do Ministério da Justiça e para outras carreiras jurídicas, como procurador-geral da República e advogado-geral da União. A longa trajetória na magistratura é tomada como indicador de forte exposição aos valores do profissionalismo, como a neutralidade da *expertise*.

Mais de 80% das decisões sobre essa amostra de Adins são consensuais, dando destaque à relevância que tanto ministros de perfil técnico quanto político atribuem à estabilidade jurídica e à presumibilidade da Corte, o que a literatura destaca como o comportamento esperado de uma Suprema Corte. Para Oliveira, o consenso também contribui para distanciar o mundo jurídico do mundo político. Entretanto, ela reconhece nas decisões não unânimes a possibilidade de identificar o perfil restritivo ou ativo de atuação dos ministros analisando qualitativamente os argumentos vencedores e os argumentos vencidos. Isso a leva a concluir que o processo de decisão judicial é determinado por uma combinação de fatores legais, extralegais e profissionais.

No primeiro fator a autora reúne os aspectos legais, doutrinários e fatores do caso; no segundo fator estão os atributos pessoais e a ideologia, o contexto político, de outros setores governamentais, o contexto institucional, os grupos de interesse e a opinião pública; no terceiro fator estão a trajetória de carreira e o profissionalismo.

Superando dicotomias entre a neutralidade da *expertise* e o ativismo judicial, o livro mostra como a segurança jurídica é um valor partilhado pelo STF, a judicialização da política é uma prática acompanhada do papel político da Corte, e o profissionalismo é a forma de legitimar essa atuação política, exercida por ministros que não dispõem de suporte eleitoral.

Justiça, profissionalismo e política

Assim, a autora mostra como eles se legitimam através dessa outra fonte de poder que é a *expertise*, tipo de autoridade que se dissemina ao longo do século XX, dando força às decisões da Corte, além de reconhecimento público e deferência social.

O artefato conceitual e metodológico que Oliveira articulou ao cruzar fronteiras disciplinares foi capaz de produzir resultados analíticos sobre a realidade brasileira que os núcleos de cada uma dessas especialidades sozinhas não haviam obtido. Caminhar pelos campos marcados pelos monopólios do saber e pelas reservas de mercado tem custos para quem por eles peregrina. A incursão pode ser vista como invasão, a troca pode ser percebida como disputa, mas o benefício que descobrirmos com o saber original que emerge dessa busca vale a pena. O leitor reconhecerá no livro o trabalho de uma *expert*!

Maria da Gloria Bonelli
Departamento de Sociologia (UFSCar)

Introdução

Direito, profissionalismo e política no Supremo Tribunal Federal

O Supremo Tribunal Federal (STF) é um ator de grande importância na vida política nacional. O papel de destaque desempenhado pelo Supremo foi ampliado em grande parte devido à configuração da Constituição de 1988, que incorporou diversos princípios e direitos, sociais, econômicos e políticos, e regulamentou praticamente todos os âmbitos da vida social.[1] O STF se tornou, assim, uma arena para o debate de temas que envolvem diversos setores da sociedade, exercendo controle sobre leis e atos normativos que dizem respeito às relações entre os poderes do Estado e entre esses poderes e a sociedade, avaliando se estão de acordo com a Constituição.

O tribunal tem sido constantemente chamado a decidir sobre a constitucionalidade de questões relevantes e polêmicas. Nas palavras de Oscar Vilhena Vieira,[2] "o Supremo tem passivamente a última palavra em todos os temas quentes da pauta política brasileira". Essa constatação levou Vieira a cunhar o termo "supremocracia", em referência à superexposição do Supremo na mídia e ao acúmulo de autoridade do tribunal em seu papel de intérprete da Constituição e na criação de regras (Vieira, 2008).

---

[1] Ver Werneck Vianna e colaboradores (1999); Cittadino (2001); Vieira (2002).

[2] Entrevista publicada em <www.conjur>, em 23 de outubro de 2005.

Exemplo das matérias sobre as quais o STF tem decidido são os processos de privatização, entre os quais está o da Vale do Rio Doce, a contribuição previdenciária dos servidores públicos inativos, disputas fiscais entre estados e entre estados e a União, regras eleitorais, o aborto de anencéfalos e a implementação de cotas universitárias. Mais recentemente o Supremo tem causado controvérsia por decisões como a concessão de liberdade ao italiano Cesare Battisti, ratificando decisão do então presidente Lula; o reconhecimento da união estável para casais do mesmo sexo (união homoafetiva) e a autorização da realização das passeatas conhecidas como "marcha da maconha", que reúnem manifestantes favoráveis à descriminalização das drogas.

A forma como o Supremo tem atuado nessas questões, a forma como ele tem respondido às demandas dos diversos agentes legitimados a acioná-lo provoca o questionamento sobre as relações entre o Poder Judiciário e a política, despertando o interesse em entender como se dá o processo de decisão judicial e quais os fatores que estão envolvidos nesse processo.

É justamente esse o foco da pesquisa, investigar o processo de decisão judicial, observando a forma como os ministros se comportam no exercício do controle da constitucionalidade das leis. Tratamos mais especificamente dos casos relativos às ações diretas de inconstitucionalidade. Nosso objetivo é desenvolver um modelo de análise para explicar o comportamento do STF, visando determinar os elementos mais influentes no processo de decisão judicial. Investigamos esse processo como um todo, observando seus aspectos coletivos e individuais.

O problema teórico substancial que permeia a discussão é o de como direito e política se relacionam. Entre as diversas respostas possíveis, procuramos uma que situa o profissionalismo como um elemento ativo nessa relação. Argumentamos que no processo de decisão judicial direito e política se encontram imbricados, e o profissionalismo atua nessa relação como uma via de distinção, como uma fonte de legitimação. É por meio do profissionalismo que os ministros do STF se diferenciam dos outros atores políticos.

Diversos fatores influem no processo de decisão judicial, sendo difícil uma única teoria dar conta de sua explicação. Por isso optamos por reunir elementos de diferentes abordagens em nosso modelo de análise.

A construção do modelo se baseia na associação de elementos da sociologia das profissões com quatro abordagens da *judicial politics* (atitudinal, estratégica, institucional e legal), linha de pesquisa da ciência política norte-americana que foca o papel das cortes no processo político de tomada de decisão.

Cada uma dessas teorias traz uma contribuição específica para a análise. Resumidamente, o profissionalismo estabelece a *expertise* como um diferencial, e os valores profissionais acrescentam substância moral ao conteúdo técnico das profissões. A partir dessa perspectiva estabelecemos também a importância da trajetória de carreira, do treinamento e da socialização na profissão para a compreensão da atuação dos juízes.

A abordagem atitudinal coloca que as decisões dos juízes da Suprema Corte são determinadas a partir de suas preferências políticas e pessoais e de suas convicções ideológicas (Segal e Spaeth, 2002). Já a abordagem estratégica pressupõe que as decisões dos juízes sofrem constrangimentos sociais, institucionais e políticos. Os autores ligados à abordagem institucional e ao novo institucionalismo afirmam a necessidade de atentar para o contexto histórico e doutrinário da Corte, para a interação entre os juízes e não apenas para o voto individual (Gillman e Clayton, 1999). A abordagem legal assume que as decisões judiciais são baseadas em princípios morais e políticos e não em preferências políticas propriamente ditas (Dworkin, 2001). Os juízes levariam em conta em suas decisões os fatores legais e os precedentes e balanceariam esses elementos com interesses da sociedade.

Essas linhas de interpretação se complementam, dando sustentação ao nosso argumento de que o processo de decisão judicial é determinado por uma combinação de fatores: legais, extralegais e profissionais.

Aplicamos o modelo em uma amostra de 300 ações diretas de inconstitucionalidade, julgadas pelo STF entre outubro de 1988 e março de 2003. É sobre a análise dos dados dessas ações que o trabalho se fundamenta.

Contextualizando a discussão

O objetivo da pesquisa se insere em uma discussão mais ampla, a da expansão mundial do poder político do Judiciário e da necessidade de fortalecer o *rule of law* na América Latina. Essa discussão vem sendo feita sob as insígnias da judicialização da política (avanço da lógica racional-legal no ordenamento político) e da democracia constitucional (*juristocracy*).

Trabalhamos com a definição clássica para o fenômeno da judicialização da política, dada por Tate e Vallinder (1995:13), como

> a expansão da área de atuação das cortes judiciais ou dos juízes a expensas dos políticos e/ou administradores, isto é, a transferência de direitos de decisão da legislatura, do gabinete ou da administração pública às cortes judiciais, ou, ao menos, a propagação dos métodos judiciais de decisão para fora das cortes de direito propriamente ditas.

Partindo dessa definição, os autores determinam os fatores e as condições políticas que parecem promover e facilitar a ocorrência da judicialização da política. O autor sugere oito itens: 1) regime democrático e constitucional, não sendo possível haver judicialização da política em países que não tenham adotado as normas e as instituições das democracias liberais e aceitado o princípio da independência do Judiciário; 2) sistema de separação de poderes (seguindo a definição clássica de Montesquieu, o autor propõe que cabe ao Judiciário interpretar e não fazer as leis); 3) uma política de direitos, partindo do princípio de que as minorias têm direitos constitucionalmente reconhecidos que podem ser executados contra a vontade da maioria; 4) a utilização das cortes de direito por grupos de interesse, que podem representar os interesses das minorias; 5) a utilização dessas cortes pela oposição, por partidos políticos que não conseguem frear os atos governamentais no processo político por não desfrutar de maioria legislativa; 6) a presença de instituições majoritárias inefetivas, como partidos políticos fracos e coalizões frágeis; 7) percepção das instituições políticas, havendo uma visão do Judiciário como alter-

Introdução

nativa nas situações em que as instituições majoritárias se encontrem imobilizadas (crise de governabilidade) ou vistas como corruptas; 8) delegação das instituições majoritárias quando estão em jogo decisões com alto custo político, especialmente questões ligadas aos direitos políticos e civis (aborto, casamento homossexual etc.).

Segundo Tate, essas condições favorecem a ocorrência da judicialização da política, mas elas devem ser pensadas na interação com os valores e o perfil dos juízes, principais atores nesse processo, uma vez que a judicialização da política requer que os juízes tenham preferências políticas, atitudes pessoais e valores apropriados, especialmente relativos aos valores dos outros tomadores de decisão. Essas atitudes e valores podem ser classificados em dois tipos: 1) como ativismo × restrição judicial *(activism × restraint)* e 2) como preferências em relação a políticas públicas judiciais (Tate e Vallinder, 1995:33). Portanto, é a combinação das circunstâncias facilitadoras, da orientação das instituições majoritárias e das atitudes e dos valores judiciais que determina a judicialização da política.

Pensando no caso brasileiro, podemos dizer que o país preenche esses requisitos estabelecidos pelo autor: há um regime constitucional e que pode ser considerado democrático do ponto de vista formal; há um sistema de separação de poderes, uma política de direitos, a utilização do STF por grupos de interesse e por partidos políticos de oposição; as coalizões político-partidárias não são tão sólidas, o Poder Judiciário é visto como uma arena alternativa de participação política e há delegação de decisão por parte das instituições majoritárias quando se trata de decidir questões muito polêmicas.

Concordamos com Tate em que o papel do juiz, suas práticas e seus valores são de central importância para entender o relacionamento entre direito e política; por isso, posicionamos essas variáveis como centrais na explicação do comportamento de decisão do STF. Outros fatores que acrescentamos para essa explicação são a maneira pela qual o Supremo está estruturado e seu contexto institucional, seguindo a argumentação de Taylor (2008).[3]

---

[3] Segundo Matthew Taylor (2008), as cortes desempenham um papel importante no processo político, e a maneira pela qual elas estão estruturadas e seu contexto institucional influenciam no

Justiça, profissionalismo e política

Uma referência importante quando se discute a judicialização da política no contexto da América Latina é Pilar Domingo (2004). Segundo a autora, a judicialização da política reflete, no nível discursivo, o grau em que a legitimidade do regime é crescentemente construída sobre a percepção pública da capacidade e da credibilidade do Estado em termos de desenvolvimento do *rule of law* e da proteção dos direitos. Esses são os dois elementos centrais para a democracia constitucional. O grau em que as cortes tomam parte na política e na criação da lei e a extensão em que disputas políticas e sociais são resolvidas por recursos legais variam de país para país, e quanto mais alto esse grau maior a proximidade do país com a democracia constitucional.

Domingo identifica três grupos de fatores na raiz do processo de judicialização: 1) governamentais, no sentido de uma resposta a um déficit democrático (ver Garapon),[4] e à própria expansão do Estado, nos aspectos

---

desempenho desse papel, determinando quem tem acesso a justiça, onde esse acesso é garantido e sob quais condições as cortes decidem. O autor aponta as características estruturais e institucionais que influenciam a atuação do STF, afirmando que o conteúdo expansivo da Constituição de 1988 e os privilégios que ela forneceu a atores políticos específicos (para acionar o tribunal diretamente) ajudaram a assegurar a judicialização da política no Brasil. Para Taylor (2008), são dois fatores inter-relacionados que determinam a judicialização da política: 1) os custos e benefícios da política em questão (concentrados ou difusos) e a subsequente ativação do tribunal por parte do requerente, e 2) as características institucionais do Judiciário que motivam se determinada política será contestada e, se contestada, a maneira pela qual as cortes serão usadas (como estratégia política).

[4] É no enfraquecimento do Estado que Garapon (1999) busca a explicação para a ascensão do Poder Judiciário. Segundo o autor, a ampliação do poder da justiça estaria diretamente ligada às falhas do processo democrático, não só à crise de legitimidade do Estado, mas a um fenômeno maior, o "desmoronamento simbólico do homem e da sociedade democráticos" (Garapon, 1999:26). Em face desse quadro, "o juiz é chamado a socorrer uma democracia na qual um legislativo e um executivo enfraquecidos, obcecados por fracassos eleitorais contínuos, ocupados apenas com questões de curto prazo, reféns do receio e seduzidos pela mídia, esforçam-se em governar, no dia a dia, cidadãos indiferentes e exigentes, preocupados com suas vidas particulares, mas esperando do político aquilo que ele não sabe dar: uma moral, um grande projeto" (Garapon, 1999:48). Portanto, para Garapon, não é o juiz que se transforma num novo ator político, ele apenas passa a ocupar o local "abandonado" pelo político, dando à sociedade o que ela esperava da política, pois a demanda da justiça viria do desamparo da política. Com isso, "o juiz torna-se o novo anjo da democracia e reclama um *status* privilegiado, o mesmo do qual ele expulsou os políticos. Investe-se de uma missão salvadora em relação à democracia, coloca-se em posição de domínio, inacessível à crítica popular. Alimenta-se do descrédito do Estado, da decepção quanto ao político. A justiça completará, assim, o processo de despolitização da democracia..." (Garapon, 1999:74).

Introdução

legislativo, administrativo e burocrático (ver Cappelletti);[5] 2) societais, decorrentes da urbanização e da modernização que geram um aumento nas disputas e com isso as cortes se transformam em um canal formal de contestação de decisões governamentais e políticas (ver Habermas);[6] e

---

[5] Para Cappelletti (1993:19), a entrada do PJ na arena política "representa o necessário contrapeso [...] num sistema democrático de *checks and balances*". A expansão do direito jurisprudencial e do papel criativo que o juiz tem na interpretação do direito é um processo extremamente complexo e característico da profunda crise do Estado e da sociedade contemporânea, refletindo a expansão do Estado em todos os seus ramos. Tratando o Poder Judiciário como um poder tradicionalmente formal, e os juízes profissionais como tradicionalmente conservadores, Cappelletti questiona os motivos que levaram o Poder Judiciário a sair do formalismo e os juízes a acrescentarem o elemento criativo a seu papel. A resposta que o autor encontra para esse questionamento está no processo de formação do direito jurisprudencial, a partir das transformações trazidas com o advento do Welfare State nos Estados Unidos. O Estado do bem-estar social é caracterizado essencialmente por um crescimento do papel do Estado a partir dos instrumentos legislativos na área da política social (legislação referente ao mundo do trabalho, da saúde e da segurança pública), estendendo-se posteriormente à economia (legislação de caráter protecionista, antimonopolista) e depois ao setor público (com o Estado exercendo controle sobre a economia, emprego e assistência social, financiando atividades sem fins lucrativos). Enfim, um Estado que nasce essencialmente como "Estado legislativo" e que vem transformando-se, continuamente, em "Estado burocrático, não sem o perigo de sua perversão em Estado de polícia" (Cappelletti, 1993:39). O aumento da função legislativa provocou uma obstrução dessa função, sobrecarregando-a e, para evitar a paralisia, parte de seu poder foi transferido ao Executivo e a seus órgãos derivados, ampliando muito esse poder, transformando o Welfare State em Estado administrativo (Cappelletti, 1993:43). Diante dessa situação, duas opções são dadas ao Judiciário: 1) permanecer atrelado à tradicional concepção da neutralidade da atividade jurisdicional (de origem justiniana e montesquiana) ou 2) elevar-se ao nível dos outros poderes e "tornar-se o 3º gigante, capaz de controlar o legislador mastodonte e o leviatanesco administrador" (Cappelletti, 1993:54). É esse segundo papel que o PJ norte-americano assume. O PJ, ao ter seu poder ampliado na interpretação e aplicação do direito, julgando a constitucionalidade dos atos dos outros poderes, suscita o seguinte questionamento para o autor: a criatividade judiciária torna o juiz legislador? Faz com que o Poder Judiciário invada o domínio do Poder Legislativo? A resposta que fornece a esse questionamento é negativa, na medida em que discute as diferenças no modo, na estrutura e nos procedimentos de formação do direito de que cada um se utiliza. Ao contrário dos procedimentos legislativos, os procedimentos judiciais são passivos (Cappelletti, 1993:74-75), não podendo ser deflagrados por vontade dos tribunais. Cappelletti conclui, assim, pelos benefícios que a atitude criativa por parte dos juízes pode trazer para o funcionamento de uma efetiva democracia.

[6] Habermas (1997) afirma que essa expansão do Judiciário não se dá somente na esfera política propriamente dita, atingindo também as relações sociais, havendo uma ruptura na tradicional separação *Estado × sociedade civil, público × privado*, cedendo lugar à publicização da esfera privada, passando as relações sociais a serem mediadas por instituições políticas democráticas, caracterizando

Justiça, profissionalismo e política

3) internacionais, decorrentes da globalização das relações comerciais e no nível discursivo da universalização da linguagem dos direitos humanos.

Essa questão do déficit democrático, da descrença no poder majoritário como uma das causas que levaram à emergência da democracia constitucional, aparece em muitos autores,[7] assim como as explicações evolucionistas (entendendo a expansão do poder judicial como produto inevitável de uma nova priorização dos direitos humanos), funcionalistas (vendo no aumento do poder judicial uma resposta orgânica às pressões dentro dos sistemas políticos) e econômico-institucionais (ligadas à globalização das relações comerciais e à ideia de preservação do poder). Muitos autores mesclam diversos desses elementos, mas da leitura comum desses trabalhos fica a constatação de que a tendência global em direção ao neoliberalismo econômico e social e a crescente constitucionalização de direitos são os fatores decisivos em todos os modelos explicativos do aumento do poder do Judiciário.

Na América Latina, a necessidade da promoção e do fortalecimento do *rule of law* é defendida como uma forma de garantir a estabilização e a consolidação da democracia na região. E essa defesa é fruto de pressões internacionais, refletindo, sobretudo, interesses pela liberalização econômica e pela crescente competição sobre investimentos diretos estrangeiros, o que requer a garantia de direitos a fim de criar um ambiente de investimento mais estável e presumível.[8] Essas pressões internacionais criaram uma nova ortodoxia legal, baseada na combinação da economia liberal e da política democrática, tendo como um dos fatores-chave a importação simbólica, uma americanização de valores (Garth e Dezalay, 2002a).

Quando falamos em *rule of law* estamos nos referindo à proteção imparcial e presumível de direitos e da aplicação de leis que ordenam as relações entre Estado e sociedade. O *rule of law* corresponde a um governo constitucional, um governo em que as ações são sistematica-

---

o fenômeno da *juridicização do mundo da vida*, com o direito tendo um papel cada vez maior em áreas como a família e a educação, regulando elementos práticos e morais da ação comunicativa.

[7] Ver Shapiro e Sweet (2002); Hirschl (2004); Goldstein (2004).

[8] Ver Stotzky (1993); Domingo (2000); Garth e Dezalay (2002a), Moustafa (2003).

mente controladas por constrangimentos legais estabelecidos. Em suma, o *rule of law* significa a existência de regras claras e bem definidas, cuja aplicação é garantida e respeitada. E para o *rule of law* ser efetivo requer a existência de um Poder Judiciário independente, e requer também, como lembram Hazard e Dondi (2004), profissões legais suficientemente autônomas para serem hábeis a evocar a autoridade de um Judiciário independente. Essa reivindicação da independência do Judiciário suscita diversos questionamentos em relação a quem o Judiciário deve ser independente e em que extensão, levando ao dilema do equilíbrio de poder entre o Judiciário e a regra da maioria e também à pergunta clássica "quem guarda o guardião?".

Não entraremos nesse debate específico, ele apenas informa nossa discussão na medida em que o movimento em torno da promoção do *rule of law* e do fortalecimento do poder político do Judiciário coloca em foco a discussão da independência judicial, da transparência, questões de segurança jurídica e da necessidade da existência de decisões judiciais mais presumíveis.[9]

Organização dos capítulos

O livro está estruturado em sete capítulos. No primeiro, "Perspectiva teórico-metodológica", apresentamos a discussão geral que fundamenta nosso estudo. Como a questão de interesse central da tese é sobre o processo de decisão judicial, e quem toma essas decisões são os ministros, discutimos a metodologia utilizada pela linha da ciência política norte-americana que estuda o papel das cortes e dos juízes no processo de tomada de decisão. Apresentamos essas abordagens, que, somadas à abordagem da sociologia das profissões, formam a base do modelo de análise que aplicamos ao caso brasileiro. Esse capítulo traz ainda uma

---

[9] Esse movimento não é característico apenas da América Latina ou de países democráticos. Ele está presente em países como Egito (Moustafa, 2003), Nova Zelândia, África do Sul, Israel (Hirschl, 2004), México (Domingo, 2000) e China (Man, 2001).

rápida discussão sobre o controle da constitucionalidade das leis no Brasil e sobre o contexto político, econômico e social do período analisado.

Os capítulos 2 e 3 são capítulos mais descritivos. No capítulo 2, "Descrição da base de dados", explicamos como foram coletados os dados e como foi construída a base, a partir do sorteio de 300 Adins. O capítulo traz uma descrição das variáveis associadas às ações. No capítulo 3, "Redes de votação no Supremo Tribunal Federal", descrevemos as variáveis associadas ao perfil dos 18 ministros que integraram o STF no período analisado, com destaque para a trajetória de carreira deles. Analisamos também a forma como os ministros se agruparam na decisão das 300 ações, atentando para os fatores que fazem com que eles votem em conjunto.

O quarto capítulo, "Modelagem estatística do voto dos ministros e da decisão do mérito das Adins", traz os modelos estatísticos que desenvolvemos com a finalidade de determinar os fatores de maior influência no processo de decisão judicial. Construímos quatro modelos para responder às seguintes questões: 1) que fatores influenciam o STF a considerar uma lei inconstitucional?; 2) que fatores influenciam o ministro a votar pela inconstitucionalidade de uma lei?; 3) que fatores influenciam o STF a não decidir com unanimidade?; e 4) que fatores influenciam o ministro a votar contra a posição majoritária?

Os capítulos 5 e 6 são mais qualitativos. No quinto capítulo, "Argumentação dos ministros nas Adins", discutimos a fundamentação do voto dos ministros nas 300 ações. Analisamos os argumentos vencedores e os argumentos vencidos. No capítulo 6, "Ministros: restritivos *versus* ativistas", discutimos a forma de atuação do STF, se tem sido no sentido de garantir a segurança jurídica, posicionando-se como "guardião da Constituição" (atuação mais jurídica, profissional), ou se tem sido no sentido de adequar as regras e os preceitos constitucionais aos critérios da eficiência, da conveniência e da governabilidade (atuação mais política). Como as decisões dos ministros são classificadas como técnicas ou políticas, construímos um modelo estatístico para responder à questão "que fatores influenciam o ministro a votar em um sentido político?".

Na conclusão, fazemos um apanhado geral dos resultados obtidos e discutimos a atuação do STF em torno da questão da relação entre direito, profissionalismo e política.

Capítulo 1
Perspectiva teórico-metodológica

Introdução

O objetivo da pesquisa é entender o comportamento do STF no período posterior à redemocratização do Brasil, observando a forma como os ministros praticaram o controle da constitucionalidade das leis e como efetivamente decidiram os casos de constitucionalidade (Adins), da promulgação da Constituição de 1988 até março de 2003. O problema teórico que permeia a discussão é o de como direito, política e profissionalismo se relacionam.

A introdução do profissionalismo na discussão das relações entre direito e política se justifica uma vez que o STF é não só um poder político, cúpula de um dos poderes do Estado, mas é também uma elite profissional, o posto mais alto na carreira jurídica.

Como poder político, exerce controle sobre a vontade do soberano a partir da adoção do modelo de controle abstrato da constitucionalidade das leis, com a intermediação de uma comunidade de intérpretes — o que acaba por institucionalizá-lo como uma arena alternativa à democracia representativa. Como grupo profissional, possui *expertise* e a ideologia da prestação de um serviço independente e de qualidade à sociedade, tendo uma atuação técnico-jurídica.

Embora os ministros do STF tenham a distinção do mérito jurídico, o ingresso no tribunal se dá a partir de uma estratégia política. Para ser ministro do STF é preciso possuir notório saber jurídico, reputação ilibada e ser brasileiro maior de 35 anos. Os ministros são nomeados pelo chefe do Poder Executivo e passam por arguição pública para aprovação do Senado. Portanto, o único requisito profissional necessário é a posse do saber jurídico, o que pode ser entendido como a posse do título de bacharel em direito, não sendo os ministros necessariamente pertencentes às carreiras do direito. Assim, muitos deles saem diretamente de carreiras políticas para ocupar um lugar no STF.

A nomeação de um ministro do Supremo Tribunal Federal envolve muitas negociações. O presidente da República seleciona um nome, observando a existência de certa compatibilidade de ideias e valores entre o indicado e a linha seguida pelo governo, considerando também a aceitabilidade que essa nomeação terá no Senado — embora a história demonstre que tem sido tranquilo o processo de sabatina e aprovação da nomeação dos ministros pelo Senado, tendo havido até hoje apenas três rejeições, todas no governo de Floriano Peixoto, que nomeou um médico e dois generais. Em 1982, quando Figueiredo nomeou o então ministro da Justiça Alfredo Buzaid houve forte oposição no Senado, especialmente do PMDB, mas o indicado foi aprovado. O jornal *Correio Braziliense* publicou, em maio de 2003, declaração do ministro da Justiça, Márcio Thomaz Bastos, de que as três nomeações feitas pelo presidente Lula ao STF (Joaquim Barbosa, Cezar Peluso e Ayres Brito) levaram em conta a afinidade dos escolhidos com as propostas do governo que tramitavam no Congresso Nacional, em especial a reforma do Judiciário. A recente escolha do ministro Enrique Ricardo Lewandowski, que substituiu Carlos Velloso, é um exemplo de como se dá o processo de escolha e nomeação. São *lobbies* de diversos setores, envolvendo políticos, juristas e até mesmo associações como Associação dos Magistrados Brasileiros (AMB), Associação dos Juízes Federais do Brasil (Ajufe). Esses diversos *lobbies* resultaram, no caso dessa escolha, na confecção de uma lista com 11 nomes encaminhada pelo ministro da Justiça, Thomaz Bastos, ao presidente Lula. Foi

Perspectiva teórico-metodológica

aventada a possibilidade da indicação de um nome ligado à cúpula do PT, como Tarso Genro, Luiz Eduardo Greenhalgh e Sigmaringa Seixas, mas ante a possibilidade de resistência do Senado esses nomes foram deixados de lado. Mas, segundo declarações do ministro da Justiça, a tendência é a de que os nomes considerados sejam de pessoas comprometidas com as propostas do governo. De acordo com notícias veiculadas na mídia, o presidente Lula teria conversado pessoalmente com três dos candidatos ao Supremo antes de fazer a indicação, Lewandowski, que era desembargador do TJSP, Misabel de Abreu Machado Derzi, que é procuradora-chefe da prefeitura de Belo Horizonte, e Luiz Edson Fachin, professor de direito civil da Universidade Federal do Paraná. Ao ser indagado em entrevista ao site Consultor Jurídico ("Ideias do escolhido", 2006), o futuro ministro Lewandowski afirmou:

> Eu integrei a lista de 11 ilustres nomes [levada ao presidente pelo ministro da Justiça]. Acredito que a ideia do presidente Lula foi escolher um nome técnico. Eu tenho sete anos de Tribunal de Alçada Criminal e oito anos de Tribunal de Justiça. O ministro Márcio Thomaz Bastos costuma ter um papel muito importante nas escolhas e acho que ele teve nesta. Fui conselheiro da OAB paulista e conheço o Márcio há muitos anos.

Ainda segundo notícia publicada no site Conjur, a procuradora Misabel Derzi deve ser a indicada para ocupar a vaga que ocorrerá com a aposentadoria do ministro Jobim. De acordo com notícias publicadas na mídia, o *lobby* "pró-Misabel" seria liderado pelo prefeito de Belo Horizonte, Fernando Pimentel (PT), pelo governador Aécio Neves (PSDB) e pelo ex-presidente da República Itamar Franco.

Observando a trajetória de carreira dos ministros que compõem e compuseram o STF percebemos que no passado eles eram, em sua maioria, membros da magistratura. O perfil mais atual se alterou, havendo uma queda significativa dos magistrados. Hoje esses ministros provêm de carreiras menos fechadas à política, embora a maioria deles se origine de carreiras ligadas ao mundo do direito (advogados e membros do Ministério Público). Esse quadro biográfico revela a existência de dois tipos de trajetória profissional dos ministros: os "magistrados de carreira" e os "não magistrados" (Oliveira, 2011).

Afirmamos que o caráter político de sua nomeação não retira dos ministros a condição profissional, pois a socialização, a identidade com a instituição e a vitaliciedade são características que lhes possibilitam o desempenho de um papel político autônomo. Ainda que os ministros levem para o tribunal suas relações com os governos que os nomearam, eles levam também os valores partilhados nas carreiras do mundo do direito, levam as experiências distintas adquiridas nas vivências na advocacia, no Ministério Público e mesmo em postos políticos. Além disso, a garantia da vitaliciedade preserva-os no posto, mesmo depois da alternância dos grupos no poder. Com isso, mesmo que os ministros não tenham experiência anterior na magistratura, eles permanecem no convívio com os outros ministros, interagindo com seus valores, contribuindo para sua identificação com a instituição — a média geral de permanência dos ministros no cargo entre os anos 1979 e 1999 é de 12,8 anos para os ministros com experiência anterior na magistratura e de 8,7 anos para os que não têm essa experiência (Oliveira, 2011).

Os ministros do STF exercem um poder político, mas buscam distingui-lo do âmbito da política convencional procurando não se ligar às disputas partidárias. Eles procuram se diferenciar das outras elites políticas a partir do profissionalismo: enquanto o âmbito da política é mais facilmente identificado com a parcialidade, sendo atribuídos interesses egoístas e demagógicos a seus membros, o âmbito profissional tem a ideologia da imparcialidade, da neutralidade, sendo seus membros menos identificados como comprometidos com o capital ou com a política convencional, conferindo-se a eles saber e mérito.

Como afirmam Maveety e Grosskopf (2004:467), as cortes têm a capacidade de parecerem politicamente desinteressadas, ou ao menos mais desinteressadas que os outros atores políticos. E para sustentar a mitologia da neutralidade jurídica foram criados, segundo Segal e Spaeth (2002), mecanismos para inculcar respeito e reverência pelos juízes. O processo

Perspectiva teórico-metodológica

de decisão judicial é cercado por segredo e mistério. Os juízes se vestem de forma distinta. As cortes replicam igrejas e templos: no lugar do altar, as cortes têm bancos elevados, quem olha para os juízes tem de olhar para cima. Os procedimentos são ritualizados, acompanhados de pompa e cerimônia, e são conduzidos numa linguagem largamente ininteligível para os leigos.

E seria o motivo da busca da distinção que levou o STF a posicionar-se na Constituinte contra sua transformação em uma Corte Constitucional (nos moldes de alguns tribunais europeus, como o alemão), pois a partir do momento em que perdesse a posição de cúpula do Poder Judiciário, perderia a distinção, transformando-se em elite política como as outras. Essa é a postura dominante no tribunal (Oliveira, 2011).[10]

A defesa da posição de última instância do Judiciário funciona como uma estratégia dos ministros para se desvencilharem do "ranço" político que trazem com sua nomeação, reforçando para isso o mérito, a *expertise*, o ideal profissional da autonomia e da imparcialidade jurídica. Os ministros procuram sustentar uma imagem pública que os distancie do mundo político convencional, consolidando um *ethos* comum, baseado na identidade profissional ligada ao mundo jurídico. Eles buscam apoio na autoridade do conhecimento jurídico não em oposição à política, mas sim em sua complementação. Os ministros não negam o papel político que exercem, mas procuram diferenciá-lo a partir dos valores da imparcialidade, da transparência e da segurança jurídica, valores típicos do mundo jurídico, associados aos valores do profissionalismo. Como afirma Stotzky (1993), o tribunal é um teatro político, mas não pode

---

[10] O discurso do ministro Décio Miranda, publicado na *Revista Forense* (1985:497), é ilustrativo desse posicionamento: "A limitação da competência do STF às questões constitucionais (com as reduzidas exceções que os projetos a respeito costumam admitir) é o ponto mais sensível e delicado de qualquer projeto global de reforma judiciária. Exigindo estudo à parte, nele não vamos penetrar senão para referir a nossa convicção pessoal de que, desvestido de sua função de intérprete máximo da lei ordinária federal, o STF perderia grande parte de sua importância na ordenação política da sociedade brasileira. Parece paradoxal a afirmativa, pois, se se concentrasse na matéria constitucional e de ordem político-jurídica, o normal seria que, exercidas essas funções com exclusividade, seu papel se fortalecesse, e, consequentemente, ganhasse maior peso sua presença na balança dos Poderes do Estado".

Justiça, profissionalismo e política

ser confundido com o teatro da política. Para entender essa afirmação é preciso considerar a distinção que o autor faz entre Estado e governo, é preciso reconhecer o Estado como um projeto "intergeracional" que tem sua própria integridade e resistência (o direito) separadas das pessoas que ocupam o poder em determinado momento. Eis o porquê de o direito ser considerado a fonte de legitimidade do governo.

Os ministros do STF têm procurado construir e defender sua identificação como profissionais, buscando uma imagem de coesão do grupo, que funcione como fator de legitimidade dele no mundo do direito e também como estratégia da instituição para manter e justificar seu poder político. Os ministros exercem seus poderes políticos, mas buscam não politizar excessivamente suas funções, adotando a estratégia política da defesa da judicialização da política — referindo-se à expansão da lógica técnico-jurídica no mundo da política (em oposição à politização da justiça) —, aludindo à difusão dos métodos e da lógica da política no campo jurídico.[11] O STF afirma sua posição de poder político não

---

[11] A discussão sobre a politização da Justiça está presente no debate político há algum tempo, tendo se intensificado a partir do final do ano de 2005, em decorrência das decisões tomadas pelo ministro Nelson Jobim em assuntos de interesse do governo, e da declaração do ministro de que deixará o tribunal em março de 2006, gerando especulações sobre sua possível candidatura política para disputar as próximas eleições presidenciais. O episódio tem gerado críticas de vários setores da sociedade e do mundo jurídico, e inclusive a reação de ministros do STF. Em entrevista que o ministro Marco Aurélio deu ao jornal *O Estado de S. Paulo* (Toga não pode ser usada para se chegar a um cargo eletivo, 2006), ao ser indagado sobre sua posição ante as especulações em torno da candidatura de Jobim, o ministro declarou: "Se realmente temos esse ministro [na condição de candidato], é uma situação inusitada, singular na história do STF. Isso denigre a imagem do Judiciário. Devemos ter no Judiciário pessoas vocacionadas a atuarem nessa missão sublime que é julgar os semelhantes e conflitos entre semelhantes. Toda vez que alguém tem um plano, que pode ser político, evidentemente fica numa situação de incongruência. A toga não pode ser utilizada visando a chegar ao cargo buscado, ao cargo eletivo. Não me refiro especificamente a Jobim. O que assento é que o juiz precisa ser juiz 24 horas por dia. Não falo especificamente de Jobim. Pelos jornais, ele tem essa visão abrangente. Não sei se em decorrência do fato de ter sido político". Em outra passagem da entrevista Marco Aurélio se declara perplexo por Jobim colocar os interesses de governabilidade como determinantes das decisões. "OESP: O discurso feito por Jobim no STF foi de juiz ou de político? Aurélio: Fiquei perplexo. Ele bateu na tecla segundo a qual nós precisamos interpretar e aplicar a Constituição com os olhos voltados à governabilidade. Como se a governabilidade se sobrepusesse à lei fundamental. A lei fundamental está no ápice

Perspectiva teórico-metodológica

só como guardião da Constituição, mas também como intérprete mais autorizado a adaptá-la às necessidades do momento político, em especial quando o legislador não cumpre essa função.

Nosso argumento é de que a construção do Supremo como poder forte e autônomo está em seu distanciamento da política partidária; está na afirmação e no reconhecimento do desempenho de um papel político, mas não "politicalizado"; está em sua busca por não ser identificado como parte do governo, mas sim como parte do Estado, como cúpula do Poder Judiciário. Assim, a atuação dos ministros do STF tem apoio, sobretudo, na *expertise* e em valores como os da autonomia, da justiça e da segurança jurídica.

Considerações sobre o Supremo Tribunal Federal e o controle da constitucionalidade das leis no Brasil

Como lembra Slotnick (1991), a atividade do Poder Judiciário afeta, em algum sentido, políticas específicas e as condições gerais em que a política opera. Assim, é de fundamental importância compreender como os juízes tomam decisões e como eles podem manipular seu poder. Mas antes de compreender como atuam os juízes é preciso entender quais são os poderes conferidos aos tribunais pela Constituição, quais as ferramentas de que os juízes dispõem para agir.

Não se trata aqui da discussão de dados novos, mas apenas da reunião de elementos que possibilitem um melhor entendimento da atuação do STF.

O Supremo Tribunal Federal foi instituído pelo Decreto nº 520, de 22 de junho de 1890, como cúpula de um dos poderes do Estado, o Judiciário.

---

da pirâmide dos valores nacionais. Ela tem de prevalecer. OESP: Não é papel do Supremo se preocupar com a governabilidade? Aurélio: A premissa é de que ele viabiliza a governabilidade tornando prevalecente a lei fundamental. Se para o êxito de uma política governamental tiver de fechar o livrinho (a Constituição), o STF não pode fazê-lo." Esse episódio dá força a nosso argumento de que as diferenças nas trajetórias de carreira se refletem no posicionamento dos ministros sobre a atuação do tribunal.

Sua força política advém da capacidade que tem de exercer o controle da constitucionalidade das leis, sendo o guardião da Constituição. Desde sua instituição até os dias de hoje muitas transformações foram sendo efetuadas em suas atribuições, especialmente no que se refere ao sistema de controle da constitucionalidade das leis, foco de interesse da pesquisa.

O sistema brasileiro de controle da constitucionalidade das leis nasceu sob a inspiração do sistema difuso norte-americano. Na Constituição de 1891 o sistema adotado foi o difuso-incidental, de efeito *interpartes*, ou seja, as decisões proferidas só têm validade para o caso específico em questão. O sistema é difuso na medida em que qualquer órgão judicial pode apreciar a constitucionalidade da lei, e incidental porque exercido no âmbito dos processos comuns e não especificamente constitucionais (Arantes, 1997).

Uma das principais críticas que se faz a esse sistema é o perigo de ele gerar insegurança jurídica, uma vez que diferentes juízes podem decidir de diferentes maneiras uma mesma questão. Contra esse perigo os norte--americanos instituíram o *stare decisis*, princípio pelo qual os tribunais ficam vinculados a suas decisões anteriores (precedentes), e a *jurisprudência vinculante*, segundo a qual os tribunais inferiores devem seguir as decisões dos tribunais superiores. Vieira (2002) afirma que o fato de nosso sistema não ter adotado esses mecanismos levou-o a buscar seu aperfeiçoamento na incorporação de mecanismos do controle concentrado direto (comum à maior parte dos países europeus). O controle é concentrado porque é monopólio de um tribunal especial, designado na maioria das vezes por Corte Constitucional, e direto porque o pleito julga a inconstituciona-lidade da lei em abstrato, prescindido de caso concreto. O efeito que se produz nessas decisões é *erga omnes*, isto é, contra todos (Arantes, 1997).

A Constituição de 1934 aperfeiçoou o sistema estabelecido em 1891, atribuindo ao Senado Federal competência para suspender lei ou ato de-clarados inconstitucionais pelo Poder Judiciário e possibilitando o controle direto da constitucionalidade por via de ação proposta pelo procurador--geral da República. Com isso, segundo Vieira (2002), foi criado o embrião do que viria a ser a ação direta de inconstitucionalidade.

Perspectiva teórico-metodológica

Com a Carta de 1937 as atribuições do Supremo foram limitadas, tendo sido excluídas da esfera de sua competência as questões políticas, sendo dada ao Senado autoridade para reverter decisões de inconstitucionalidade declaradas pelo tribunal (Vieira, 2002:121).

Em 1946 o STF recuperou suas atribuições iniciais, com o sistema difuso de controle da constitucionalidade das leis. Mas em 1964, com o golpe militar, esse sistema foi radicalmente transformado: a Emenda nº 16, de 26 de novembro de 1965, estabeleceu o fim da exclusividade do modelo difuso-incidental e deu origem ao sistema híbrido, cabendo ao STF julgar a representação contra inconstitucionalidade de lei ou ato de natureza normativa, federal ou estadual, encaminhada pelo procurador-geral da República. O problema é que esse procurador era, até 1988, subordinado ao Executivo, o que tornava inócuo o controle da constitucionalidade das leis, já que só seria apreciada pelo STF lei ou ato que o Executivo assim determinasse. Como coloca Vieira (2002:123), "surgiu dessa maneira um método de controle concentrado não apenas no sentido técnico-jurídico, mas principalmente político".

A Constituição de 1988 redefiniu o papel político-institucional do STF, reforçando sua condição de arena de disputa entre sociedade e Estado e entre os órgãos e poderes do próprio Estado. As atribuições políticas mais importantes delegadas ao STF por essa Constituição foram: 1) controlar os demais poderes; 2) garantir a eficácia da Constituição; 3) assegurar a ordem democrática e garantir os direitos fundamentais, inclusive contra a própria deliberação da maioria.

O sistema de controle de constitucionalidade das leis[12] adotado com a Constituição de 1988 é ainda híbrido porque, embora reserve cada vez mais para o STF a função de julgar a constitucionalidade das leis (sistema concentrado), permite que os tribunais inferiores julguem casos de constitucionalidade, permanecendo válido o sistema difuso (Arantes, 1997).

---

[12] Segundo a Constituição brasileira de 1988, o controle abstrato da constitucionalidade das leis é feito por meio de quatro possibilidades: 1) a ação direta de inconstitucionalidade (Adin); 2) a Adin por omissão; 3) a ação declaratória de constitucionalidade (ADC), instituída pela Emenda Constitucional nº 3/1993; e 4) a arguição de descumprimento de preceito fundamental (ADPF), instituída pela Lei nº 9.882/1999.

Na leitura de Vieira (2002:38-39), a Constituição de 1988 traz em seu corpo a união de diferentes espécies de direitos e modelos econômicos, assim como certa indefinição na estruturação dos órgãos do poder, como na adoção do sistema de governo parlamentar e presidencial e no caso do STF, "que muito embora detenha poderes de autêntico tribunal constitucional, continua com atribuições de órgão do Judiciário".

Para Arantes e Kerche (1999:36), a opção de manter o hibridismo do sistema brasileiro foi uma saída para conjugar a autonomia e a independência do Judiciário com a estabilidade do sistema político.

> A Constituinte de 1987-88 se viu diante de um dilema: de um lado, como parte importante do processo de liberalização, era preciso restaurar a independência e autonomia do Judiciário — nesse sentido, reafirmar o princípio difuso, permitindo a todo e qualquer juiz exercer o controle constitucional, era um dos pontos mais importantes — e, de outro, a experiência vinha demonstrando que a crescente concentração da competência de controle constitucional num órgão especial, embora associado ao autoritarismo, era adequada à maior eficácia e estabilidade do sistema político.

Segundo o art. 102 da Constituição, compete ao Supremo Tribunal Federal, precipuamente, a guarda da Constituição, cabendo-lhe:

> *I — processar e julgar, originariamente:* a) a ação direta de inconstitucionalidade de lei ou ato normativo federal ou estadual e a ação declaratória de constitucionalidade de lei ou ato normativo federal; b) nas infrações penais comuns, o Presidente da República, o Vice-Presidente, os membros do Congresso Nacional, seus próprios Ministros e o Procurador-Geral da República; c) nas infrações penais comuns e nos crimes de responsabilidade, os Ministros de Estado e os Comandantes da Marinha, do Exército e da Aeronáutica, ressalvado o disposto no art. 52, I, os membros dos Tribunais Superiores, os do Tribunal de Contas da União e os chefes de missão diplomática de caráter permanente; d) o "habeas-corpus", sendo paciente qualquer das pessoas referidas nas alíneas anteriores; o mandado de segu-

Perspectiva teórico-metodológica

rança e o "habeas-data" contra atos do Presidente da República, das Mesas da Câmara dos Deputados e do Senado Federal, do Tribunal de Contas da União, do Procurador-Geral da República e do próprio Supremo Tribunal Federal; e) o litígio entre Estado estrangeiro ou organismo internacional e a União, o Estado, o Distrito Federal ou o Território; f) as causas e os conflitos entre a União e os Estados, a União e o Distrito Federal, ou entre uns e outros, inclusive as respectivas entidades da administração indireta; g) a extradição solicitada por Estado estrangeiro; h) a homologação das sentenças estrangeiras e a concessão do "exequatur" às cartas rogatórias, que podem ser conferidas pelo regimento interno a seu Presidente; i) o habeas corpus, quando o coator for Tribunal Superior ou quando o coator ou o paciente for autoridade ou funcionário cujos atos estejam sujeitos diretamente à jurisdição do Supremo Tribunal Federal, ou se trate de crime sujeito à mesma jurisdição em uma única instância; j) a revisão criminal e a ação rescisória de seus julgados; l) a reclamação para a preservação de sua competência e garantia da autoridade de suas decisões; m) a execução de sentença nas causas de sua competência originária, facultada a delegação de atribuições para a prática de atos processuais; n) a ação em que todos os membros da magistratura sejam direta ou indiretamente interessados, e aquela em que mais da metade dos membros do tribunal de origem estejam impedidos ou sejam direta ou indiretamente interessados; o) os conflitos de competência entre o Superior Tribunal de Justiça e quaisquer tribunais, entre Tribunais Superiores, ou entre estes e qualquer outro tribunal; p) o pedido de medida cautelar das ações diretas de inconstitucionalidade; q) o mandado de injunção, quando a elaboração da norma regulamentadora for atribuição do Presidente da República, do Congresso Nacional, da Câmara dos Deputados, do Senado Federal, das Mesas de uma dessas Casas Legislativas, do Tribunal de Contas da União, de um dos Tribunais Superiores, ou do próprio Supremo Tribunal Federal; *II — julgar, em recurso ordinário:* a) o "habeas-corpus", o mandado de segurança, o "habeas-data" e o mandado de injunção decididos em única instância pelos Tribunais Superiores, se denegatória a decisão; b) o crime político; *III — julgar, mediante recurso extraordinário, as causas decididas em única ou última instância, quando a decisão recorrida:* a) contrariar dispositivo desta Constituição; b) declarar a inconstitucionalidade de tratado ou lei federal; c) julgar válida lei ou ato de governo local contestado em face desta Constituição [grifos meus].

Nosso estudo ocupa-se apenas de uma das atribuições listadas no art. 102, que é a Ação Direta de Inconstitucionalidade de Lei ou Ato Normativo Federal ou Estadual (Adin), incluindo também a Adin por omissão.

A Adin é um instrumento pelo qual os agentes legitimados podem questionar, junto ao STF, a constitucionalidade de leis e atos normativos federais e estaduais. Se o STF reconhecer a inconstitucionalidade da norma questionada, sua vigência será suspensa. A Adin tem, portanto, como intenção retirar do ordenamento jurídico a norma submetida ao controle direto de constitucionalidade.

Essa declaração de inconstitucionalidade produz efeito *erga omnes* (para todos) e *ex tunc* (retroativo). Entretanto, o art. 27 da Lei nº 9.868/1999 determina que ao declarar a inconstitucionalidade de lei ou ato normativo, tendo em vista razões de segurança jurídica ou de excepcional interesse social, o STF pode restringir os efeitos da declaração ou deliberar que ela só tenha eficácia a partir de seu trânsito em julgado, ou seja, estabelecer o efeito *ex nunc* (não retroativo), por maioria de dois terços de seus membros.

A lista de agentes legitimados a acionar o tribunal pelo instrumento da Adin incluiu, a partir da Constituição de 1988, os partidos políticos, o governo e setores organizados da sociedade civil. Segundo o art. 103 da Constituição, podem propor essa ação: I — o presidente da República; II — a Mesa do Senado Federal; III — a Mesa da Câmara dos Deputados; IV — a Mesa de Assembleia Legislativa; V — o governador de estado; VI — o procurador-geral da República; VII — o Conselho Federal da Ordem dos Advogados do Brasil; VIII — partido político com representação no Congresso Nacional; IX — confederação sindical ou entidade de classe de âmbito nacional.

Mas, na prática, o STF tem exigido de alguns agentes legitimados o requisito da pertinência temática, isto é, a existência de relação entre a norma impugnada e a atividade institucional do autor da ação. É exigida pertinência quando os autores são: as Mesas de Assembleia Legislativa ou da Câmara Legislativa do Distrito Federal, governadores de estado ou do Distrito Federal e confederações sindicais e entidades de classe de âmbito nacional.

A Adin 1.307, requerida pela Mesa da Assembleia Legislativa do Estado de Mato Grosso do Sul contra resoluções do Conselho Monetário Nacional e contra medida provisória editada pelo presidente da República, referentes ao crédito rural, não foi conhecida pelo tribunal, por unanimidade de votos, devido à ausência de pertinência temática entre a lei impugnada e o requerente.

> Parece-me que na hipótese em mesa não há vínculo objetivo de pertinência entre o conteúdo material das normas impugnadas — crédito rural — e os efeitos da mesma na Assembleia Legislativa do Estado de Mato Grosso do Sul. Cuida-se de normas que não afetam diretamente o Legislativo estadual. Assim, vale a jurisprudência da casa que entende necessária, para alguns dos legitimados a propor a ação direta de inconstitucionalidade, a relação de pertinência temática. Sou, pois, em preliminar, pelo não conhecimento da ação por falta de legitimidade ativa da Assembleia de Mato Grosso do Sul [Francisco Rezek, acórdão da Adin 1.307, 1996:4].

Quando os postulantes são partidos políticos, confederações sindicais ou entidades de classe de âmbito nacional, o STF exige ainda a presença de advogado, exigência esta que não é feita para os outros agentes. Aos partidos políticos é exigida a presença de advogado, mas não a necessidade da pertinência temática, como podemos notar na decisão da Adin 1.396. Essa ação foi requerida pelo Partido dos Trabalhadores (PT) contra lei do estado de Santa Catarina acerca do teto de remuneração dos servidores públicos. A ação foi decidida com unanimidade, declarando-se a inconstitucionalidade da lei em questão.

> Preliminarmente, impõe-se reconhecer a plena legitimidade ativa *ad causam* do Partido dos Trabalhadores para a instauração do controle normativo abstrato perante o Supremo Tribunal Federal, eis que, além de possuir

representação no Congresso Nacional, não sofre as restrições decorrentes da exigência jurisprudencial relativa ao vínculo de pertinência temática nas ações diretas. Sabemos todos que é extremamente significativa a participação dos partidos políticos no processo de poder. As agremiações partidárias, cuja institucionalização jurídica é historicamente recente, atuam como corpos intermediários, posicionando-se, nessa particular condição, entre a sociedade civil e a sociedade política. Os partidos políticos não são órgãos do Estado e nem se acham incorporados ao aparelho estatal. Constituem, no entanto, entidades revestidas de caráter institucional, absolutamente indispensáveis à dinâmica do processo governamental, na medida em que, consoante registra a experiência constitucional comparada, "concorrem para a formação da vontade política do povo" (v. art. 21, n. 1, da Lei Fundamental de Bonn). [...] Dentro desse contexto, o reconhecimento da legitimidade ativa das agremiações partidárias para a instauração do controle normativo abstrato, sem as restrições decorrentes do vínculo da pertinência temática, constitui natural derivação da própria natureza e dos fins institucionais que justificam a existência, em nosso sistema normativo, dos Partidos Políticos [Celso de Mello, acórdão da Adin 1.396, 1998:12-13].

O art. 103 da Constituição de 1988 introduz também, no segundo parágrafo, a ação de inconstitucionalidade por omissão.

A Adin por omissão tem a finalidade de impelir o Poder apontado como omisso a tomar as medidas necessárias para tornar efetiva uma determinada norma constitucional.

§ 2º. Declarada a inconstitucionalidade por omissão de medida para tornar efetiva norma constitucional, será dada ciência ao Poder competente para a adoção das providências necessárias e, em se tratando de órgão administrativo, para fazê-lo em trinta dias [CF, art. 103].

O voto do ministro Celso de Mello na Adin 1484 explicita o funcionamento da ação direta de inconstitucionalidade por omissão. Essa ação foi requerida pelo Partido Democrático Trabalhista (PDT) e pelo Partido

Perspectiva teórico-metodológica

dos Trabalhadores (PT), contra omissão do presidente da República e do Congresso Nacional em relação à regulamentação dos serviços de telecomunicações e sua organização.

O desrespeito à Constituição tanto pode ocorrer mediante ação estatal quanto mediante inércia governamental. A situação de inconstitucionalidade pode derivar de um comportamento ativo do Poder Público, seja quando este vem a fazer o que o estatuto constitucional não lhe permite, seja, ainda, quando vem a editar normas em desacordo, formal ou material, com o que dispõe a Constituição. Essa conduta estatal, que importa em um *facere* (atuação positiva), gera a inconstitucionalidade por ação. — Se o Estado, no entanto, deixar de adotar as medidas necessárias à realização concreta dos preceitos da Constituição, abstendo-se, em consequência, de cumprir o dever de prestação que a própria Carta Política lhe impôs, incidirá em violação negativa do texto constitucional. Desse *non facere* ou *non praestare*, resultará a inconstitucionalidade por omissão, que pode ser total (quando é nenhuma a providência adotada) ou parcial (quando é insuficiente a medida efetivada pelo Poder Público). [...] A omissão do Estado — que deixa de cumprir, em maior ou em menor extensão, a imposição ditada pelo texto constitucional — qualifica-se como comportamento revestido da maior gravidade político-jurídica, eis que, mediante inércia, o Poder Público também desrespeita a Constituição, também ofende direitos que nela se fundam e também impede, por ausência (ou insuficiência) de medidas concretizadoras, a própria aplicabilidade dos postulados e princípios da Lei Fundamental. [...] O reconhecimento formal, em sede de ação direta, mediante decisão da Suprema Corte, de que o Poder Público incorreu em inadimplemento de obrigação fixada no texto da própria Constituição, somente autoriza o STF a dirigir-lhe mera comunicação, ainda que em caráter admonitório, para cientificá-lo de que se acha em mora constitucional, ressalvado o caráter mandamental dessa mesma decisão, quando se tratar, excepcionalmente, de órgão administrativo, hipótese em que este terá que cumprir a determinação da Corte, em trinta dias. (CF, art. 103, 2.) — O Supremo Tribunal Federal, em sede de controle abstrato, ao declarar a situação de inconstitucionalidade por omissão, não poderá, em hipótese alguma, substituindo-se ao órgão estatal inadimplente, expedir provimentos normativos que atuem como sucedâneo da norma reclamada pela Constituição, mas não editada — ou editada de maneira incompleta — pelo Poder Público [Celso de Mello, acórdão da Adin 1.484, 2001].

A prática do STF é regulamentada não só pela Constituição Federal, mas também pelo Regimento Interno do tribunal. Este documento estabelece a composição e a competência dos órgãos do Supremo Tribunal Federal, regula o processo e o julgamento dos feitos que lhe são atribuídos pela Constituição e disciplina seus serviços.

O tribunal compõe-se de 11 ministros, sendo seus órgãos o plenário (11 ministros), as turmas (cinco ministros cada) e o presidente.

O julgamento das Adins cabe ao plenário do tribunal, que se reúne com a presença mínima de seis ministros, sendo necessária a maioria absoluta dos votos (seis) para que se obtenha uma decisão.

O Regimento Interno do STF (2002) determina inclusive a disposição dos ministros na mesa de julgamento.

Art. 144. Nas sessões do Plenário, o Presidente tem assento à mesa, na parte central, ficando o Procurador-Geral à sua direita. Os demais Ministros sentar-se-ão, pela ordem decrescente de antiguidade, alternadamente, nos lugares laterais, a começar pela direita.

O regimento estabelece também que o relator para cada uma das Adins será designado por sorteio. Cabe ao relator requerer informações à autoridade da qual tiver provindo o ato, assim como ao Congresso Nacional e às Assembleias, quando for o caso. Ele também deverá abrir vistas ao procurador-geral da República e citar o advogado-geral da União, que defenderá o ato ou texto impugnado.

O relator pode atuar *monocraticamente*, arquivando ou negando seguimento a pedido que seja manifestamente incabível ou improcedente e, ainda, quando contrariar a jurisprudência predominante do tribunal, ou for evidente a incompetência do STF para julgar a questão, podendo também julgar prejudicado pedido que haja perdido o objeto. Quando não for este o caso, ele deve submeter ao plenário o relatório para julgamento do mérito. Sobre a possibilidade de atuação monocrática, é ilustrativa a decisão do ministro Celso de Mello na já citada Adin 1.484.

> A inviabilidade da presente ação direta, em decorrência da razão mencionada, impõe uma observação final: no desempenho dos poderes processuais de que dispõe, assiste, ao Ministro-Relator, competência plena para exercer, monocraticamente, o controle das ações, pedidos ou recursos dirigidos ao Supremo Tribunal Federal, legitimando-se, em consequência, os atos decisórios que, nessa condição, venha a praticar. Cabe acentuar, neste ponto, que o Pleno do Supremo Tribunal Federal reconheceu a inteira validade constitucional da norma legal que inclui, na esfera de atribuições do Relator, a competência para negar trânsito, em decisão monocrática, a recursos, pedidos ou ações, quando incabíveis, intempestivos, sem objeto ou que veiculem pretensão incompatível com a jurisprudência predominante do Tribunal (RTJ 139/53 — RTJ 168/174-175). Impõe-se enfatizar, por necessário, que esse entendimento jurisprudencial é também aplicável aos processos de ação direta de inconstitucionalidade [...], eis que, tal como já assentou o Plenário do Supremo Tribunal Federal, o ordenamento positivo brasileiro não subtrai, ao Relator da causa, o poder de efetuar — enquanto responsável pela ordenação e direção do processo (RISTF, art. 21, I) — o controle prévio dos requisitos formais da fiscalização normativa abstrata, o que inclui, dentre outras atribuições, o exame dos pressupostos processuais e das condições da própria ação direta [acórdão da Adin 1.484, 2001].

Há circunstâncias em que algum dos ministros pode ficar impedido de votar. Ele pode declarar-se impedido por ter ligação próxima com o caso, ou por ser considerado que há envolvimento de interesse subjetivo. Havendo impedimento há o perigo de a votação resultar em empate, o que tornaria necessária a convocação de outro juiz para desempatar o caso. Essa questão gerou alguns debates no tribunal, como na decisão da Adin

Justiça, profissionalismo e política

2.243. A ação foi proposta pelo Partido Liberal (PL) contra resolução do Tribunal Superior Eleitoral estabelecendo os critérios para a distribuição dos horários de propaganda eleitoral gratuita. Os ministros questionam se o ministro Néri da Silveira estaria impedido de participar do julgamento porque era presidente do TSE quando da edição da resolução. O posicionamento do ministro Moreira Alves ilustra a decisão do tribunal nesse caso.

> Sr. Presidente, não pode haver impedimento aqui, senão, em caso de empate, vamos convocar um Juiz do Superior Tribunal de Justiça, que não é uma Corte com as nossas atribuições? Temos que encontrar uma solução. Veja V. Exa., imagine que desse aqui cinco a cinco, iríamos convocar numa matéria dessa natureza? O único caso que acho realmente sério é o de o ex--Procurador-Geral da República ter sido o autor. Aqui não. Na realidade, foi o Tribunal que fez; não foi o Presidente que fez. Não se trata de mandado de segurança, porque, nele, o Presidente é quem presta informação. Aqui não. Quem está prestando informação é o Tribunal. O Presidente apenas a assina como seu representante. É uma resolução feita pelo Tribunal, e o Presidente pode ate ficar vencido. Sr. Presidente, levanto a preliminar de que o eminente Ministro Néri da Silveira não está impedido, tendo em vista essas razões [Moreira Alves, acórdão da Adin 2.243, 2000:8].

Algumas Adins podem vir com pedido de liminar. Essa liminar (ou medida cautelar) é uma maneira de antecipar provisoriamente a tutela jurisdicional. Para que ela possa ser julgada é imprescindível a presença de dois pressupostos: o *fumus boni juris* (fumaça do bom direito, que trata da razoabilidade, da plausibilidade jurídica do pedido) e o *periculum in mora* (perigo na demora, indicando que a demora do julgamento pode provocar danos e prejuízos de difícil ressarcimento).

A decisão do mérito da Adin (ou decisão final, visto a possibilidade de decisão liminar) pode ser pelo deferimento da ação (ou seja, a lei ou diploma em questão é considerado inconstitucional) ou pelo seu indeferimento (ou seja, a lei ou diploma em questão é considerado constitucional).

Perspectiva teórico-metodológica

O deferimento ou indeferimento de uma ação pode ser parcial, o que ocorre quando o Supremo declara a inconstitucionalidade de uma determinada lei, ou segmento dessa lei, mas não declara a inconstitucionalidade de outra(s) lei(s) ou segmento(s) da(s) lei(s) questionados numa mesma ação. Mas, para efeito de análise, quando a ação é julgada parcialmente deferida, consideramos deferida.[13]

Uma das principais críticas que se tem feito à atuação do STF é justamente a de ele se esquivar de tomar decisões definitivas, decidindo em sede cautelar e se furtando de julgar o mérito das questões. Nas palavras de Werneck Vianna e colaboradores (1999:117), "o STF tem preferido exercer o controle da constitucionalidade das leis mais no julgamento das liminares do que no do mérito, o que pode significar, entre outros motivos, uma atitude de reserva ou de parcimônia quanto à explicitação da sua jurisprudência". Werneck Vianna acrescenta a sua interpretação a visão de Teixeira (1997:113), que compreende poder ser esta uma atitude de cautela política porque, decidindo liminarmente, o Supremo sempre tem a possibilidade de rever sua decisão a partir dos impactos que ela poderá causar.

Outra crítica muito comum feita ao STF deve-se ao fato de ele poder abster-se de julgar uma determinada ação, não a conhecendo, utilizando, entre outros argumentos, a impossibilidade jurídica do pedido ou a ilegitimidade do requerente. O Supremo pode também considerar a ação prejudicada, alegando, especialmente, a perda de objeto, o que impossibilita o tribunal de julgar seu mérito. O fato de não conhecer a ação, ou considerá-la prejudicada, pode ser pensado como uma forma de indeferimento.

Notamos no próprio julgamento de algumas Adins discussões sobre técnicas de julgamento, e a conclusão de que não conhecer uma

---

[13] Notamos esse mesmo procedimento de simplificação do sentido do voto dos juízes no trabalho de Magalhães e Araújo (1998:30), e adotamos a justificativa dada pelos autores: "Trata-se, é necessário reconhecê-lo, de um método não isento de uma apreciação subjetiva, em particular no que respeita à definição do que é substancial em cada diploma sujeito à apreciação do TC. Todavia, o risco que lhe está associado deve ser assumido na consciência de que só através de um esforço de redução de complexidade conseguirá extrair-se alguma informação válida sobre o comportamento do voto dos juízes".

Justiça, profissionalismo e política

ação ou julgá-la prejudicada implica, tecnicamente, indeferimento da ação. A discussão travada entre os ministros Carlos Velloso, Sepúlveda Pertence e Maurício Corrêa na decisão da Adin 2.586 exemplifica essa conclusão. Essa ação foi requerida pela Confederação Nacional da Indústria questionando portaria emitida pelo Ministério das Minas e Energia acerca da forma de cobrança de uma taxa relativa à exploração de recursos minerais:

> VELLOSO (Relator) — Não estou conhecendo da ação com relação à Portaria. Estou declarando a constitucionalidade da lei. Julgando improcedente a ação, declaro a constitucionalidade — a lei, então, é válida. Não conhecendo da ação relativamente à portaria, ela também é válida. PERTENCE — Mas, sequer se fala que ela é ilegal. É dito que é inconstitucional a lei que delega à autoridade administrativa a fixação da alíquota de um imposto. Então, o Ministro entende que não é imposto, é preço público, logo, está prejudicada, neste ponto, essa inconstitucionalidade por consequência do ato de integração da lei. CORRÊA — Estou de pleno acordo com o eminente Ministro-Relator, embora essa questão de julgar prejudicada e não conhecer da ação guarda uma similitude muito grande. Vou preferir, tecnicamente, na hipótese, dizer que, com relação à portaria, a ação encontra-se prejudicada. VELLOSO (Relator) — Sr. Ministro, não se está dizendo que a Portaria é ilegal. PERTENCE — Alega-se que, como a lei é inconstitucional, porque delegou ao Ministro a fixação da alíquota, consequentemente, a portaria, seja qual for o seu conteúdo que fixou a alíquota, também será inconstitucional. Senão, deixa-se, no ordenamento jurídico, ao não conhecer da ação contra a portaria, o seguinte; a lei é inconstitucional. Mas, a portaria, que diz que a alíquota da taxa é de 10%, é constitucional, ou, quanto a ela, não conhecemos da ação. VELLOSO (Relator) — Seria perfeito se estivéssemos declarando a inconstitucionalidade da lei. Mas estamos declarando a constitucionalidade desta. [...] Penso que estamos em uma discussão acadêmica do melhor nível. PERTENCE — Não. Data vênia, essa não é acadêmica, é de técnica de julgamento. Se não se conhecer, não seria conhecida em nenhuma hipótese. O que pode decorrer do efeito de uma decisão sobre a outra é o prejuízo [acórdão da Adin 2.586, 2002:25-26].

Para efeito de análise, as ações prejudicadas e as ações não conhecidas foram contabilizadas na pesquisa como indeferidas.

As conclusões das decisões dos ministros encontram-se nos acórdãos. E são esses acórdãos que constituem a base de dados da pesquisa, uma vez que o STF não conta com um banco de dados que reúna todas as informações necessárias sobre as Adins. Dado este fato, essas informações tiveram de ser coletadas a partir da leitura e análise desses acórdãos.

Estudos do comportamento do Poder Judiciário

Como nosso objetivo é analisar o comportamento do STF no período pós-Constituição de 1988, a partir da forma como os ministros efetivamente decidiram casos relativos ao controle da constitucionalidade das leis, é importante discutirmos a metodologia de pesquisa utilizada pelos estudos do comportamento do Judiciário.

Priorizamos os estudos do comportamento do Judiciário desenvolvidos na linha de pesquisa norte-americana denominada *judicial politics*. A opção pela utilização dessa metodologia se deve ao reconhecido grau de desenvolvimento dessa área nos Estados Unidos (Magalhães e Araújo, 1998).

É evidente que levamos em conta as diferenças no funcionamento e na estrutura das cortes no Brasil e nos Estados Unidos, assim como as diferenças nas tradições legais entre esses países. Nos Estados Unidos a tradição legal é a da *common law*, em que os juízes têm um papel mais ativo na criação da lei, através de uma interpretação judicial mais aberta. Em nossa tradição, *civil law*, a interpretação judicial envolve, em tese, a aplicação da letra escrita da Constituição. Fábio Cardoso Machado (2004) afirma que na tradição da *common law* o direito é o que os juízes dizem que ele é, enquanto na tradição da *civil law* ele é o que os estudiosos dizem que ele é. Assim, na *civil law* a função judicial não é criativa, sendo a jurisprudência dominada pela doutrina, procurando até mesmo imitá-la. Isso se refletiria na redação das sentenças judiciais, nas quais predominam a abstração e o conceitualismo da doutrina.

Taylor (2008) chama a atenção para o dogmatismo da educação legal no Brasil, centrada no formalismo e no corporativismo. Os juízes no Brasil seriam treinados para focar em princípios mais do que em consequências, pensando na aplicação da lei escrita mais do que nas consequências de determinada decisão para a nação como um todo.

Mas é importante lembrar, como afirma Domingo (2004), que com o desenvolvimento e a expansão do Estado Moderno há uma gradual convergência entre ambos os sistemas (2004:106).

Domingo (2004:121) lembra também que a consolidação de um discurso internacional em defesa dos direitos humanos e a promoção do direito como aspecto legitimador dos governos, combinados com uma gama de tratados e acordos internacionais, resultaram no estabelecimento de padrões internacionais de direito.

Como observa a autora, o principal papel do Poder Judiciário é a adjudicação e o controle da constitucionalidade das leis, envolvendo quatro funções básicas: 1) a resolução de disputas, 2) a revisão judicial da constitucionalidade das leis, 3) a administração da justiça criminal e 4) a proteção de direitos. É na segunda dessas funções que nossa pesquisa centra atenção.

No estudo do comportamento do Poder Judiciário a pergunta clássica é: como os juízes chegam às decisões? Essa pergunta se abre em dois questionamentos, um enfatizando o aspecto individual (quais fatores influenciam a forma como um juiz vota?) e o outro o aspecto coletivo (quais fatores influenciam a decisão da Corte?).

O comportamento do Poder Judiciário foi vastamente estudado pela linha de pesquisa norte-americana denominada *judicial politics*.[14] A partir da leitura desses estudos é possível identificar quatro principais abordagens do processo de decisão judicial: 1) atitudinal, 2) estratégica, 3) institucional (novo institucionalismo) e 4) legal.

Os estudos do comportamento do PJ tiveram grande influência de teorias behavioristas e do realismo jurídico. Os pioneiros desses estudos

---

[14] Ver Tate (1981, 1997); Slotnick (1991); Epstein e Knight (1998); Clayton e Gillman (1999); Shapiro e Sweet (2002); Baird (2001); Segal e Spaeth (2002); Feldman (2005).

são Herman Pritchett (1948) e Glendon Schubert (1965), que se opõem à visão tradicional da jurisprudência de que os juízes decidiriam os casos mecanicamente.

Pritchett (1948) afirma que a existência e o aumento de decisões não unânimes mostram que os juízes não seguem uma forma mecânica de jurisprudência, mas, sim, perseguem metas políticas. Essa linha é seguida por teóricos como Spaeth (1963), culminando no trabalho de referência de Segal e Spaeth (1993), consolidando a abordagem atitudinal.

O modelo atitudinal sugere que os juízes determinam suas decisões com base em suas preferências políticas pessoais, seus valores e suas convicções ideológicas. Os juízes têm preferências e em suas decisões querem chegar o mais próximo possível dessas preferências. Atitudes são definidas por Segal e Spaeth (1993) como um conjunto de crenças inter-relacionadas sobre um objeto e a situação na qual ele se encontra. Objetos são as partes diretas e indiretas de um caso (litigantes, instituições etc.) e as situações são os fatos. Nesse modelo de análise as variáveis mais importantes usadas para explicar o voto são duas: a identificação ideológico-partidária do juiz e o presidente que nomeou esse juiz. Variáveis de *background* social e econômico (idade, religião, classe, raça, sexo etc.) são consideradas, mas elas teriam uma influência apenas residual. Variáveis contextuais também são incluídas no modelo, como composição do Congresso e opinião pública. O principal argumento do modelo atitudinal é o de que os juízes dispõem de garantias que lhes dão independência em face do governo e outros atores políticos, e têm discricionariedade na escolha dos casos que vão decidir; assim, são livres para focalizar um único objetivo: traduzir suas preferências pessoais de natureza político-ideológica em jurisprudência constitucional.

Segal e Spaeth (2002) constroem sua abordagem atitudinal em forte oposição ao modelo legal de interpretação. Segundo eles, no modelo legal os juízes são considerados atores neutros, que agem julgando segundo a lei e não fazendo escolhas. Os juízes, contudo, têm vontades, e as leis são flexíveis o suficiente para possibilitar o exercício dessas vontades; por isso, os juízes fazem escolhas entre diferentes posições ideológicas. Os autores afirmam que, se o modelo legal estivesse correto, não importaria quem o presidente nomeasse para a Corte, dados um treinamento judicial e certa inteligência. Mas se a Suprema Corte baseia suas decisões nas atitudes e nos valores dos juízes, então claramente a nomeação que o presidente faz é o aspecto mais importante para compreender a decisão judicial. Outra evidência de que as decisões dos *justices* são baseadas em preferências políticas pessoais, segundo os autores, está em que diferentes cortes e diferentes juízes não decidem a mesma questão da mesma forma.

Schubert (1965), por sua vez, introduz a abordagem da teoria dos jogos nos estudos do comportamento do Judiciário. Depois de seu trabalho segue-se o de Murphy e Pritchett (1974) e mais tarde o de Epstein e Knight (1998), consolidando a abordagem estratégica.

O modelo estratégico afirma que as decisões dos juízes são dependentes de suas preferências ideológicas, mas constrangidas por forças políticas, sociais e institucionais. Os juízes fazem escolhas para atingir suas metas, mas eles agem estrategicamente, na medida em que essas escolhas dependem de suas expectativas sobre as escolhas dos outros atores envolvidos, e são estruturadas pelo contexto institucional no qual elas são feitas. Segundo Epstein e Knight (1998), os juízes levam em conta três tipos de relações estratégicas: dos juízes entre si, entre os juízes e o governo e entre os juízes e a opinião pública. As variáveis utilizadas nesse modelo são divididas em dois grupos: internas (que focalizam os juízes e suas relações no tribunal) e externas (que focalizam os constrangimentos impostos à Corte por outros atores políticos).

Maveety (2003) afirma que o modelo estratégico inclui na verdade quatro hipóteses: 1) hipótese do background social, ou seja, características políticas, socioeconômicas e profissionais influenciam o comportamento dos juízes; 2) hipótese de valores e ideologia, afirmando que as atitudes políticas e ideológicas dos juízes em direção às questões levantadas num caso explicam a escolha, o voto dos juízes; 3) hipótese dos papéis, no sentido de que as crenças normativas dos juízes sobre o que se espera que eles façam atuam como um constrangimento das atitudes judiciais; e

Perspectiva teórico-metodológica

4) hipótese dos pequenos grupos, afirmando que a necessidade de interagir num contexto face a face afeta o comportamento dos juízes.

A abordagem institucional se desenvolve, sobretudo, com o trabalho de Martin Shapiro (1964). O direito, afirma o autor, é uma ferramenta política, portanto as discussões sobre o comportamento do Judiciário devem focalizar tanto elementos políticos quanto elementos jurisprudenciais. O papel político das cortes deve ser entendido dentro dos constrangimentos impostos pelas expectativas e limites jurisprudenciais. E para Shapiro as cortes são agências políticas e é a combinação de seu caráter político e jurisprudencial que faz as cortes serem o que são. Analisando a judicialização da política nos Estados Unidos, Shapiro (1995:44-45) afirma que a forma de escolha dos juízes é a causa crucial desse processo. Os juízes americanos são recrutados em sua maioria entre os profissionais privados bem-sucedidos, de meia-idade, com pouca experiência no governo, mas que construíram parte substancial de sua carreira representando interesses privados contra o governo (público). Assim, segundo o autor, eles trazem para o tribunal o conhecimento dos conflitos cotidianos do setor privado, somando a perspectiva dos governados à perspectiva de um dos setores independentes do governo. Em seu trabalho com Alec Stone Sweet (Shapiro e Sweet, 2002), reconhece que os juízes efetivamente fazem o direito através da combinação da escolha (uso da discricionariedade) e da justificação à luz de seu entendimento de situações genéricas e não apenas particulares.

Shapiro (1995:47) julga ser positiva a aproximação entre direito e política, no sentido de que uma Corte "não eleita", "independente" e "neutra" atua com a finalidade de corrigir falhas no processo democrático. A legitimidade dessa atuação reside na invocação dos direitos das minorias contra a vontade da maioria, isso em instâncias em que a democracia não é autossuficiente para corrigir suas falhas sem a intervenção judicial. Essa legitimidade repousa também em uma capacidade institucional especial que as cortes teriam, elas estariam situadas em uma posição mais privilegiada para reconhecer o real interesse público, já que, ao contrário dos poderes Executivo e Legislativo, elas não são pressionadas a solucionar problemas imediatos.

O autor também identifica uma insatisfação em relação às instituições políticas como um dos motivos e justificativas da expansão do poder do Judiciário. Nesse contexto, as cortes conseguiriam preservar o mito de "neutralidade" e sua independência política precisamente porque elas não seriam vistas como parte do governo (Shapiro, 1995:62). Para Shapiro, a justiça deve ser vista como uma alternativa, como um suplemento e uma resposta às políticas legislativa e administrativa, mas não como um substituto a elas.

O modelo institucional se consolida com os trabalhos de Clayton e Gillman (1999) no chamado novo institucionalismo. Os próprios autores colocam que já desde 1925 se afirmava que a Suprema Corte não fazia seu trabalho no vácuo social, sendo preciso considerar a história, a política, a economia e as pessoas que faziam parte da Corte. O modelo do novo institucionalismo propõe que é preciso levar em conta o contexto institucional em que os atores agem porque esse contexto influencia o comportamento dos atores. March e Olsen (1984) enfatizaram a importância de ir além da conjectura de que os homens são egoístas, maximizadores calculistas do poder, e partir para uma abordagem que confira um papel mais autônomo para as instituições políticas e sociais e explorar a inter-relação entre essas instituições e o comportamento dos atores políticos.

Segundo o modelo do novo institucionalismo é preciso considerar que as atitudes judiciais são elas mesmas constituídas e estruturadas pela Corte como uma instituição e por sua relação com outras instituições no sistema político em pontos particulares da história (Feldman, 2005:92). O modelo institucionalista difere sutilmente do modelo estratégico. Ele corrige, segundo Gillman e Clayton (1999), o aspecto reducionista do modelo estratégico, que foca apenas nas ações e votos individuais dos juízes, não considerando o desenvolvimento doutrinário da Corte. Com isso, o novo institucionalismo valoriza as técnicas qualitativas de pesquisa.

A abordagem legal considera que os juízes decidem os casos aplicando logicamente regras e princípios incorporados nos precedentes legais (interpretativismo). Segundo Segal e Spaeth (1993, 2002), o modelo legal considera quatro variáveis: o pleno significado do texto constitucional,

Perspectiva teórico-metodológica

a intenção dos legisladores, os precedentes e o balanceamento entre os interesses constitucionais e os interesses societários. Clayton e Gillman (1999) criticam essa definição de Segal e Spaeth do modelo legal. Segundo eles, a definição mais apropriada seria o modelo desenvolvido por autores como Ronald Dworkin e a escola pós-realista de jurisprudência. Os autores ligados a essa escola rejeitam o antigo modelo legal mecanicista, considerando o impacto dos valores judiciais nas decisões. Como coloca Dworkin (2001), os juízes aderem a princípios morais e políticos mais do que a preferências políticas especificamente. A fala do *Justice* Scalia, da Suprema Corte norte-americana no caso James B. Beam Distilling Co. vs. Georgia, de 1991, expressa bem os princípios da abordagem legal.

> *The judicial Power of the United States' conferred upon this Court [...] is the power "to say what the law is," not the power to change it. I am not so naive (nor do I think our forebears were) as to be unaware that judges in a real sense "make" law. But they make it as judges make it, which is to say as though they were "finding" it — discerning what the law is, rather than decreeing what it is today changed to, or what it will tomorrow be* [James B. Beam Distilling Co. v. Georgia 1991, 549, concurring in the judgment, apud Feldman, 2005:95-96].

Em *O império do direito*, Dworkin (1999:5-11) coloca que os processos judiciais suscitam três tipos de questões: de fato (*o que aconteceu?*), de direito (*qual a lei pertinente?*) e de moralidade e fidelidade (*é justo?*). Segundo o autor, a lei é aquilo que os juízes afirmam que ela é, e quando eles divergem teoricamente sobre o que é o direito, estão divergindo sobre aquilo que ele deveria ser, divergem então sobre questões de moralidade e fidelidade, não de direito.

A questão de fidelidade implica que o juiz deve seguir o direito em vez de tentar aperfeiçoá-lo. Mas há outros pontos de vista que defendem que os juízes devem tentar melhorar o direito, criticando a postura rígida e mecânica dos que fazem cumprir a lei sem a preocupação com o sofrimento, a injustiça ou a ineficiência que se seguem. Portanto, os juízes devem ser "políticos".

Dworkin atenta para o fato de que o direito é um conceito interpretativo e sua prática é argumentativa. Com isso, a decisão de um caso dependerá das convicções interpretativas do corpo dos juízes que julgarão o caso. Mas ele critica as caracterizações que são feitas dos juízes, como as que os dividem em liberais e conservadores. Estes últimos obedeceriam mais à letra da Constituição, ao passo que os liberais tentariam reformá-la segundo suas próprias convicções. Outra distinção feita é entre os campos não interpretativo e interpretativo, dividindo os juízes entre os que acreditam que as decisões constitucionais devem basear-se somente na interpretação da própria Constituição e outros para os quais devem ser levados em conta fatores extraconstitucionais.

Para Dworkin, essas distinções são falsas, pois ignoram o caráter interpretativo do direito. Segundo ele, haveria um consenso sobre as palavras que formam a Constituição enquanto texto pré-interpretativo, mas haveria divergência sobre o que ela é enquanto texto pós-interpretativo.[15] Outro motivo que faz com que o autor discorde dessas divisões é o fato de ele acreditar que as decisões que os juízes tomam devem ser políticas em algum sentido.

Em *Uma questão de princípio* (2001), Dworkin afirma que o fato de decidir com base em fundamentos políticos não implica política partidária, mas, sim, princípios políticos gerais em que o juiz acredita. Segundo o autor, o vocabulário do debate sobre política judicial é primário, já que ignora a distinção entre argumentos de princípio político (que recorrem aos direitos políticos de cidadãos individuais) e argumentos de procedimento político (que exigem que uma decisão particular promova alguma concepção do bem-estar geral, do interesse público). Dworkin (2001:6) defende que os juízes devem julgar com base em argumentos de princípio e não de procedimento político. Os juízes devem tomar "decisões sobre

---

[15] Dworkin (1999:81) reconhece três etapas da interpretação: 1) etapa pré-interpretativa: na qual são identificados as regras e os padrões que fornecem o conteúdo experimental da prática; 2) etapa interpretativa: momento em que o intérprete se concentra numa justificativa geral para os principais elementos da prática identificada na etapa anterior; e 3) etapa pós-interpretativa: ou reformuladora, à qual o intérprete ajusta sua ideia daquilo que a prática realmente requer para melhor servir à justificativa que ele aceita na etapa interpretativa.

que direitos as pessoas têm sob nosso sistema constitucional, não decisões sobre como se promove melhor o bem-estar geral" (Dworkin, 2001:101).

Ao defender um argumento de princípio e não de procedimento o autor esbarra no problema dos chamados casos controversos, ou seja, nos casos em que os juristas se dividem quanto à melhor decisão, porque há uma imprecisão de linguagem, sendo as únicas leis ou precedentes pertinentes ambíguos ou porque não há opinião firmada, quando o direito não está assente (Dworkin, 2001:109). Dworkin busca demonstrar que a ideia de que algumas questões jurídicas não têm resposta correta em decorrência desses motivos esconde o fato de que não há resposta certa justamente porque os juristas discordam, na verdade, quanto às técnicas de interpretação e explicação usadas para responder a tais questões.

Da leitura da bibliografia da *judicial politics* (e do pós-realismo jurídico de Dworkin) concluímos que o comportamento do Poder Judiciário é influenciado por uma variedade de fatores legais e forças políticas. Tornou-se um consenso nesses estudos o fato de que direito e política estão relacionados. Como afirmam Shapiro e Sweet (2002:20), as cortes são agências políticas e os juízes são atores políticos.

> *Politics is power and power implies choice. If the judge had no choice between alternatives, if he simply applied the rule supplied him by the tablets and reached the conclusion commanded by an inexorable legal logic, he would be of no interest politically than the IBM machine that we could soon design to replace him.*

O fato de que juízes fazem escolhas também é consensual, mesmo na abordagem legal. O que se discute é que elementos influenciam essas escolhas.

Analisando essas quatro abordagens no sentido de pensar os fatores que os juízes consideram quando decidem um caso, é possível resumir seis grupos, seis categorias gerais de fatores que influenciam a decisão dos juízes: 1) aspectos legais, doutrinários e fatores dos casos, 2) atributos e ideologia, 3) contexto institucional, 4) opinião pública, 5) contexto político e outros setores governamentais, e 6) grupos de interesse.

O primeiro grupo inclui fatores como a importância dos precedentes e da doutrina na decisão dos juízes (que são mais bem percebidos em uma análise qualitativa) e variáveis mais objetivas, como os fatores ligados ao caso, por exemplo, a área do direito à qual o caso se refere.

O segundo grupo trata dos atributos dos juízes e suas ideologias. Os juízes são seres humanos, com a propensão de decidir baseada em suas crenças assim como o resto dos seres humanos. Que as ideologias influenciam a decisão dos juízes é praticamente um consenso entre os pesquisadores do comportamento do Judiciário. A questão a ser discutida é como e em que extensão as ideologias afetam as decisões, e também que tipo de ideologias afeta os juízes: seria a afiliação político-partidária ou seriam ideologias políticas mais "amplas", no sentido colocado por Dworkin, de princípios políticos e morais? Segal e Cover (1989), por exemplo, consideram os conceitos conservador, moderado e liberal representativos da ideologia dos juízes. Ainda que não sejam conceitos necessariamente específicos a partidos políticos, eles poderiam ser facilmente associados a certos partidos, nos Estados Unidos em especial. Já Segal e Spaeth (1993, 2002) utilizam outra abordagem para definir as atitudes dos juízes. Argumentam que as preferências políticas dos juízes são consistentes e específicas a cada tipo de caso. Epstein e Knight (1998) também argumentam que os juízes têm preferências políticas, mas afirmam que essas preferências guiam o comportamento e não o determinam. Nesse segundo grupo entram variáveis como ideologia do juiz (liberal, conservador, moderado), afiliação partidária, e variáveis que indicam indiretamente a ideologia do juiz, que são as variáveis de atributos pessoais, como sexo, idade, raça, classe social, faculdade em que se graduou, carreira etc.

O terceiro grupo focaliza o contexto institucional, em especial as relações internas dos juízes entre si, e o papel da instituição, do tribunal e sua história no processo de decisão. Gibson (1983) trabalha com a premissa da teoria dos papéis de que indivíduos atuando em contexto individual agem de forma diferente do que agem em contexto de grupo. O autor afirma que é preciso considerar o contexto associado com as expectativas que emanam dos que compartilham esse contexto, "*judges are subject to a series of expectations about how they should behave as judges*" (Gibson, 1983:17). A questão da legitimidade e da autoridade do tribunal são fatores relevantes aqui, e a análise qualitativa é mais propícia para identificar o peso desses fatores na decisão dos juízes. Mas variáveis quantitativas podem ser criadas para perceber a influência da instituição na decisão dos juízes, um exemplo é verificar se o tempo de permanência do juiz no tribunal influencia sua forma de decidir.

O quarto grupo de fatores se refere à opinião pública. Considerando um país democrático, é razoável acreditar e mesmo esperar que todas as instituições do governo, incluindo os três poderes da República, estejam sujeitas à opinião pública. A opinião pública pode afetar as decisões da Corte de forma direta e indireta. Uma forma indireta seria através do Congresso e do presidente. Porque ambos são eleitos e teoricamente representam os interesses da população, o interesse público. A influência direta seria uma resposta da própria Corte aos anseios e críticas postas pela opinião pública. Essa forma de influência foi apreciada por vários estudos. Mishler e Sheehan (1993:96-98) consideram que a Suprema Corte responde de fato à opinião pública. Os autores indicam a existência de uma relação recíproca entre o comportamento da opinião pública e a tendência ideológica das decisões da Suprema Corte norte-americana, sendo esta influência mediada em parte pela composição ideológica dos próprios membros do tribunal, do Congresso e do partido do presidente. A resposta direta da Corte à opinião pública é mais bem percebida por uma análise qualitativa das decisões, sendo a análise quantitativa mais facilmente utilizada para medir a influência indireta.

O quinto grupo de fatores trata dos outros setores governamentais, ou seja, os poderes Executivo e Legislativo. Aqui é importante a questão da separação dos poderes e dos *checks and balances*. O presidente da República tem uma grande influência porque desempenha um papel central na nomeação dos juízes. Segundo Tate (1981), Segal e Spaeth (1993, 2002), Epstein e Knight (1998) e muitos outros autores, o presidente que nomeou o juiz é uma das variáveis centrais na análise do voto. O Congresso também afeta a escolha dos juízes, mas outro aspecto importante é que se o Congresso não concorda com as decisões da Corte, ele pode tentar passar nova legislação sobre o assunto. Pensando nos casos constitucionais o Congresso é um pouco menos efetivo em seu papel de *check* em relação à Corte porque para reverter essas decisões é preciso emendar a Constituição, o que é uma tarefa difícil.

E, por fim, o sexto grupo de fatores refere-se aos grupos de interesse. Sua importância é primordial no estabelecimento da agenda da Corte. Uma vez que o Judiciário é um poder reativo e não proativo ele depende de outros atores para levar as controvérsias a sua esfera de decisão. Assim, o autor do caso é uma variável essencial no estudo do comportamento do tribunal.

Modelo de análise do comportamento do STF

Nossa abordagem busca integrar diferentes perspectivas do estudo do comportamento do Poder Judiciário, associando elementos da sociologia das profissões, da jurisprudência e da *judicial politics*, favorecendo o equilíbrio entre os quatro modelos de análise apresentados no item anterior (atitudinal, estratégico, institucional e legal), a partir da utilização de elementos dos seis grupos de fatores (aspectos legais, doutrinários e fatores dos casos; atributos e ideologia; contexto institucional; opinião pública; contexto político e outros setores governamentais; e grupos de interesse). Consideramos que fatores legais interagem com fatores extralegais na forma como o STF decide os casos. No entanto, damos destaque a um fator pouco enfatizado por esses modelos, o profissionalismo.

O mundo jurídico não é um espaço isolado, à parte da sociedade, e sim uma esfera de poder que interage com outras esferas de poder na sociedade. Por isso, no estudo do comportamento judicial consideramos o relacionamento do tribunal com outras instituições e com os outros poderes do Estado. Também levamos em conta o fato de que a participação no mundo jurídico pressupõe que os atores envolvidos tenham interiorizado suas regras, seus valores, suas tradições, seus conceitos e sua linguagem.

Pressupõe que compartilhem uma lógica cultural, um *ethos*, que se inicia com um sistema de treinamento e socialização comuns, através da educação legal, e se diferencia a partir das diferentes trajetórias de carreira e de acordo com as posições que cada um dos atores ocupa no mundo jurídico. Por isso a perspectiva da sociologia das profissões é importante para nossa análise. A profissão implica a mobilização de conhecimento abstrato, no caso jurídico, regulamentado por uma jurisdição específica, em vista da resolução de problemas específicos. Utilizamos aqui a teoria de profissionalismo de Eliot Freidson (2001).[16]

---

[16] O profissionalismo pode ser visto, segundo Freidson (2001), como uma das formas possíveis de se pensar a organização do mundo do trabalho. As outras são o mercado livre e a burocracia. Essas formas são trabalhadas pelo autor como tipos ideais, como modelos que, embora estáticos, possibilitam a análise e a comparação de diferentes experiências. A lógica de organização de cada uma dessas formas é distinta. No mercado livre, o modelo de organização é regido pelo princípio da livre concorrência, sendo idealmente "controlado" pela liberdade de escolha dos consumidores. A entrada no mercado de trabalho não é controlada, os trabalhadores são livres para competir uns com os outros e desempenhar qualquer tipo de trabalho, sem constrangimentos. Com isso, a intensidade e o tempo de treinamento escolar são menos valorizados em comparação com o conhecimento prático. A divisão do trabalho é bastante fluida, com as ocupações surgindo e desaparecendo livremente de acordo com as mudanças na demanda do mercado (Freidson, 2001:46). O grau de mobilidade ocupacional é intenso e também não há fronteiras e jurisdições claras, sendo improvável que as ocupações desenvolvam uma identidade coerente e os que as desempenham estejam aptos a desenvolver uma identidade e consciência ocupacional comum, ficando difícil estabelecer padrões de trajetória de carreira. Os valores-chave dessa lógica de organização são: o saber prático, a competição, a eficiência, a livre escolha e o consumismo. Nesse ponto de vista, a forma como o profissionalismo se estrutura é questionada especialmente no aspecto da reserva de mercado, tida como um monopólio desnecessário, que justificaria apenas a defesa de interesses econômicos egoístas por parte dos profissionais. No modelo da burocracia é o princípio gerencial da administração racional-legal que predomina, sendo controlado pela lógica da hierarquia, que especifica em detalhes o que cada tarefa da divisão do trabalho deve ser, quem pode desempenhá--las e quem tem o poder de exercer a direção sobre elas (Freidson, 2001:48). O trabalho é de base mecânica e a trajetória de carreira é vertical, havendo linhas claras de autoridade. As fronteiras entre as ocupações são menos permeáveis que no mercado livre, uma vez que as ocupações são estabelecidas e mantidas por um plano deliberado. As jurisdições são especificadas em detalhes formais e não estão sujeitas a mudanças sem o uso de procedimentos administrativos adequados. Então, a autoridade hierárquica para formular, distribuir e supervisionar tarefas especializadas é a essência do modelo burocrático. Os principais valores são os da administração, da supervisão, do planejamento, da padronização e da eficiência. Nesse tipo de organização o profissionalismo é questionado principalmente no que se refere ao alto grau de autonomia reivindicado, argumentando-se haver a necessidade de um controle (supervisão) a partir da ação do Estado. O ideal

De acordo com Freidson (2001:106), a ideologia profissional representa os valores, as demandas e as ideias que fornecem os princípios e razões para as instituições do profissionalismo, sendo o principal instrumento das profissões para adquirir poder econômico e político necessários para conquistar, estabelecer e manter seu *status*. Dado que esses poderes não são intrínsecos à posse de conhecimento, é através da persuasão que as profissões os adquirem.

Freidson (2001:121) não utiliza o conceito de ideologia como uma ferramenta para mascarar interesses institucionais, corporativos ou de classe. Para ele, ideologias podem ser, e geralmente são, intensa e entusiasticamente acreditadas por aqueles que as preconizam. E a ideologia do profissionalismo é aquela que defende a *expertise* como um diferencial, afirmando que seu conhecimento agrega educação liberal e treinamento especializado, qualificando os profissionais para organizarem e controlarem seu próprio trabalho e o trabalho de seus colegas independentemente da interferência de gerentes ou consumidores.

---

de serviço das profissões também é criticado como retórica para mascarar interesses específicos. Ambas as formas de organização, mercado e burocracia, criticam a principal característica das profissões, o argumento da especialização, propondo uma formação mais generalista. Na definição de Freidson o profissionalismo é configurado como um conjunto de instituições que permitem que os membros de uma ocupação "ganhem a vida" enquanto controlam seu próprio trabalho. Esse modelo de organização é construído pelo autor com base na experiência de profissionalização de diferentes países em diferentes momentos históricos, com diferentes contextos econômicos, sociais e políticos. O profissionalismo é regido pelo princípio ocupacional, valorizando a *expertise* (conhecimento especializado de caráter abstrato), o credencialismo (formação em instituições de ensino superior), a autonomia para a realização de diagnósticos, a independência em relação aos clientes, ao Estado e ao mercado na prestação de um serviço especializado e de qualidade, e o controle (monopólio) do mercado de trabalho. São cinco as principais características definidoras do profissionalismo: "1) um tipo de trabalho especializado da economia formal, com um corpo de base teórica de conhecimento e habilidades discricionários e que receba um *status* especial na força de trabalho; 2) jurisdição exclusiva em uma dada divisão do trabalho controlada pela negociação entre as ocupações; 3) uma posição protegida no mercado de trabalho interno e externo, baseada em credenciais qualificadas criadas pela ocupação; 4) um programa formal de treinamento desenvolvido fora do mercado de trabalho, que produza credenciais qualificadas controladas pela ocupação em associação com o ensino superior, e 5) uma ideologia que priorize o compromisso com a realização de um bom trabalho em vez do ganho financeiro, e da qualidade em vez da eficiência econômica da atividade" (Freidson, 2001:127).

O autor lembra ainda que o modelo de organização do profissionalismo é dependente de um suporte direto do Estado e, em algum grau, da tolerância de sua posição por consumidores e gerentes. Esse suporte não vem apenas da ideologia de serviço, pois muitas outras ocupações que não podem ser pensadas como profissões reivindicam o mesmo ideal, como os políticos. A ideologia profissional requer dedicação a valores transcendentais, como justiça, verdade, prosperidade. Esses valores acrescentam substância moral ao conteúdo técnico das profissões.

Os elementos-chave para o profissionalismo são a independência de julgamento, a liberdade de ação, o monopólio, o credencialismo e a ideologia profissional. Como se trata aqui especificamente das profissões do mundo do direito — que, segundo definição de Bonelli (2002), é constituído por carreiras reservadas aos portadores do título de bacharel em direito, como advogados, magistrados, procuradores, delegados de polícia, entre outros —, é importante acrescentar a esse quadro outra variável, que é de extrema importância na delimitação das fronteiras das carreiras do direito: a política.

A política da profissão é distinta da política convencional. Pode-se afirmar que o sentido dela é pautado na antipolítica, ou seja, é na distinção do conhecimento, da *expertise*, que os profissionais buscam autoridade para obter influência na esfera da política. O discurso político das profissões jurídicas repousa em argumentos constitucionais, em formalidades técnico-jurídicas e na arquitetura institucional do sistema da justiça. Outro fator que contribui para essa distinção é a ideia de mandato moral que o conceito de profissão implica, como um mandato da sociedade para que os profissionais atuem na defesa dos interesses sociais (Halliday, 1999a). As profissões do direito têm, segundo Halliday (1999b:1056-1058), a peculiar capacidade de converter sua *expertise* técnica em autoridade moral, e para manterem essa capacidade necessitam manter certa unidade ideológica e certa neutralidade argumentativa, evitando "politicalizar" excessivamente suas questões. Se optarem pela "politicalização", distanciando-se das soluções legais, fragilizam sua autoridade, e geram tensões nas fronteiras que demarcam profissão e política.

A eficácia simbólica da política do profissionalismo está assente na capacidade que os profissionais têm de atuar politicamente, de influenciar o jogo político sem ser identificados como representantes de interesses privados. Argumentando em defesa de interesses reconhecidos como universais, como o estado de direito e a democracia, as profissões do direito posicionam-se acima da política convencional — o formalismo legal dá respaldo a essa atuação política.

As ideias discutidas até aqui trazem muitas contribuições para a elaboração de um modelo de análise da atuação do Poder Judiciário. Da filosofia jurídica de Dworkin são utilizadas especialmente as constatações de que o direito deve ser visto como interpretação e que na atuação dos juízes deve-se fazer a distinção entre argumentos de princípio político e argumentos de procedimento político. A abordagem da sociologia das profissões enfatiza o aspecto da ideologia profissional e a distinção da política das profissões.[17] Das diferentes abordagens da *judicial politics* fica a constatação de que os tribunais são política e ideologicamente motivados. Suas decisões envolvem interesses materiais, interesses de carreira e interesses universais relacionados ao bem comum.

Nessa linha de interpretação, a hipótese de nosso modelo de análise é de que os fatores políticos influenciam em alguma extensão o comportamento do STF, mas os valores profissionais e a ideologia do profissionalismo são fatores de extrema importância na determinação desse comportamento. O profissionalismo legitima e distingue os ministros do STF dos outros atores políticos, e os distanciam dos interesses políticos e econômicos privados. O nosso modelo foi aplicado na análise quantitativa e qualitativa de casos relativos às Adins no período de 1988-2003.

Mas, antes de entrarmos na análise e discussão dos dados, é conveniente fazer um breve resgate histórico sobre a Constituição de 1988.

---

[17] Há diferentes abordagens para o fenômeno do profissionalismo, algumas inclusive que questionam esse aspecto da ideologia profissional de serviço e de valores transcendentes, tecendo uma crítica às profissões, como Larson (1977), que entende o profissionalismo como um projeto de mobilidade social. Bonelli (1998) e Rodrigues (1997) traçam um panorama geral dessas diferentes vertentes da sociologia das profissões.

Capítulo 2
Descrição da base de dados

Determinação do tamanho da amostra

Da promulgação da Constituição de 1988 até março de 2003, 2.853 Adins haviam sido distribuídas no Supremo Tribunal Federal. Desse total, 1.666 tinham sido julgadas no mérito. Como o interesse da pesquisa repousa no resultado final das ações e nas decisões individuais dos ministros, o desenho amostral das Adins foi realizado considerando-se universo de referência as ações julgadas (1.666).

Tabela 1
Frequência das Adins, por ano,
de acordo com a situação no tribunal

	1988	1989	1990	1991	1992	1993	1994	1995	1996	1997	1998	1999	2000	2001	2002	2003*	Total
Distribuídas	11	158	255	233	166	162	197	209	159	204	181	187	255	209	204	63	2.853*
Julgadas	1	19	33	66	93	121	87	127	123	130	133	100	80	220	281	52	1.666
Medidas cautelares julgadas	2	90	133	116	131	100	120	156	82	119	86	89	116	58	60	5	1.463

Fonte: STF <www.stf.br>.
* Até março de 2003.

Gráfico 1
Movimento das Adins no STF, por ano, entre outubro de 1988 e março de 2003

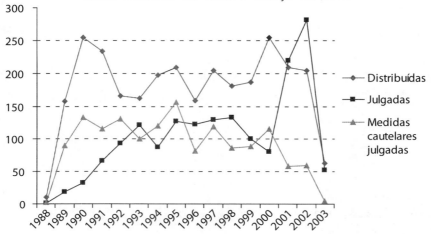

Determinamos o tamanho da amostra conforme o procedimento estabelecido por Bolfarine e Bussab (2000). Consideramos, inicialmente, uma população infinita. Aplicamos a fórmula 1.

Fórmula 1
Cálculo do tamanho da amostra, considerando população infinita

$$n_0 = z^2 \cdot \frac{p_0 \cdot (1 - p_0)}{E^2}$$

Onde E corresponde ao erro amostral máximo tolerável para as estimativas das proporções, ou seja, o quanto admitimos errar na avaliação dos parâmetros de interesse. Aqui assumimos um erro de 5% ($E = 0{,}05$); z está relacionado com a confiabilidade (grau de confiança) de se conseguir essas estimativas com o erro assumido. Assumimos um grau de confiança de 95%, com z correspondendo a 1,96. E p_0 é um parâmetro da variabilidade da população. Como estamos interessados no resultado das ações diretas de inconstitucionalidade, que podem ser deferidas ou indeferidas, tomamos p_0 como 0,5, ou seja, assumimos que 50% das ações são deferidas e 50% são indeferidas. Esse é um procedimento conservador, no sentido de incorrer no menor risco possível, com a obtenção do maior tamanho de amostra para cobrir as estimativas de quaisquer proporções relacionadas com as variáveis de interesse envolvidas no trabalho, considerando o erro.

Conforme esse procedimento obtivemos uma amostra de 384 casos.

$$n_0 = 1,96^2 . \frac{0,5.(1-0,5)}{0,05^2} = 384$$

Esse tamanho de amostra foi obtido com base em uma população infinita. Como conhecemos o tamanho da população podemos corrigir esse número para a população finita. Dado que o tamanho da população (N) é 1.666, aplicamos a fórmula 2.

Fórmula 2
Cálculo para correção do tamanho da amostra para população finita

$$n = \frac{N.n_0}{N + n_0}$$

Com isso, obtivemos uma amostra de 312 casos. Mas, como se trata de um tamanho amostral conservador, optamos por reduzir a amostra para 300 casos, sem prejuízo para a análise.

Para o sorteio da amostra utilizamos como sistema de referência a listagem do arquivo eletrônico do STF, organizada na ordem de entrada e distribuição dos processos, de 1 a 2.853. No subsistema formado pelas ações julgadas (1.666 ações) sorteamos, aleatoriamente, as 300 Adins.[18]

Descrição da base de dados

Os acórdãos das Adins estruturam-se basicamente pela presença: 1) da ementa da ação, descrevendo a questão a ser julgada, quem são

---

[18] Ver Anexo, quadro 1.

os autores, qual a lei ou diploma questionado e sua origem; 2) do relatório, fundamentado pelo relator, trazendo também a manifestação da Procuradoria-Geral da República e da Advocacia-Geral da União; 3) do voto do relator; 4) dos votos dos ministros que participaram do julgamento (variando de 6 a 11 ministros); e 4) do extrato de ata, resumindo a decisão.

Como dito, o STF não conta com um banco de dados que reúna todas as informações referentes às Adins. O único parâmetro fornecido pelo STF é a distribuição das Adins de acordo com o autor (requerente). No período considerado temos que 28,1% das ações distribuídas no tribunal foram impetradas por governos estaduais (governador de Estado ou Assembleia Legislativa), 26,3% por entidades de classe ou confederação sindical, 21,1% por partidos políticos, 18,8% pelo procurador-geral da República, 4,2% pela OAB e 1,5% por outros atores que não se enquadram em nenhuma dessas categorias, e que segundo informações no site do tribunal normalmente não são atores legitimados a propor ação direta de inconstitucionalidade, como prefeitos.

Nossa amostra não destoa muito destes dados gerais. Algumas diferenças podem se dever ao fato de a amostra ter sido extraída das ações já julgadas pelo tribunal e não das ações distribuídas. Uma diferença que adotamos em nossa classificação foi a contabilização das ações propostas pela AMB em conjunto com as ações propostas pela OAB,[19] enquanto nos dados do STF as Adins propostas pela AMB são contabilizadas na categoria entidades de classe. Atentando para os requerentes na amostra, notamos que 28% das ações foram impetradas por governos estaduais, 24,3% pelo procurador-geral da República, 23,3% por partidos políticos, 18,7% por entidades de classe ou confederação sindical e 5,7% pela OAB/AMB. Não foram sorteadas ações em que outros fossem autores.

O gráfico 2 fornece uma comparação entre os dados gerais e os dados da amostra, lembrando que para os dados da amostra as ações propostas

---

[19] A opção por juntar OAB e AMB se justifica por serem ambas representantes de profissões do direito. Não somamos a elas a Ajufe, nem associações do Ministério Público e dos delegados porque essas associações tiveram ações não conhecidas por falta de legitimidade.

pela AMB estão contabilizadas junto com a categoria OAB, enquanto nos dados do STF as Adins da AMB estão contabilizadas em entidades de classe.

Gráfico 2
Comparação dos requerentes das ações nas Adins distribuídas no STF e nas Adins selecionadas na amostra entre outubro de 1988 e março de 2003

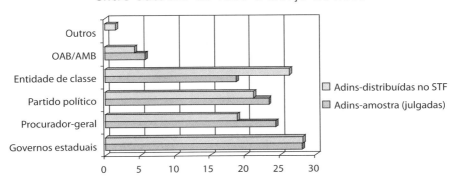

A importância de considerar os requerentes se deve ao fato de o STF não atuar por vontade própria. Ele é um órgão do Judiciário, portanto, um poder passivo, só entrando em ação quando acionado pelas partes. "Junto a ele está a comunidade dos intérpretes, que o mobiliza constantemente, levando-o à jurisdição de todos os recantos da vida social, e que, com isso, também atua no sentido de transformá-lo" (Werneck Vianna et al., 1999:146).

É imprescindível considerar os agentes legitimados a acionar o STF pois, como lembram Macaulay (2003) e Taylor (2008), a difusão da revisão judicial dá potencialmente não só aos juízes, mas também aos autores das ações, um extraordinário poder de veto sobre o governo. E esse poder tem sido amplamente exercido pelos atores legitimados a acionar o tribunal por essa via. É interessante notar que o presidente da República e as Mesas do Senado Federal e da Câmara dos Deputados, apesar de fazerem parte da comunidade de intérpretes, nunca se valeram do mecanismo das Adins para questionar leis ou atos normativos.

Olhando para as 70 ações nas quais os partidos políticos foram requerentes, temos os partidos considerados de esquerda[20] como autores em mais de 60% dessas ações.

Gráfico 3
Partidos políticos que impetraram Adins no STF entre outubro de 1988 e março de 2003, de acordo com sua orientação política

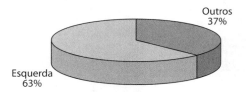

Gráfico 4
Distribuição dos partidos políticos que impetraram Adins no STF entre outubro de 1988 e março de 2003

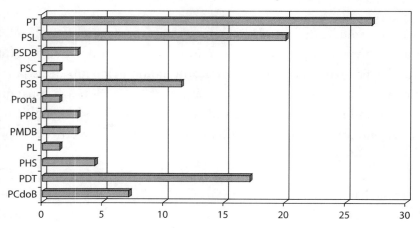

---

[20] Acompanhamos a classificação da orientação política dos partidos políticos utilizada por Werneck Vianna e colaboradores (1999). Nas Adins em que mais de um partido político foi autor, consideramos apenas o primeiro dos impetrantes, uma vez que em todas as ocorrências na amostra houve identidade de orientação política entre esses partidos — sempre de esquerda. No mapeamento feito por Werneck Vianna os partidos de esquerda foram responsáveis por 74% das Adins impetradas por partidos políticos no tribunal.

Descrição da base de dados

Observando os dados descritivos da amostra notamos que 52% das ações julgadas foram deferidas e 83% das decisões foram unânimes.

Das 300 ações da amostra, 81,3% tiveram julgamento de medida cautelar, 34,3% delas tiveram o pedido indeferido e 47,0%, deferido. Para efeitos de análise contabilizamos as ações sem pedido de liminar (18,7%) juntamente com as ações que tiveram liminar deferida.

Gráfico 5
Resultado da decisão do mérito das Adins
entre outubro de 1988 e março de 2003

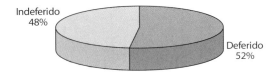

Gráfico 6
Unanimidade das Adins
entre outubro de 1988 e março de 2003

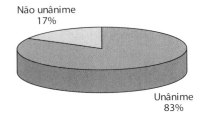

Gráfico 7
Julgamento liminar das Adins
entre outubro de 1988 e março de 2003

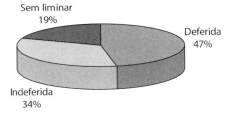

No que se refere à lei ou diploma questionado, classificamos as ações de acordo com o objeto da norma em quatro temáticas, com base no trabalho de Werneck Vianna e colaboradores (1999:63-64). São elas: 1) administração pública, referindo-se às ações que tratam de aspectos ligados à organização e ao funcionamento da administração pública, desde questões relativas ao serviço público até questões ligadas à separação de poderes; 2) político-partidária, abrangendo questões relativas ao processo eleitoral, incluindo o funcionamento e a organização dos partidos políticos; 3) econômico-tributária, agregando questões relativas à regulação da economia, como as políticas monetária, salarial, de preços e tributária, e questões relativas aos processos de privatização; 4) sociedade civil e mundo do trabalho, categoria ampla, reunindo as questões relativas às relações entre particulares, a regulação do mundo do trabalho não referente ao funcionalismo público e questões relativas ao meio ambiente.

A amostra acompanha o mapeamento das ações feito por Werneck Vianna e colaboradores (1999),[21] com mais de 60% das Adins contestando diplomas referentes à administração pública. Os resultados para a amostra são: 63% das ações referentes à administração pública, 20% à política econômica e tributária, 13% à regulação da sociedade civil e do mundo do trabalho e 4% referentes a questões político-partidárias.

Gráfico 8
Objeto da lei das Adins entre outubro de 1988 e março de 2003

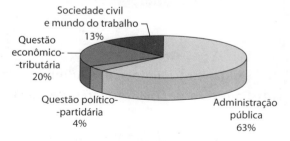

---

[21] Werneck Vianna e colaboradores (1999) mapearam as Adins ajuizadas no STF de 1988 a 1998. Os dados por ele reunidos apresentam a seguinte distribuição para o objeto da lei questionada: 63,3% referentes à administração pública, 4,1% à política social, 7,3% à política econômica, 10,8% à política tributária, 3,7% à competição política, 8,4% à regulação da sociedade civil e 2,4% às relações trabalhistas.

Descrição da base de dados

Quanto à origem do diploma contestado, os governos estaduais foram requeridos em 63% das ações, o governo federal foi requerido em 25% das ações e o Judiciário em 12%.[22]

Observando o governo em que as Adins foram decididas, temos que a grande maioria refere-se ao governo de Fernando Henrique Cardoso, sendo 50% das ações referentes ao primeiro governo FHC e 30% referentes ao segundo governo FHC. No governo Collor, assim como no governo Itamar Franco, foram decididas 7% das ações, 5% no governo Lula e 1% durante o governo Sarney. Essa distribuição na amostra acompanha a distribuição das Adins julgadas pelo tribunal no período, e entre os anos de 1995 e 2002, correspondentes aos dois governos FHC, o Supremo julgou 72% das Adins.

Gráfico 9
Origem da lei contestada nas Adins
entre outubro de 1988 e março de 2003

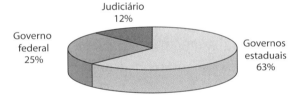

Gráfico 10
Decisões das Adins por governo
entre outubro de 1988 e março de 2003

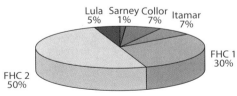

---

[22] Os dados de Werneck Vianna e colaboradores (1999) apresentam a seguinte distribuição: 56,2% das ações questionando diplomas de origem nos governos estaduais, 35,4% no governo federal e 8,4% no Judiciário.

Em relação à região de que são provenientes as Adins, temos o Centro-Oeste responsável por mais de 40% das ações. Isso se deve ao fato de o Distrito Federal estar contabilizado nessa categoria.

Gráfico 11
Região de origem das Adins
entre outubro de 1988 e março de 2003

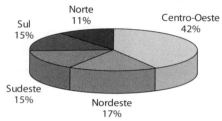

Comparando o requerido (origem da lei contestada) com a decisão do mérito, notamos que existe uma tendência em não deferir as ações que questionam o governo federal, sendo essa tendência inversa quando se trata do governo estadual e do Judiciário. Esses dados vão no sentido das observações de Macaulay (2003) de que o STF tem sido parcimonioso em sua atuação em relação ao governo federal.

Tabela 2
Resultado do mérito das Adins, de acordo com a origem da lei contestada, entre outubro de 1988 e março de 2003

Resultado do mérito	Origem		
	Governo federal	Governos estaduais	Judiciário
Indeferido	84,0%	36,5%	36,1%
Deferido	16,0%	63,5%	63,9%
Total	100,0%	100,0%	100,0%
(N)	(75)	(189)	(36)

Se observarmos o resultado do mérito de acordo com os requerentes, vemos que o procurador-geral da República, os governos estaduais e a OAB/AMB tiveram a maior parte de suas ações deferidas (73%, 63% e

56%, respectivamente), enquanto entidades de classe e partidos políticos tiveram a maior parte de suas ações indeferidas (71% e 68%, respectivamente). Tendo em conta que a maior parte dos partidos políticos que acionam o Supremo é de oposição, podemos concluir que o tribunal tem sido pouco receptivo em atender as demandas das minorias.

Tabela 3
Resultado do mérito das Adins, de acordo com o requerente, entre outubro de 1988 e março de 2003

Resultado do mérito	Requerente				
	Governos estaduais	Procurador-geral da República	Partidos políticos	Entidades de classe	OAB/ AMB
Indeferido	36,9%	26,0%	68,6%	69,6%	47,1%
Deferido	63,1%	74,0%	31,4%	30,4%	52,9%
Total	100,0%	100,0%	100,0%	100,0%	100,0%
(N)	(84)	(73)	(70)	(56)	(17)

Tabela 4
Origem da lei questionada nas Adins, de acordo com o requerente, entre outubro de 1988 e março de 2003

Origem	Requerente				
	Governos estaduais	Procurador-geral da República	Partidos políticos	Entidades de classe	OAB/ AMB
Governo federal	6,0%	11,0%	48,6%	42,9%	23,5%
Governos estaduais	91,7%	60,3%	44,3%	51,8%	47,1%
Judiciário	2,4%	28,8%	7,1%	5,4%	29,4%
Total	100,0%	100,0%	100,0%	100,0%	100,0%
(N)	(84)	(73)	(70)	(56)	(17)

Na tabela 4 vemos que os governos estaduais questionam preponderantemente leis e diplomas estaduais, assim como o procurador-geral da República, a OAB e a AMB. Já os partidos políticos questionam mais leis de origem federal. As entidades de classe contestam mais leis estaduais, mas também um número significativo de leis federais. O Judiciário tem suas decisões questionadas predominantemente pela OAB/AMB e pelo procurador-geral.

Justiça, profissionalismo e política

Na tabela 5 vemos que as leis e os diplomas estaduais que são questionados referem-se sobretudo à administração pública (72,5%), seguidos de questões econômico-tributárias e referentes à regulação da sociedade civil e do mundo do trabalho. Já os diplomas federais são mais dispersos, sendo 32,0% referentes às questões econômico-tributárias, 29,3% à sociedade civil e ao mundo do trabalho, 28,0% à administração pública e 10,7% às questões político-partidárias. No Judiciário, quase 90% das decisões questionadas referem-se à administração pública, particularmente à organização e à remuneração das carreiras ligadas ao Judiciário, e 11% dizem respeito a questões político-partidárias, em especial decisões do STE.

Tabela 5

Objeto da lei questionada nas Adins, de acordo com a origem da lei, entre outubro de 1988 e março de 2003

Objeto	Origem		
	Governo federal	Governos estaduais	Judiciário
Administração pública	28,0%	72,5%	88,9%
Questão político-partidária	10,7%	-	11,1%
Questão econômico-tributária	32,0%	18,5%	-
Sociedade civil e mundo do trabalho	29,3%	9,0%	-
Total	100,0%	100,0%	100,0%
(N)	(75)	(189)	(36)

Tabela 6

Resultado do mérito das Adins, de acordo com o objeto da lei questionada, entre outubro de 1988 e março de 2003

Resultado do mérito	Objeto da lei				
	Adm. pública	Questão político-partidária	Questão econômico-tributária	Sociedade civil e mundo do trabalho	Total
Indeferido	36,3%	75,0%	71,2%	64,1%	48,3%
Deferido	63,7%	25,0%	28,8%	35,9%	51,7%
Total	100,0%	100,0%	100,0%	100,0%	100,0%
(N)	(190)	(12)	(59)	(39)	(300)

Observando o resultado do mérito de acordo com o objeto da norma em questão, notamos que as ações que questionam normas referentes à administração pública foram predominantemente deferidas, enquanto as que questionam normas relativas a questões político-partidárias, econômico-tributárias e à sociedade civil e o mundo do trabalho foram indeferidas em sua maioria.

Tabela 7
Objeto da lei das Adins, de acordo com o requerente, entre outubro de 1988 e março de 2003

Objeto	Requerente				
	Governos estaduais	Procurador-geral da República	Partidos políticos	Entidades de classe	OAB/ AMB
Administração pública	69,0%	89,0%	48,6%	35,7%	76,5%
Questão político- -partidária	1,2%	1,4%	14,3%	-	-
Questão econômico- -tributária	17,9%	5,5%	24,3%	35,7%	17,6%
Sociedade civil e mundo do trabalho	11,9%	4,1%	12,9%	28,6%	5,9%
Total	100,0%	100,0%	100,0%	100,0%	100,0%
(N)	(84)	(73)	(70)	(56)	(17)

Comparando os requerentes com o objeto da lei, percebemos que governos estaduais, procurador-geral da República, partidos políticos e OAB/AMB questionam predominantemente diplomas referentes à administração pública. Entidades de classe contestam mais questões ligadas à política econômica e tributária.

Separando apenas as ações que questionam leis e diplomas federais e comparando o resultado de seu julgamento de acordo com os governos (tabela 7), temos que os governos Collor e Itamar foram os que mais tiveram leis derrubadas pelo STF — nossa amostra tem apenas uma ação questionando lei federal durante o governo Lula, e ela foi deferida. A partir do teste de qui-quadrado podemos afirmar que existe relação entre o resultado do mérito e o governo em que a ação foi julgada.[23]

---

[23] Ver Anexo, tabela A, o resultado do teste de associação qui-quadrado para o cruzamento das variáveis decisão do mérito das Adins referentes a diplomas ou leis federais e governo da decisão.

Justiça, profissionalismo e política

Tabela 8

Resultado do mérito das ações que questionam diplomas federais, de acordo com o governo em que a ação foi julgada, entre outubro de 1988 e março de 2003

| Resultado do mérito | Governo | | | | |
	Collor	Itamar	FHC 1	FHC 2	Lula
Indeferido	72,7%	60,0%	81,0%	94,6%	-
Deferido	27,3%	40,0%	19,0%	5,4%	100,0%
Total	100,0%	100,0%	100,0%	100,0%	100,0%
(N)	(11)	(5)	(21)	(37)	(1)

No que se refere à unanimidade das decisões, notamos que as decisões não unânimes são mais frequentes quando as ações questionam leis referentes à temática político-partidária e à regulação da sociedade civil e do mundo do trabalho.

A unanimidade ou não da decisão não parece ser influenciada pela origem da lei. Notamos alguma diferença apenas em relação aos diplomas com origem no Judiciário, que tendem a ter menos decisões unânimes em comparação com governo federal e governos estaduais — mas essa diferença não pode ser considerada indício de relação entre as variáveis, uma vez que o teste de qui-quadrado resultou não significativo.[24]

Tabela 9

Unanimidade da decisão, de acordo com a origem da lei

| Decisão unânime | Origem | | |
	Governo federal	Governos estaduais	Judiciário
Não	17,3%	15,9%	25,0%
Sim	82,7%	84,1%	75,0%
Total	100,0%	100,0%	100,0%
(N)	(75)	(189)	(36)

---

[24] Ver Anexo, tabela B, o resultado do teste de associação qui-quadrado para o cruzamento das variáveis unanimidade da decisão e origem da lei.

Descrição da base de dados

Tabela 10
Unanimidade da decisão, de acordo com o objeto da lei,
entre outubro de 1988 e março de 2003

Decisão unânime	Objeto			
	Adm. pública	Questão político--partidária	Questão econômico--tributária	Sociedade civil e mundo do trabalho
Sim	83,2%	58,3%	86,4%	82,0%
Não	16,8%	41,7%	13,6%	18,0%
Total	100,0%	100,0%	100,0%	100,0%
(N)	190	12	59	39

É importante lembrar que as decisões podem ser unânimes, não unânimes ou monocráticas, mas que para efeito de análise consideramos as decisões monocráticas como unânimes, uma vez que elas são tomadas em casos extremamente técnicos e quando já há jurisprudência do STF sobre o assunto. A tabela 11 apresenta o número de ocorrência dessas decisões do tribunal em nossa amostra.

Tabela 11
Unanimidade das decisões das Adins
entre outubro de 1988 e março de 2003

Decisões	Frequência	%
Unânimes	196	65,3
Não unânimes	52	17,3
Monocráticas	52	17,3
Total	300	100,0

Das 52 ações com decisão monocrática, 46,2% tratam de questões relativas a administração pública, 27,0% de questões econômico-tributárias, 21,0% de questões relacionadas à regulação da sociedade civil e do mundo do trabalho e 6,0% de questões político-partidárias.

Os partidos políticos foram os requerentes em 37% dessas ações, seguidos das entidades de classe, com 29,0%, dos governos estaduais, com 21,0%; o procurador-geral foi autor em 7,0% dessas ações e OAB/AMB, em 6,0%.

Em 48% dos casos decididos monocraticamente a origem da lei foi o governo federal, seguido dos governos estaduais (46,0%) e do Judiciário (6,0%). Todas as decisões monocráticas resultaram indeferidas.

Justiça, profissionalismo e política

Decisões não unânimes

Das 300 ações que compõem a amostra, 52 tiveram decisão não unânime. Dessas 52 ações, 86,5% vieram com pedido de liminar. Na decisão final do mérito, 57,7% das ações foram deferidas.

Quanto ao objeto da lei, 61,5% são referentes à administração pública, 15,4% a questões econômico-tributárias, 13,5% à sociedade civil e ao mundo do trabalho, e 9,6% referentes a questões político-partidárias — notamos que a maior diferença está no percentual de ações referentes a esta última temática.

Gráfico 12
Resultado da decisão do mérito das Adins não unânimes
entre outubro de 1988 e março de 2003

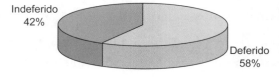

Gráfico 13
Julgamento da liminar das Adins não unânimes
entre outubro de 1988 e março de 2003

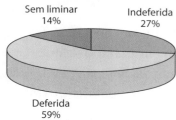

O procurador-geral da República foi autor de 41% dessas ações, os partidos políticos foram autores em 21% dos casos, governos estaduais e entidades de classe empataram, tendo sido autores em 15% dos casos, e OAB/AMB, em 8%.

Descrição da base de dados

Gráfico 14
Objeto da lei das Adins não unânimes
entre outubro de 1988 e março de 2003

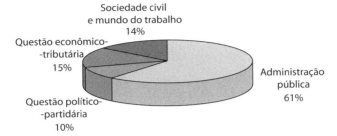

Gráfico 15
Requerentes das Adins não unânimes
entre outubro de 1988 e março de 2003

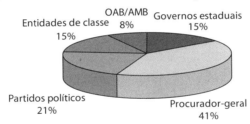

Quanto à origem da lei ou diploma contestado, 57,7% das ações são originárias dos governos estaduais, seguidas de 25,0% com origem no governo federal e 17,3% no Judiciário.

Gráfico 16
Origem da lei ou diploma contestado nas Adins não unânimes
entre outubro de 1988 e março de 2003

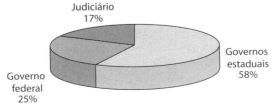

Em relação ao governo de decisão notamos que 3,8% das ações não unânimes foram julgadas no governo Sarney; 23,1%, no governo Collor; 7,7, no governo Itamar; 38,5% foram julgadas no primeiro governo FHC; 25,0% no segundo governo FHC; e apenas 1,9% no governo Lula. Notamos que a maior diferença se dá em relação ao governo Collor, já que, consideradas todas as ações (com decisão unânime e não unânime), apenas 7% correspondem a esse governo.

Gráfico 17
Decisões das Adins não unânimes por governo
entre outubro de 1988 e março de 2003

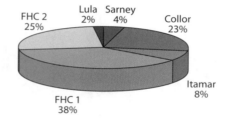

Comparando a origem da lei (o requerido) com o resultado da decisão, percebemos que o governo federal teve a maior parte das ações em que foi contestado indeferida (69,2%), enquanto governo estadual e Judiciário tiveram a maior parte das ações em que foram contestados deferidas (70,0% e 55,0% respectivamente).

Tabela 12
Resultado do mérito das Adins não unânimes, de acordo com a origem da lei contestada, entre outubro de 1988 e março de 2003

Resultado do mérito	Origem Governo federal	Governos estaduais	Judiciário
Indeferido	69,2%	30,0%	44,4%
Deferido	30,8%	70,0%	55,6%
Total	100,0%	100,0%	100,0%
(N)	(13)	(30)	(9)

Descrição da base de dados

Em relação ao autor da ação, vemos que governo estadual e OAB/AMB tiveram a maior parte de suas ações deferidas no mérito (ambos 75,0%), seguidos do procurador-geral, que teve 71,4% de suas ações deferidas, enquanto entidades de classe e partidos políticos tiveram a maior parte de suas ações indeferidas no mérito (62,5% e 72,7% respectivamente).

Tabela 13
Resultado do mérito das Adins não unânimes, de acordo com
o requerente, entre outubro de 1988 e março de 2003

| Resultado do mérito | Requerentes | | | | |
	Governos estaduais	Procurador-geral da República	Partidos políticos	Entidades de classe	OAB/ AMB
Indeferido	25,0%	28,6%	72,7%	62,5%	25,0%
Deferido	75,0%	71,4%	27,3%	37,5%	75,0%
Total	100,0%	100,0%	100,0%	100,0%	100,0%
(N)	(8)	(21)	(11)	(8)	(4)

Tabela 14
Objeto da lei das Adins não unânimes, de acordo com
o requerente, entre outubro de 1988 e março de 2003

| Objeto | Requerente | | | | |
	Governos estaduais	Procurador-geral da República	Partidos políticos	Entidades de classe	OAB/ AMB
Administração pública	75,0%	85,7%	36,4%	12,5%	75,0%
Questão político-partidária	-	-	45,5%	-	-
Questão econômico-tributária	12,5%	4,8%	18,2%	50,0%	-
Sociedade civil e mundo do trabalho	12,5%	9,5%	-	37,5%	25,0%
Total	100,0%	100,0%	100,0%	100,0%	100,0%
(N)	(8)	(21)	(11)	(8)	(4)

Observando o objeto da lei em relação ao requerente, notamos que governos estaduais, OAB/AMB e o procurador-geral da República contestaram preponderantemente leis e diplomas relacionados à administração pública (75,0% das ações propostas pela OAB/AMB e pelos governos estaduais e 85,7% das propostas pelo procurador-geral questionaram leis nessa temática).

Já os partidos políticos contestaram mais leis e diplomas relacionados a questões político-partidárias, e entidades de classe contestaram mais leis associadas a questões econômico-tributárias.

Tabela 15

Objeto da lei questionada nas Adins não unânimes, de acordo com a origem da lei, entre outubro de 1988 e março de 2003

Objeto	Origem da lei		
	Governo federal	Governos estaduais	Judiciário
Administração pública	23,1%	73,3%	77,8%
Questão político-partidária	23,1%	-	22,2%
Questão econômico-tributária	30,8%	13,3%	-
Sociedade civil e mundo do trabalho	23,1%	13,3%	-
Total	100,0%	100,0%	100,0%
(N)	(13)	(30)	(9)

Percebemos que as leis e os diplomas estaduais contestados versam sobretudo sobre a administração pública, assim como os de origem no Judiciário. Já as leis federais se referem predominantemente às questões econômico-tributárias, seguidas da administração pública, das questões político-partidárias e da regulação da sociedade civil e do mundo do trabalho (as três temáticas com o mesmo número de ocorrências).

Comparando a origem da lei com o requerente, vemos que governos estaduais, o procurador-geral da República e as entidades de classe tendem a questionar mais leis de origem estaduais, enquanto os partidos políticos tendem a questionar mais leis de origem federal. Já OAB/AMB tendem a questionar mais diplomas de origem no Judiciário.

O resultado das Adins não unânimes em relação ao objeto da lei questionada segue a mesma tendência de deferir as ações que questionam normas relativas à administração pública. Notamos, contudo, uma tendência maior em deferir ações que tratam de questões político-partidárias e questões referentes à sociedade civil e ao mundo do trabalho quando focamos apenas nas ações não unânimes.

Descrição da base de dados

Tabela 16

Origem da lei questionada nas Adins não unânimes, de acordo
com o requerente, entre outubro de 1988 e março de 2003

Origem	Requerente				
	Governos estaduais	Procurador-geral da República	Partidos políticos	Entidades de classe	OAB/ AMB
Governo federal	12,5%	9,5%	54,5%	37,5%	25,0%
Governos estaduais	87,5%	71,4%	18,2%	62,5%	25,0%
Judiciário	-	19,0%	27,3%	-	50,0%
Total	100,0%	100,0%	100,0%	100,0%	100,0%
(N)	(8)	(21)	(11)	(8)	(4)

Tabela 17

Resultado do mérito das Adins não unânimes, de acordo com o
objeto da lei questionada, entre outubro de 1988 e março de 2003

Resultado do mérito	Objeto da lei				Total
	Adm. pública	Questão político- -partidária	Questão econômico- -tributária	Sociedade civil e mundo do trabalho	
Indeferido	21,9%	60,0%	100,0%	57,1%	42,3%
Deferido	78,1%	40,0%	-	42,9%	57,7%
Total	100,0%	100,0%	100,0%	100,0%	100,0%
(N)	(32)	(5)	(8)	(7)	52

Considerando apenas as ações não unânimes que questionam diplomas de origem federal e observando o resultado dessas ações de acordo com o governo em que foram decididas, percebemos que com exceção do governo Collor, que teve metade das ações indeferida e metade deferida, os governos Itamar e os dois governos FHC tiveram a maior parte das ações que questionavam diplomas federais indeferidas no mérito. Aqui não foi possível aplicar o teste de associação qui-quadrado por causa do baixo número de casos, que gerou frequências esperadas menores do que 5, contrariando um dos pré-requisitos de aplicabilidade do qui--quadrado.

Tabela 18
Resultado do mérito das ações não unânimes que questionam diplomas federais, de acordo com o governo em que a ação foi julgada, entre outubro de 1988 e março de 2003

Resultado do mérito	Governo			
	Collor	Itamar	FHC 1	FHC 2
Indeferido	50,0%	100,0%	66,7%	100,0%
Deferido	50,0%	-	33,3%	-
Total	100,0%	100,0%	100,0%	100,0%
(N)	(6)	(1)	(3)	(3)

É com base nesses dados que vamos analisar as decisões do Supremo Tribunal Federal e o comportamento de voto dos ministros.

Capítulo 3

Redes de votação
no Supremo Tribunal Federal

Quem são os ministros do STF

Danelski (1967) reconhece que as cortes são corpos colegiais que tomam decisões baseadas na regra da maioria. Como consequência, os
juízes não podem atingir suas metas atuando individualmente. Um juiz
depende das preferências e das atitudes dos outros juízes do tribunal.
Partindo desta afirmação, neste capítulo vamos olhar para a forma como
os ministros do STF se agrupam para decidir os casos. Mas antes de
procedermos a essa análise, é interessante olharmos para o perfil desses
ministros.

Gadamer (1997) afirma que não existe um processo mecânico para
a determinação do significado de um texto. E na medida em que não
existe tal processo mecânico, a discussão sobre o significado dos textos só
se torna possível em decorrência de uma tradução cultural comum. Para
melhor explicitar essa ideia, o autor utiliza a ideia de horizonte, afirmando
que as pessoas têm a capacidade para ver até os limites de seus respectivos
horizontes, mas não além deles. Com isso, valoriza o papel do contexto
na compreensão e na interpretação. Da importância do contexto decorre
a importância da "posição estrutural" ocupada na sociedade.

Justiça, profissionalismo e política

A afirmação de Gadamer se aplica ao caso dos juízes. Os juízes só podem discutir sobre o significado das leis e dos textos jurídicos porque compartilham um "horizonte" comum. Daí a necessidade de considerarmos na análise o perfil dos ministros do STF, uma vez que esse perfil vai influir na forma como esses ministros se posicionam em face das questões levadas ao julgamento do tribunal.

Levantamos o perfil desses ministros considerando suas trajetórias de carreira, o local em que obtiveram o título de bacharel em direito, a passagem por cargos políticos eletivos ou de primeiro e segundo escalão, o fato de terem estudado no exterior e o presidente que os nomeou. Consideramos que diferenças no sistema de treinamento dos ministros e no padrão de carreira que eles seguem depois de formados resultam em diferenças no padrão de comportamento de voto e argumentação. Aqui observaremos como essas diferenças se refletem na forma como os ministros se agrupam para votar — no capítulo 4, consideraremos o peso dessas diferenças juntamente com os fatores dos casos para a determinação do resultado da decisão e o comportamento de voto individual dos ministros.

As 300 ações selecionadas em nossa amostra envolveram a participação de 18 ministros que fizeram parte do STF entre outubro de 1988 e março de 2003.[25] E são os dados desses ministros que passamos a discutir agora.

No que se refere à trajetória de carreira, notamos que há um equilíbrio no tribunal entre magistrados de carreira e não magistrados, uma vez que dos 18 ministros que fazem parte da nossa amostra oito tiveram carreira na magistratura.

Dos que não tiveram carreira na magistratura temos dois procedentes do Ministério Público, na posição de procurador-geral da República, três ministros da Justiça, um advogado-geral da União, um ministro do Tribunal de Contas da União, um ministro das Relações Exteriores, um chefe do Gabinete Civil da Presidência da República e um secretário-geral da Consultoria-Geral da Presidência da República. Lembrando que mesmo os ministros que saíram de postos políticos para ocupar uma

---

[25] Os ministros Djaci Alves Falcão, Luiz Rafael Mayer e Oscar Dias Corrêa fizeram parte do STF no período enfocado até o ano de 1989, mas não foram sorteadas ações nas quais eles participaram.

vaga no STF tiveram carreiras anteriores no direito, como advogados ou membros do Ministério Público.

Gráfico 1
Trajetória de carreira dos ministros que integraram o STF entre outubro de 1988 e março de 2003

Isso demonstra que o perfil de carreira dos ministros deixou de ser predominantemente de magistrados, como era até 1978 (Oliveira, 2011) e passou a englobar carreiras diferenciadas, abrindo maior espaço aos "políticos", que são em sua grande maioria ligados ao Ministério da Justiça. A diferenciação está presente também na maior abertura às outras profissões do mundo jurídico, em especial ao Ministério Público.

Gráfico 2
Ministros que integraram o STF entre outubro de 1988 e março de 2003 e que tiveram experiência na política

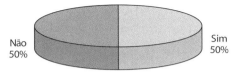

A experiência na política refere-se ao fato de o ministro ter ocupado algum cargo eletivo ou de nomeação do primeiro e segundo escalão. Também aqui há um equilíbrio, com nove dos 18 ministros tendo ocupado algum cargo político em sua trajetória de carreira antes de chegarem ao STF.

Quanto ao local de graduação dos ministros, notamos que todos eles são procedentes de instituições de prestígio. O Rio de Janeiro, com a antiga Faculdade de Direito da Universidade do Brasil, a Uerj e a UFRJ, é o local que mais formou os ministros desse período considerado: seis dos 18 ministros se graduaram nessas faculdades. Depois, temos Minas Gerais com quatro ministros tendo obtido o título de bacharel em direito pela UFMG. No Rio Grande do Sul são três ministros, dois na UFRS e um na PUC. Em São Paulo são dois ministros formados pelo Largo de São Francisco. Um ministro na Universidade de São Luís, no Maranhão, e um na UnB, em Brasília.

Gráfico 3
Local de graduação dos ministros que integraram o STF entre outubro de 1988 e março de 2003

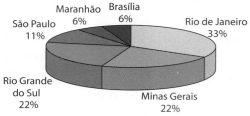

Levamos em conta também se o ministro estudou no exterior ou não. Os dados apresentados no gráfico 4 apontam que dos 18 ministros apenas cinco estudaram no exterior, com a predominância dos Estados Unidos.

Gráfico 4
Ministros que integraram o STF entre outubro de 1988 e março de 2003 e que tiveram experiência internacional

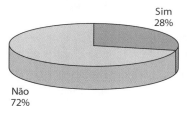

Procuramos também trabalhar com alguma indicação da ideologia dos ministros. Sabemos das dificuldades na utilização das categorias liberal e conservador para classificar os juízes brasileiros. Como propõe Taylor (2008), não é fácil categorizar esses juízes com base nas preferências políticas dos presidentes que os nomearam, e uma vez que no Brasil os partidos políticos não são tão bem definidos quanto à sua postura ideológica, não faria sentido utilizar a classificação ideológica tal qual é feita para os juízes norte-americanos. Por essa razão optamos pela utilização de uma classificação da atuação dos ministros que levasse em conta as especificidades do caso brasileiro. Adotamos o perfil de atuação do ministro, que pode ser restritivo, ativista ou moderado.

Os ministros com perfil de atuação restritivo são aqueles que obedecem mais à letra da Constituição e se posicionam de forma mais restritiva quanto à possibilidade de atuação do Supremo Tribunal nas questões políticas. Esses ministros não costumam levar em conta em suas decisões fatores extraconstitucionais (ou seja, não costumam considerar as consequências políticas, econômicas e/ou sociais da decisão), votando num sentido mais técnico. Já os ministros com perfil ativista são os que não se prendem tanto à letra escrita da Constituição, podendo "reformá-la" segundo suas próprias convicções e valores, e têm uma visão mais ampla da atuação do STF nas questões políticas. Os ministros com perfil ativista costumam considerar fatores extraconstitucionais em suas decisões (ou seja, costumam considerar as consequências políticas, econômicas e/ou sociais da decisão), votando num sentido mais político.

Gráfico 5
Perfil de atuação dos ministros que integraram o STF entre outubro de 1988 e março de 2003

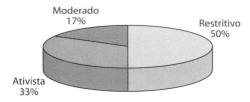

Conhecemos os problemas associados a esse tipo de classificação e as limitações a ela inerentes. Um mesmo ministro pode, por exemplo, comportar-se de forma restritiva em ações referentes à administração pública e de forma ativista em ações referentes aos direitos trabalhistas. Esse tipo de problema se apresenta em praticamente todas as cortes, como a dos Estados Unidos, mas nem por isso deixa de ser possível trabalhar com uma classificação. Nossa classificação obedece à tendência geral do posicionamento dos ministros nas decisões das Adins, balanceada pelo enquadramento que a mídia — mais especificamente os jornais *Folha de S.Paulo* e *O Estado de S. Paulo* — faz da atuação desses ministros.[26]

Utilizamos as Adins não unânimes para identificar o perfil de atuação do ministro, pois nessas ações as divergências de posicionamento entre eles ficam mais nítidas. Classificamos o sentido do voto dos ministros em cada uma das ações como técnico ou político e comparamos o percentual de votos, qualificando como restritivos os ministros que votaram num sentido técnico em mais de 52% das ações de que participaram, como ativistas os ministros que votaram num sentido político em mais de 52% das ações de que participaram e como moderados os ministros que ficaram entre 50% e 52%. Os resultados podem ser vistos na tabela 1.

Há duas exceções a essa classificação: os ministros Nelson Jobim e Celso de Mello. Se fôssemos seguir unicamente a classificação da votação desses ministros nas Adins não unânimes que fazem parte de nossa amostra, esses ministros seriam classificados como restritivos. Mas levando em conta a visão que a mídia tem da atuação desses ministros, optamos por classificá-los como ativistas.[27]

---

[26] É interessante notar que nossa classificação da postura de atuação dos ministros nas decisões das Adins guarda certa compatibilidade com o enquadramento que editoriais e artigos publicados nos jornais *Folha de S.Paulo* e *O Estado de S. Paulo* fizeram dos ministros do STF. Mas essas notícias utilizam a terminologia "conservador × liberal" — o que pode, sem grandes dificuldades, ser interpretado como "restritivo × ativista". O levantamento das notícias publicadas sobre o STF nesses jornais, entre os anos de 1979 e 1999, faz parte da pesquisa de mestrado de Oliveira (2011) e foi publicado como Oliveira (2004:101-118).

[27] A diferença entre a classificação atribuída pelos jornais e a da pesquisa pode ser decorrência, em parte, de nossa amostra contar com poucas decisões não unânimes (52), principalmente pelo fato de a amostra não ter sido construída com base nas ações não unânimes.

Redes de votação no Supremo Tribunal Federal

Tabela 1
Classificação do sentido do voto dos ministros nas Adins não unânimes

Ministro	Sentido do voto		Total	Número de ações de que participaram (N)
	Técnico	Político	%	
Moreira Alves	68,9	31,1	100,0	45
Néri da Silveira	61,4	38,6	100,0	44
Aldir G. Passarinho	66,7	33,3	100,0	3
Francisco Rezek	33,3	66,7	100,0	15
Sydney Sanches	67,4	32,6	100,0	46
Octávio Gallotti	68,3	31,7	100,0	41
Carlos Madeira	100,0	-	100,0	2
Célio Borja	50,0	50,0	100,0	6
Paulo Brossard	50,0	50,0	100,0	16
Sepúlveda Pertence	47,9	52,1	100,0	48
Celso de Mello	60,0	40,0	100,0	35
Carlos Velloso	36,8	63,2	100,0	38
Marco Aurélio	15,0	85,0	100,0	40
Ilmar Galvão	51,0	49,0	100,0	49
Maurício Corrêa	67,7	32,3	100,0	31
Nelson Jobim	62,5	37,5	100,0	16
Ellen Gracie	57,1	42,9	100,0	7
Gilmar Mendes	80,0	20,0	100,0	5

Lembramos também que, na bibliografia norte-americana que trata do estudo do comportamento do Judiciário, o presidente que nomeou o juiz é utilizado como outra variável para determinar sua posição ideológica. Segal e Spaeth (1993) examinam o processo pelo qual o presidente nomeia os *Justices* da Suprema Corte e o Senado confirma ou rejeita essa nomeação.

Os autores apontam seis fatores que são levados em conta pelo presidente: 1) partidarismo e ideologia: como a Suprema Corte é um *policy-maker* nacional, o presidente leva em conta a afiliação partidária do "candidato" e sua posição ideológica; 2) ambiente político: para evitar batalhas com o Senado o presidente considera as disputas e configurações políticas do momento; 3) experiência anterior: há uma preferência por candidatos que tenham atuado como juristas; 4) região: há a necessidade de obedecer à representação regional; 5) religião, raça e sexo: os autores afirmam que dos 145 *justices* nomeados, 143 eram brancos, 144 homens e 126 protestantes; e 6) amizade e patronagem (*friendship and patronage*). Explicando a escolha presidencial, os autores afirmam:

The President should always nominate someone in the space between himself and the Senate, rather than a nominee outside that range. But if the President has very strong policy concerns about the court, if, for example, the court is too conservative and the president is liberal, he might attempt to balance the conservatism of the court with a nominee more liberal than himself to balance the conservatism of the court [Segal e Spaeth, 1993:130].

Assim, para os autores a escolha do presidente é uma função da ideologia do próprio presidente, da composição ideológica do Senado e da composição ideológica da Corte.

De maneira geral podemos dizer que esses mesmos critérios se aplicam às nomeações feitas para a Corte brasileira. O presidente da República considera a proximidade de valores entre o escolhido e o governo, na expectativa de que a nomeação resulte em votos favoráveis ao governo. Considera o ambiente político para evitar que o Senado rejeite o nome indicado.[28] Há também certa pressão para que o critério regional seja atendido, bem como a influência da amizade e da patronagem nas nomeações: Presidentes nomearam para o tribunal membros de seu governo, sendo os presidentes militares os que mais adotaram o critério da patronagem, nomeando para o tribunal ministros que se aposentaram logo após a posse — caso dos ministros Clóvis Ramalhete e Firmino Ferreira Paz, por exemplo —, o que gerou a reivindicação por parte dos ministros do STF durante a Constituinte para que houvesse a observação de um critério máximo de idade para que um ministro pudesse ser indicado.[29] Recentemente critérios relacionados à raça e ao gênero têm sido contemplados.

É claro que no caso do Brasil a ligação entre presidente e ideologia é um pouco mais complicada. Como afirma Taylor (2008), além de mi-

---

[28] Lembrando que na história brasileira houve apenas três rejeições a nomes indicados para o tribunal, todas no governo Floriano Peixoto.

[29] A reivindicação do Supremo era de que o nomeado tivesse menos de 66 anos, "para que sua permanência na Corte possa perdurar por quatro anos, no mínimo, a bem da estabilidade jurisprudencial, evitando-se, outrossim, aposentadorias imediatas com pesados ônus para os cofres públicos", como consta na proposta encaminhada pelos ministros à Comissão Provisória de Estudos Constitucionais (notícia publicada no jornal *Folha de S. Paulo*, "Precariedade da Justiça é unanimidade até entre ministros", 5 out. 1986).

nistros nomeados por militares e ministros nomeados por civis, é difícil identificar alguma divisão ideológica clara no STF. Por isso optamos por trabalhar com a divisão *civis × militares* relativa à nomeação dos ministros.

Apresentamos também uma relação dos presidentes que nomearam os ministros para o tribunal: Ernesto Geisel nomeou um dos ministros, João Figueiredo e José Sarney nomearam cinco dos ministros cada um, Fernando Collor de Mello, quatro, Itamar Franco nomeou um e Fernando Henrique Cardoso nomeou três dos ministros.

Gráfico 6

Presidentes militares e civis que nomearam os ministros que integraram o STF entre outubro de 1988 e março de 2003

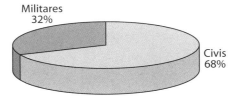

Gráfico 7

Presidentes da República que nomearam os ministros que integraram o STF entre outubro de 1988 e março de 2003

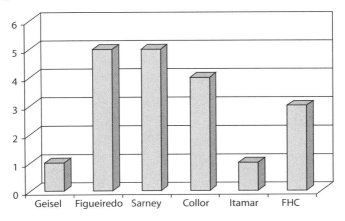

Justiça, profissionalismo e política

Nas tabelas 2 e 3 esses dados estão discriminados para cada um dos ministros, trazendo também informações sobre a data da posse no tribunal, a data da aposentadoria (ou previsão de aposentadoria para os ministros que ainda se encontram no STF).

Tabela 2

Ministros que integraram o STF entre outubro de 1988 e março de 2003, de acordo com a faculdade da graduação, o presidente que nomeou e a permanência no tribunal

Ministro	Faculdade de graduação	Presidente que nomeou	Posse no STF	Saída do STF
Moreira Alves	Faculdade Nacional de Direito da Universidade do Brasil (RJ)	Geisel	1975	2003
Néri da Silveira	Faculdade de Direito PUC-RS	Figueiredo	1981	2002
Aldir Passarinho	Faculdade de Direito do Rio de Janeiro (hoje Uerj)	Figueiredo	1982	1991
Francisco Rezek*	Faculdade de Direito UFMG	Figueiredo	1983	1990
Sydney Sanches	Faculdade de Direito Largo de São Francisco (USP)	Figueiredo	1984	2003
Octávio Gallotti	Faculdade Nacional de Direito da Universidade do Brasil (RJ)	Figueiredo	1984	2000
Carlos Madeira	Faculdade de Direito de São Luís	Sarney	1985	1990
Célio Borja	Faculdade de Direito do Rio de Janeiro (hoje Uerj)	Sarney	1986	1992
Paulo Brossard	Faculdade de Direito de Porto Alegre	Sarney	1989	1994
Sepúlveda Pertence	Faculdade de Direito UFMG	Sarney	1989	2007**
Celso de Mello	Faculdade de Direito Largo de São Francisco (USP)	Sarney	1989	2015**
Carlos Velloso	Faculdade de Direito UFMG	Collor	1990	2006
Marco Aurélio	Faculdade de Direito UFRJ	Collor	1990	2016**
Ilmar Galvão	Faculdade Nacional de Direito da Universidade do Brasil (RJ)	Collor	1991	2003
Francisco Rezek*	Faculdade de Direito UFMG	Collor	1992	1997
Maurício Corrêa	Faculdade de Direito UFMG	Itamar	1994	2004
Nelson Jobim	Faculdade de Direito UFRS	FHC	1997	2006***
Ellen Gracie	Faculdade de Direito UFRS	FHC	2000	2018**
Gilmar Mendes	Faculdade de Direito da Universidade de Brasília	FHC	2002	2025**

* Ministro nomeado duas vezes.
** Previsão pela aposentadoria compulsória aos 70 anos de idade.
*** Ministro saiu do STF em março de 2006, embora só atingisse a compulsória em 2016.

Tabela 3
Ministros que integraram o STF entre outubro de 1988 e março de 2003, de acordo com a trajetória de carreira e o perfil de atuação

Ministro	Cargo ocupado antes da nomeação	Carreira no PJ	Carreira no MP	Experiência política	Perfil de atuação
Moreira Alves	Procurador-geral da República	Não	Sim	Sim	Restritivo
Néri da Silveira	Juiz do TFR	Sim	Não	Não	Restritivo
Aldir Passarinho	Juiz do TFR	Sim	Não	Sim	Restritivo
Francisco Rezek*	Ministro-chefe Gabinete Civil da República	Não	Sim	Sim	Ativista
Sydney Sanches	Desembargador do TJSP	Sim	Não	Não	Restritivo
Octávio Gallotti	Ministro do Tribunal de Contas da União	Não	Sim	Não	Restritivo
Carlos Madeira	Juiz do TFR	Sim	Não	Não	Restritivo
Célio Borja	Chefe Assessoria Especial Presidência da República	Não	Não	Sim	Moderado
Paulo Brossard	Ministro da Justiça	Não	Não	Sim	Moderado
Sepúlveda Pertence	Procurador-geral da República	Não	Sim	Não	Ativista
Celso de Mello	Secretário Consultoria Geral da Presidência da República	Não	Sim	Sim	Ativista
Carlos Velloso	Ministro do STJ	Sim	Sim	Não	Ativista
Marco Aurélio	Corregedor-geral da Justiça do Trabalho	Sim	Sim	Não	Ativista
Ilmar Galvão	Ministro do STJ	Sim	Não	Não	Moderado
Francisco Rezek*	Ministro das Relações Exteriores	Não	Sim	Sim	Ativista
Maurício Corrêa	Ministro da Justiça	Não	Não	Sim	Restritivo
Nelson Jobim	Ministro da Justiça	Não	Não	Sim	Ativista
Ellen Gracie	Juiz do TFR	Sim	Sim	Não	Restritivo
Gilmar Mendes	Advogado geral da União	Não	Sim	Sim	Restritivo

* Ministro nomeado duas vezes.

Análise das redes de votação no STF

Nos estudos sobre a Suprema Corte norte-americana o comportamento do presidente da Corte, o *Chief Justice*, é um fator primordial para determinar o comportamento dos outros ministros e o resultado da decisão. No Brasil é diferente. Enquanto nos Estados Unidos os *Justices* são eleitos

Justiça, profissionalismo e política

para a presidência da Suprema Corte praticamente para a vida, e onde há uma identificação da Corte com seu presidente, falando-se na Corte de *Warren*, na Corte de *Rehnquist*, no Brasil os ministros são eleitos para um período de dois anos, havendo um rodízio no tribunal, com a tradição de seguir a ordem de antiguidade. Portanto, não faz sentido associar a Corte brasileira a seu presidente, sendo muito mais interessante para a nossa análise o ministro que é designado para relatar o caso. Isso porque é ele quem escreve o relatório distribuído para os outros ministros tomarem conhecimento do caso, sendo dele a primeira opinião a ser manifestada sobre o assunto.

Assim, um aspecto a ser observado inicialmente é a frequência com que os ministros aderiram ao voto do relator nas Adins.

Para a obtenção dessa frequência realizamos um cálculo simples. Para cada um dos ministros somamos o número de vezes em que ele concordou com o relator (CR), dividindo esse valor pelo número de julgamentos de que ele participou (P), multiplicando o resultado por 100, excluindo os casos em que o próprio ministro era relator do processo. O procedimento para o cálculo do índice de concordância dos ministros com o relator é apresentado na fórmula 1.

Fórmula 1

Índice de concordância dos ministros com o relator do processo

$$ICR = \frac{CR}{P} . 100$$

Aplicada a fórmula 1, observamos que o ministro Gilmar Mendes e a ministra Ellen Gracie concordaram com o relator em todos os julgamentos de que participaram; o ministro Nelson Jobim aderiu ao voto do relator em 98% dos julgamentos; o ministro Ilmar Galvão, em 96%; o ministro Maurício Corrêa concordou com o relator em 94% dos casos; o ministro Moreira Alves, em 92%; os ministros Carlos Velloso, Celso de Mello, Sydney Sanches e Octávio Gallotti votaram com o relator em 91% das ações; o ministro Néri da Silveira aderiu ao voto do relator em 90% dos julgamentos. Os únicos ministros que concordaram com o relator em menos de 90% das vezes foram os ministros Francisco Rezek (89%), Sepúlveda Pertence (86%), Marco Aurélio (83%) e Paulo Brossard (74%). Os ministros Aldir G. Passarinho, Carlos Madeira e Célio Borja não participaram de um número significativo de julgamentos, por isso foram excluídos da análise.

Tabela 4

Ministros que foram relatores de Adins
entre outubro de 1988 e março de 2003

Ministro	Relator Adin
Moreira Alves	30 (10,0)
Néri da Silveira	32 (10,7)
Aldir Passarinho	2 (0,7)
Sydney Sanches	28 (9,3)
Octávio Gallotti	19 (6,3)
Carlos Madeira	0
Célio Borja	1 (0,3)
Paulo Brossard	5 (1,7)
Sepúlveda Pertence	10 (3,3)
Celso de Mello	8 (2,7)
Carlos Velloso	29 (9,7)
Marco Aurélio	15 (5,0)
Ilmar Galvão	51 (17,0)
Francisco Rezek*	7 (2,3)
Maurício Corrêa	35 (11,7)
Nelson Jobim	8 (2,7)
Ellen Gracie	12 (4,0)
Gilmar Mendes	8 (2,7)
Total	300 (100,0)

* Ministro nomeado duas vezes.

Na tabela 4 apresentamos o número de vezes que cada um dos ministros foi relator de Adins. Além de verificar o índice de concordância entre cada um dos ministros e o relator do processo, estabelecemos uma análise das redes de votação no Supremo, com o objetivo de perceber como os ministros se agrupam para decidir os casos, construindo um índice de concordância entre eles.

Segundo Marteleto (2001:72), não existe uma "teoria das redes sociais" única, podendo o conceito ser empregado em diversas teorias sociais, "necessitando de dados empíricos complementares, além da identificação dos elos e relações entre indivíduos".

Entre as diversas possibilidades, optamos aqui pela análise de agrupamentos como método para identificar as redes de votação no STF, utilizando a seguinte medida de similaridade.

Fórmula 2
Índice de concordância entre os ministros, dois a dois

$$IC = \frac{a + d}{a + b + c + d}$$

Onde a = frequência de concordâncias nos pareceres *favoráveis* (1,1) no julgamento dos processos julgados por dois dos 18 ministros analisados; d = frequência de concordâncias nos pareceres *desfavoráveis* (0,0) no julgamento dos processos julgados por dois dos 18 ministros analisados; b = frequência de discordâncias do tipo *favorável* × *desfavorável* (1,0) nos pareceres dos processos julgados por dois dos 18 ministros analisados; c = frequência de discordâncias do tipo *desfavorável* × *favorável* (0,1) nos pareceres dos processos julgados por dois dos 18 ministros analisados. Na figura 1 está ilustrado o cálculo desse índice.

Figura 1
Cruzamento dos resultados dos julgamentos de dois ministros i e j

		Ministro j		
		Favorável (1)	Desfavorável (0)	
Ministro i	Favorável (1)	a	b	$a + b$
	Desfavorável (0)	c	d	$c + d$
		$a + c$	$b + d$	$a + b + c + d$

Mediante cruzamento computacional no banco de dados, construímos as tabelas de resultados dos julgamentos correspondentes às combinações dos 18 ministros, dois a dois, e calculamos os correspondentes índices de concordância entre os ministros (IC). A partir desses cálculos foi possível chegarmos a três agrupamentos no tribunal. Apresentamos os resultados na tabela 5.

Realizamos o primeiro desses agrupamentos utilizando como valor de corte o índice de similaridade igual a 0,95 (em destaque na tabela 6). Esse grupo é o que obtém o maior índice de concordância, sendo o mais nítido. Ele é composto por quatro ministros que não são magistrados de carreira (Moreira Alves, Maurício Corrêa, Nelson Jobim e Gilmar Mendes) e por dois ministros que são magistrados de carreira (Sydney Sanches e Ellen Gracie).

Tabela 5

Agrupamentos dos ministros na votação das Adins
entre outubro de 1988 e março de 2003

Agrupamento	Ministros
1	Moreira Alves, Sydney Sanches, Maurício Corrêa, Nelson Jobim, Ellen Gracie, Gilmar Mendes
2	Néri da Silveira, Octávio Gallotti, Ilmar Galvão, Celso de Mello
3	Francisco Rezek, Paulo Brossard, Sepúlveda Pertence, Carlos Velloso, Marco Aurélio

José Carlos Moreira Alves foi um ministro com perfil de atuação restritivo. Ele é natural de Taubaté, São Paulo. Graduou-se em direito pela Faculdade Nacional de Direito da Universidade do Brasil, em 1955. Doutorou-se por essa mesma faculdade.

Teve carreira no magistério, iniciada em 1957 na Universidade Gama Filho, no Rio de Janeiro. Em 1968 passou a lecionar, como professor catedrático, na Universidade de São Paulo (cedido para a UnB desde 1974).

Atuou como advogado no Rio de Janeiro entre 1956 e 1969, passando depois a atuar em São Paulo. Advogou para o Banco do Brasil. Foi membro do Instituto dos Advogados Brasileiros. Na política, foi chefe do gabinete do ministro da Justiça, de junho de 1970 a março de 1971.

O ministro coordenou a Comissão de Estudos Legislativos do Ministério da Justiça (de 1969 a 1972 e de 1974 a 1975), foi membro da comissão que elaborou o anteprojeto do Código Civil Brasileiro. Foi presidente da comissão revisora do anteprojeto do Código de Processo Penal e presidente da comissão revisora do anteprojeto do Código das Contravenções Penais.

Em abril de 1972 foi designado para o cargo de procurador-geral da República, permanecendo nesse posto até ser nomeado em 1975 para o STF pelo presidente Ernesto Geisel, na vaga decorrente da aposentadoria do ministro Oswaldo Trigueiro de Albuquerque Mello.

Tabela 6
Matriz dos índices de similaridade, correspondentes às combinações de juízes 2 × 2

	2	4	5	6	9	10	11	12	13	14	15	16	17	18
1	0.91	0.90	**0.98**	0.93	0.89	0.89	**0.96**	0.88	0.81	0.92	**0.99**	**0.99**	**0.98**	**1.0**
2		0.88	0.94	0.94	0.87	0.87	0.93	0.91	0.84	0.91	0.94	0.90	**0.95**	*
4			0.89	0.87	0.71	0.89	0.92	0.92	0.81	0.87	0.94	*	*	*
5				**0.96**	**0.96**	0.89	0.94	0.82	0.83	0.93	**0.98**	**0.98**	**0.97**	**1.0**
6					0.87	0.88	0.90	0.89	0.80	0.91	**0.96**	**1.0**	*	*
9						0.69	0.81	0.66	0.67	0.84	*	*	*	*
10							0.87	0.91	0.86	0.86	0.92	0.92	0.92	0.91
11								0.91	0.83	0.89	**0.98**	**0.98**	**0.98**	**1.0**
12									0.84	0.88	**0.95**	**0.95**	**0.97**	**0.98**
13										0.82	0.86	0.83	0.93	0.92
14											0.94	**0.99**	**0.98**	**1.0**
15												**0.99**	**0.98**	**1.0**
16													**0.98**	**1.0**
17														**1.0**

Obs.: os ministros foram codificados seguindo a ordem de antiguidade: Moreira Alves (1); Néri da Silveira (2); Aldir G. Passarinho (3); Francisco Rezek (4); Sydney Sanches (5); Octávio Gallotti (6); Carlos Madeira (7); Célio Borja (8); Paulo Brossard (9); Sepúlveda Pertence (10); Celso de Mello (11); Carlos Velloso (12); Marco Aurélio (13); Ilmar Galvão (14); Maurício Corrêa (15); Nelson Jobim (16); Ellen Gracie (17); Gilmar Mendes (18).

* Indica que o índice não foi calculado porque o ministro não participou de um número significativo de julgamentos, ou ainda que os ministros não fizeram parte da mesma composição no tribunal.

Moreira Alves foi vice-presidente do STF entre dezembro de 1982 e fevereiro de 1985, quando assumiu a presidência do tribunal, permanecendo nessa função até março de 1987.

Em pesquisa anterior (Oliveira, 2011), já citada, identificamos a linha ideológica dos ministros do STF a partir de notícias veiculadas nos dois principais jornais de São Paulo (*Folha de S.Paulo* e *O Estado de S. Paulo*) e também em algumas notícias publicadas no *Jornal do Brasil*. De acordo com os dados coletados nessa pesquisa, Moreira Alves foi um ministro de postura conservadora. Ele foi identificado na linha ideológica dos "duros e técnicos" (*Folha de S.Paulo*, 24 maio 1981). Segundo o jornal *O Estado de S. Paulo* (8 jul. 1990), ele costumava votar com o governo. Ainda de acordo com esse jornal, o ministro às vezes cedia às pressões políticas do momento para garantir a unanimidade nos julgamentos do STF (*O Estado de S. Paulo*, 30 ago. 1992). O *Jornal do Brasil* (16 ago. 1992) caracterizou Alves como "tecnocrata do direito, insensível politicamente".

O ministro é tido no meio jurídico como um dos mais conservadores que já passaram pelo STF. Ao ser indagado, em uma entrevista, se a visão que tinha de si seria de conservador ou inovador, o ministro deu a seguinte resposta:

> Nisso, fui um homem que apresentou uma peculiaridade curiosa. É que sempre fui considerado conservador, e sou um conservador no sentido de aplicar a lei de acordo com a minha convicção, jamais buscando sobrepor o meu próprio e muito particular critério de justiça ao critério de justiça adotado pela lei. Há algo curioso: o Ministro Gilmar Mendes publicou um livro sobre a minha contribuição ao controle da constitucionalidade, em abstrato, pelo STF, nele procurando mostrar que quase tudo que se fez em matéria de inovação desse controle decorreu de voto meu. Nessa obra, terminou um longo prefácio afirmando a meu respeito: "E ainda dizem que esse homem é conservador...". Por isso que eu disse que, no que me toca, há essa curiosidade. Sou rotulado por alguns como um conservador impenitente, mas muitos outros reconhecem que grandes inovações jurídicas se tornaram possíveis graças aos meus votos no STF, ou aos pareceres que externei como Procurador-Geral da República [Moreira Alves, 2004. Disponível em: <www.fadisp.com.br/not14.htm>].

Moreira Alves aposentou-se em abril de 2003, por limite de idade, tendo permanecido no STF por 28 anos.

Justiça, profissionalismo e política

Maurício José Corrêa foi um ministro com perfil de atuação restritivo. Nasceu em São João do Manhuaçu, Minas Gerais. Bacharelou-se pela Faculdade de Direito de Minas Gerais em 1960.

Em 1961 passou a advogar em Brasília, com escritório especializado em direito comercial e direito civil. Entre 1975 e 1986 foi conselheiro da Ordem dos Advogados do Brasil, exercendo a presidência da OAB-DF entre 1979 e 1986. Nesse período fundou e presidiu a primeira Comissão de Direitos Humanos da OAB.

Na política, foi eleito senador constituinte em 1986, pelo Distrito Federal. Nessa função integrou as comissões e subcomissões da Organização dos Poderes e Sistemas de Governo, do Poder Judiciário e do Ministério Público. Posicionou-se contrariamente à transformação do STF em Corte Constitucional. Em 1992 tomou posse como ministro da Justiça no governo Itamar Franco. Foi nomeado por esse presidente em 1994 para o STF, na vaga decorrente da aposentadoria do ministro Paulo Brossard.

Os jornais *Folha de S.Paulo* e *O Estado de S. Paulo* classificaram o ministro como técnico: a *Folha* o classificou como conservador e o *Estado* algumas vezes o apontou como liberal.

Maurício Corrêa foi eleito vice-presidente do tribunal em 2001 e presidente em abril de 2003, permanecendo nessa função até sua aposentadoria em maio de 2004, por ter atingido a idade-limite.

Nelson Azevedo Jobim foi um ministro de perfil ativista. Nasceu em Santa Maria, Rio Grande do Sul, e graduou-se em direito pela Universidade Federal do Rio Grande do Sul em 1968. A partir de sua formatura até 1994 dedicou-se ao exercício da advocacia. Foi presidente da Subseção da OAB em Santa Maria-RS, de 1977 a 1978, e vice-presidente da OAB-RS, entre 1985-1986. Também exerceu o magistério, sendo sua mais recente posição como professor da UnB.

Na política, foi deputado federal em 1987-1991 e em 1991-1995, pelo PMDB. Foi ministro da Justiça do governo Fernando Henrique Cardoso de janeiro de 1995 a abril de 1997. Ocupava esse cargo quando foi nomeado para o STF pelo presidente Fernando Henrique, na vaga decorrente da aposentadoria do ministro Francisco Rezek.

Eleito vice-presidente do Supremo Tribunal em abril de 2003 e presidente em maio de 2004.

Os jornais consultados identificaram Jobim como um ministro político, tendo sido apontado muitas vezes como "líder do governo FHC no tribunal", acusado de sempre pedir vistas aos processos para evitar votações que desagradavam ao governo do presidente que o nomeou. Essa mesma atitude de apoio ao governo foi atribuída ao ministro durante o governo Lula. Grande parte da imprensa noticiou declarações de Jobim em defesa do governo Lula em decorrência dos escândalos políticos de corrupção, no escândalo do "mensalão" e do "caixa dois". O ministro causou polêmica ao revelar que quando deputado constituinte incluiu artigos na Constituição de 1988 sem tê-los submetido à votação do parlamento.

A previsão para que o ministro se aposentasse por implemento de idade era 2016, mas Jobim declarou no final de 2005 que deixaria o tribunal em março de 2006. O fato gerou especulações acerca de uma possível candidatura do ministro para disputar as eleições presidenciais. Jobim deixou o STF em maio de 2006.

Gilmar Ferreira Mendes é um ministro com perfil de atuação restritivo. Ele é natural de Diamantino, Mato Grosso. Bacharelou-se em direito pela Universidade de Brasília em 1978. Fez mestrado e doutorado na Universidade de Münster, na Alemanha.

Foi procurador da República entre outubro de 1985 e março de 1988, atuando em processos do STF. O ministro não teve carreira na magistratura, embora tenha sido aprovado em 12º lugar para o cargo de juiz federal em 1983. Teve carreira na política, tendo sido adjunto da Subsecretaria-Geral da Presidência da República de 1990 a 1991, Consultor-jurídico da Secretaria-Geral da Presidência da República de 1991 a 1992, e subchefe para assuntos jurídicos da Casa Civil, de 1996 a janeiro de 2000.

Foi assessor técnico na Relatoria da Revisão Constitucional na Câmara dos Deputados (dezembro de 1993 a junho de 1994 e de 1995 a 1996) e assessor técnico do Ministério da Justiça na gestão do ministro Nelson Jobim.

Justiça, profissionalismo e política

Advogado-geral da União de janeiro de 2000 a junho de 2002. Ocupava esse cargo quando foi nomeado para o STF pelo presidente Fernando Henrique Cardoso na vaga decorrente da aposentadoria do ministro Néri da Silveira.

A indicação de Gilmar Mendes criou grande polêmica no meio jurídico. A Associação dos Magistrados Brasileiros manifestou-se contrariamente a essa indicação, pela proximidade do ministro com o governo e pela afirmação do indicado de que havia no Brasil um "manicômio judiciário", devido a uma sucessão de sentenças desfavoráveis ao governo. Na ocasião de sua nomeação o jornal *O Estado de S. Paulo* (23 abr. 2002) publicou notícia em que afirmava: "de perfil contestador e ligado ao governo, Mendes deve ter constantes discussões com o presidente do STF, Marco Aurélio Mello, que, frequentemente, vota contra os interesses do Executivo". Os jornais *Folha de S.Paulo* e *O Estado de S. Paulo* atribuíram ao ministro uma postura ideológica conservadora.[30]

Gilmar Mendes deverá permanecer no STF até 2025, quando atingirá o limite de 70 anos de idade.

Sydney Sanches foi um ministro com perfil de atuação restritivo. Ele nasceu em Rincão, São Paulo. Graduou-se em direito pela Faculdade de Direito da Universidade de São Paulo em 1958. Nessa mesma faculdade fez mestrado e doutorado. Atuou como professor a partir de 1972.

Exerceu a advocacia de 1959 a 1962. Magistrado de carreira, foi aprovado em concurso público, em primeiro lugar, para ingresso na magistratura paulista no ano de 1962, começando como juiz substituto na comarca de Santo André. Percorreu várias etapas da carreira, passando por diversas comarcas até ascender ao cargo de desembargador do Tribunal de Justiça do Estado de São Paulo, em 1980. Permaneceu nesse posto até 1984, quando foi nomeado ao STF pelo presidente João Figueiredo para a vaga decorrente da aposentadoria do ministro Alfredo Buzaid.

Foi vice-presidente do tribunal de março a maio de 1991, quando assumiu a presidência, permanecendo até maio de 1993. Como presidente

---

[30] A pesquisa realizada anteriormente (Oliveira, 2011) não coletou dados para os ministros Gilmar Mendes e Ellen Gracie. Os dados para esses ministros foram coletados em notícias publicadas nos dois jornais (*Folha de S.Paulo* e *O Estado de S. Paulo*) entre 2000 e 2003.

do STF, presidiu o processo de *impeachment* contra o então presidente da República, Fernando Collor de Mello.

Sanches foi identificado pelos jornais como um juiz de postura conservadora, mas algumas vezes foi atribuída a ele uma postura mais liberal, devido especialmente às declarações em que afirmava admitir que, além do ordenamento jurídico, o STF não pode deixar de considerar o momento político e econômico pelo qual o país passa na época dos julgamentos (*O Estado de S. Paulo*, 30 ago. 1992). Juiz de carreira, ligado às entidades dos magistrados, sempre foi um ferrenho defensor da autonomia do Poder Judiciário. De acordo com o *Jornal do Brasil*, Sanches foi um ministro apolítico e conservador.

Sydney Sanches permaneceu no STF até atingir a idade-limite em abril de 2003.

Ellen Gracie Northfleet é uma juíza de perfil restritivo. Ela nasceu na cidade do Rio de Janeiro. Graduou-se em direito em 1970 pela Faculdade de Direito da Universidade Federal do Rio Grande do Sul. Foi bolsista da Fundação Fulbright no Department of Justice, Law and Society, na American University, em Washington, durante o ano letivo de 1991-1992. Exerce o magistério desde 1983.

De 1971 a 1973 foi assistente técnica, junto ao gabinete do consultor-geral do Estado do Rio Grande do Sul.

Foi aprovada em concurso público para o cargo de procurador da República de terceira categoria, ingressando em 1973. Em 1989, foi nomeada para o Tribunal Regional Federal da 4ª Região, em vaga destinada a membros do Ministério Público Federal. Ocupava o cargo de juíza do TRF quando foi nomeada para o STF pelo presidente Fernando Henrique Cardoso, para ocupar a vaga decorrente da aposentadoria do ministro Octávio Gallotti.

Eleita vice-presidente do STF em maio de 2004, Ellen Gracie assumiu a presidência do tribunal em 2006.

Em notícia publicada no jornal *Folha de S.Paulo* (21 nov. 2000) à época da nomeação da ministra, afirmou-se que "a juíza tem tendência de votar sempre com o governo". Os jornais atribuíram à ministra uma

Justiça, profissionalismo e política

postura ideológica conservadora. Ellen Gracie deve permanecer no Supremo Tribunal até o ano de 2018.

Esses são os seis ministros que constituem o primeiro agrupamento. No geral, podemos afirmar que esse agrupamento é constituído pelos ministros mais técnicos do tribunal. Com exceção de Jobim, esses ministros têm perfil de atuação restritivo, e todos os que não são magistrados de carreira tiveram passagem pela política. Três desses ministros foram nomeados por Fernando Henrique Cardoso e os outros dois por presidentes militares. Com exceção de Jobim, esses ministros foram identificados pela mídia como conservadores.

Esse grupo é nítido, mas não tão rígido, uma vez que algumas combinações seriam possíveis, mas não entraram no grupo, como os altos índices de concordância verificados entre os ministros Moreira Alves e Celso de Mello, Sydney Sanches e Octávio Gallotti e Sydney Sanches e Paulo Brossard.

Os outros dois agrupamentos não são tão nítidos quanto o primeiro. Consideramos, portanto, as aproximações possíveis. O segundo agrupamento é composto por dois magistrados de carreira (Néri da Silveira e Ilmar Galvão) e por dois não magistrados (Octávio Gallotti e Celso de Mello).

José Néri da Silveira foi um juiz com perfil de atuação restritivo. O ministro nasceu em Lavras do Sul, no Rio Grande do Sul. Formou-se em direito em 1955 pela Faculdade de Direito da Pontifícia Universidade Católica do Rio Grande do Sul.

Exerceu a advocacia, durante 10 anos, em Porto Alegre. Néri da Silveira ingressou no serviço público estadual ainda em 1953, mediante aprovação em concurso público, e também por concurso público foi consultor jurídico do estado do Rio Grande do Sul, em 1963. Em 1965 foi nomeado consultor-geral do estado.

Ingressou na magistratura começando como juiz federal, da 1ª Vara da seção judiciária do estado do Rio Grande do Sul, em 1967. Investido no cargo de ministro do Tribunal Federal de Recursos, em dezembro de 1969, permaneceu nesse cargo até ser nomeado para uma vaga no STF pelo presidente João Figueiredo, em decorrência da aposentadoria do ministro João Leitão de Abreu.

Foi vice-presidente do tribunal entre março de 1987 e março de 1989 e presidente, de março de 1989 a março de 1991.

Considerado pelos jornais consultados um juiz de carreira, meticuloso, que dava seus votos com parcimônia (*Folha de S.Paulo*, 5 out. 1986). De acordo com o *Jornal do Brasil* (16 ago. 1992), o ministro conseguia embasar com rigor legal qualquer decisão política.

Em abril de 2002, Néri da Silveira foi aposentado por ter chegado aos 70 anos.

Luiz Octávio Pires e Albuquerque Gallotti foi um ministro de perfil restritivo. Ele nasceu no Rio de Janeiro e graduou-se em direito, em 1953, pela Faculdade Nacional de Direito da Universidade do Brasil, hoje UFRJ.

Foi estagiário do Ministério Público do Rio de Janeiro entre 1950 e 1953. No ano de 1954 começou a carreira como assistente do procurador--geral da República. Em 1956 assumiu o cargo de procurador do Ministério Público junto ao Tribunal de Contas, e, em 1966, assumiu como procurador-geral.

Durante esse período atuou também como advogado, sendo sócio--fundador do Instituto dos Advogados do Distrito Federal e membro do Instituto dos Advogados Brasileiros (IAB).

Em 1973 tomou posse como ministro do Tribunal de Contas da União. Ocupava esse cargo quando foi nomeado para uma vaga no STF pelo presidente João Figueiredo, em função da aposentadoria do ministro Pedro Soares Muñoz.

Foi eleito vice-presidente do STF em maio de 1991 e em maio de 1993 assumiu a presidência, desempenhando essa função até maio de 1995.

O jornal *Folha de S.Paulo* atribuiu a Gallotti uma postura ideológica conservadora. Já no jornal *O Estado de S. Paulo* (8 ago. 1990), o ministro foi apontado como defensor de posições liberais. Foi considerado um juiz extremamente conservador pelo *Jornal do Brasil* (16 ago. 1992).

Octávio Gallotti permaneceu no STF até outubro de 2000, quando foi aposentado por implemento de idade.

Ilmar Nascimento Galvão foi um juiz com perfil de atuação moderado. O ministro nasceu em Jaguaquara, na Bahia. Bacharelou-se em direito pela Faculdade de Direito da Universidade do Brasil, no Rio de Janeiro, em 1963. Exerceu o magistério desde 1965.

Galvão foi funcionário do Banco do Brasil, de 1955 a 1967. Fez parte da Diretoria do Conselho Regional da OAB-AC. Teve carreira na magistratura, começando como juiz federal do estado do Acre em 1967. Foi nomeado ministro do Tribunal Federal de Recursos em 1985. Passou a integrar o STJ com a criação desse tribunal pela Constituição de 1988. Ocupava esse cargo quando foi nomeado em 1991 para uma vaga no STF pelo presidente Fernando Collor de Mello, em virtude da aposentadoria do ministro Aldir Guimarães Passarinho.

O ministro foi classificado pelos jornais como um juiz de postura ideológica conservadora.

Foi vice-presidente do STF de maio de 2001 a maio de 2003, quando foi aposentado por ter atingido a idade-limite.

José Celso de Mello Filho é um ministro de perfil ativista. Natural de Tatuí, São Paulo, graduou-se em direito pela Faculdade de Direito do Largo de São Francisco em 1969. Estudou nos Estados Unidos entre 1963 e 1964.

Teve experiência na política, como consultor-geral da República (nomeado *ad interim*), em diferentes períodos entre 1986 e 1988, e secretário-geral da Consultoria-Geral da República entre 1986 e 1989.

Sua carreira foi predominantemente no Ministério Público, tendo ingressado no Ministério Público do estado de São Paulo, em 1970, mediante concurso público. Ocupava o cargo de secretário-geral da Consultoria-Geral da República quando foi nomeado para uma vaga no STF pelo presidente José Sarney, em 1989, acarretada pela aposentadoria do ministro Luiz Rafael Mayer.

Foi eleito vice-presidente do tribunal para o biênio 1995-1997. Em maio de 1997 tomou posse na presidência do tribunal, permanecendo nessa função até maio de 1999.

Quando presidente do STF, gerou algumas polêmicas em decorrência de suas posições. O ministro defendia o controle externo da magistratura, era contra a súmula vinculante e posicionou-se contra a aposentadoria especial dos juízes defendendo a possibilidade de *impeachment*. O ministro também defendia temas considerados polêmicos, como a ampliação da possibilidade do aborto e o casamento homossexual.

Em decorrência dessas posições e de sua atuação no tribunal, os jornais consultados classificaram o ministro como defensor de posições liberais.

Celso de Mello deve permanecer no Supremo Tribunal Federal até o ano de 2015, quando atingirá a idade-limite.

Esse segundo grupo é formado por dois ministros com perfil de atuação restritivo, um ministro de perfil moderado e um ministro de perfil ativista. Predominantemente sem passagem pela política, com exceção de Celso de Mello. A maioria desses ministros foi identificada pela mídia como conservadora, Celso de Mello foi o único tido como liberal. Dois dos ministros foram nomeados por Figueiredo. Dois são magistrados de carreira e dois vêm do Ministério Público.

O terceiro grupo é formado por três não magistrados (Francisco Rezek, Sepúlveda Pertence e Paulo Brossard) e dois magistrados de carreira (Carlos Velloso e Marco Aurélio). Esse grupo pode ser considerado o dos ministros mais "polêmicos", "progressistas" e "políticos" do tribunal.

José Francisco Rezek foi um juiz de perfil ativista. Nascido em Cristina, Minas Gerais, graduou-se em direito pela Universidade Federal de Minas Gerais em 1966. Foi bolsista da Interamerican University Foundation em 1965 e fez curso de extensão e programa de pesquisa na Harward University, em Cambridge, nesse mesmo período.

Fez doutorado pela Faculdade de Direito da UFMG (1966-1967), tendo sido bolsista do governo francês entre 1967-1968 e em 1970. Em 1968 participou do Centro de Estudos e Pesquisas de Direito Internacional e Relações Internacionais da Academia de Direito Internacional de Haia. Também tem diploma em direito pela Universidade de Oxford, obtido mediante defesa de tese em 1979.

Depois de formado, Rezek atuou como advogado judiciário do estado de Minas Gerais e foi assessor de Planejamento e Controle do secretário de Estado da Administração (entre 1969 e 1970).

Justiça, profissionalismo e política

Entre os anos de 1970 e 1972 foi secretário jurídico do ministro Bilac Pinto no STF. Em 1972 ingressou no Ministério Público Federal, mediante concurso público, como procurador da República de primeira categoria. Em 1979 foi nomeado subprocurador-geral da República.

Participou da comissão designada pelo procurador-geral da República, incumbida de elaborar o anteprojeto de Lei Orgânica do Ministério Público Federal em 1974, e também da comissão destinada a discutir a elaboração do anteprojeto de lei complementar sobre a organização do Ministério Público em 1977.

Teve experiência na política, tendo sido assessor extraordinário do ministro-chefe do Gabinete Civil do presidente da República, João Leitão de Abreu, de agosto de 1981 a março de 1983. Ocupava esse cargo quando foi nomeado para o STF pelo presidente João Figueiredo, em 1983, para a vaga antes ocupada pelo ministro Xavier de Albuquerque. Permaneceu no tribunal até sua renúncia em 16 de março de 1990, quando passou a ocupar o cargo de ministro de Estado das Relações Exteriores do Brasil, durante o governo de Fernando Collor de Mello. Desempenhou essa função de março de 1990 a abril de 1992, quando foi novamente nomeado para o STF pelo presidente Fernando Collor, na vaga decorrente da aposentadoria do ministro Célio Borja.

O ministro foi identificado pelos jornais consultados como um juiz com postura ideológica liberal.

Rezek foi o único ministro na história do tribunal a ser nomeado duas vezes. Ele permaneceu no tribunal até 6 de fevereiro de 1997, quando saiu para ocupar uma cadeira de juiz na Corte Permanente de Arbitragem, com sede em Haia.

José Paulo Sepúlveda Pertence é considerado um ministro com perfil de atuação ativista. Ele é natural de Sabará, em Minas Gerais. Bacharelou-se em direito pela Faculdade de Direito da UFMG, em 1960.

Em 1961 exerceu a função de assistente jurídico da prefeitura do Distrito Federal. Em 1963 foi aprovado em primeiro lugar no concurso público para o Ministério Público do Distrito Federal. Permaneceu no cargo até 1969, quando foi aposentado pela Junta Militar, com base no AI-5.

Entre 1965 e 1969 foi secretário jurídico no gabinete do ministro Evandro Lins e Silva no STF. De 1969 a 1985 exerceu a advocacia. Foi conselheiro da OAB-DF, de 1969 a 1975, e membro do Conselho Federal da OAB-DF, de 1967 a 1985.

Participou da Comissão Provisória Afonso Arinos de Estudos Constitucionais, tendo sido relator dos textos relativos ao Poder Judiciário e ao Ministério Público, tendo integrado a Comissão de Sistematização Final. Foi convidado para prestar depoimento na Subcomissão de Garantias da Constituição, durante a Assembleia Nacional Constituinte.

Foi nomeado procurador-geral da República em 15 de março de 1985. Ocupava esse cargo quando foi nomeado para uma vaga no STF pelo presidente José Sarney, para a vaga decorrente da aposentadoria do ministro Oscar Dias Corrêa.

Foi eleito vice-presidente do tribunal em novembro de 1994, e presidente em abril de 1995, permanecendo nessa função até maio de 1997.

Segundo os jornais consultados, o ministro tem postura ideológica liberal e procura orientar suas decisões sem se prender aos aspectos técnicos da questão. Episódio que repercutiu bastante na mídia durante sua presidência no Supremo foi sua recusa em receber o presidente Fujimori, como manifestação de sua oposição ao governo antidemocrático. Pertence chegou a ser cogitado, nessa mesma época, como candidato pela oposição à presidência da República.

Sepúlveda Pertence permaneceu no STF até o ano de 2007, quando atingiu a idade-limite.

Paulo Brossard de Souza Pinto foi um ministro de perfil moderado. Nascido em Bagé, no Rio Grande do Sul, graduou-se em direito pela Faculdade de Direito de Porto Alegre, em 1947. Começou a advogar logo depois de formado. Exerceu o magistério desde 1952.

O ministro teve experiência na política, tendo sido deputado estadual em três legislaturas, de 1955 a 1967, pelo PL. Exerceu o cargo de secretário do Interior e Justiça do Rio Grande do Sul em 1964, a convite do então governador Ildo Meneghetti. Apoiou o golpe de 1964, mas passou para a oposição a partir de 1966.

Foi deputado federal em uma legislatura, 1967-1971, pelo MDB. Foi senador de 1975 a 1983, pelo MDB. Tido como árduo defensor do parlamentarismo e da fidelidade partidária, como atestado em sua biografia, fez a seguinte afirmação na ocasião da extinção dos partidos políticos pelo AI-2:

> Sou Deputado libertador. O PL, ao qual sempre estive filiado, desde estudante, foi extinto por um ato de império. O mandato que, por seu intermédio, me outorgou o povo riograndense, não desapareceu, como não desapareceram os compromissos políticos assumidos com o povo riograndense por intermédio do PL. A eles, e exclusivamente a eles, permaneço fiel. [...] O mandato de que sou titular, conferido por intermédio do PL, pessoa jurídica de direito público, decorre de ato jurídico perfeito e resulta de coisa julgada — decisão irreformável da Justiça Eleitoral. Tanto o ato jurídico perfeito quanto a coisa julgada são intocáveis pela Constituição [Paulo Brossard, 1965. Disponível em: <www.stf.gov.br/institucional/ministros/republica.asp?cod_min=144>].

Em 1978, quando das eleições presidenciais, foi candidato pelo MDB à vice-presidência da República na chapa de Euler Bentes. Em 1985 foi membro da Comissão Afonso Arinos. Foi consultor-geral da República entre 1985 e 1986. Em 1986 foi nomeado ministro da Justiça, permanecendo no cargo até 1989, quando foi nomeado pelo presidente José Sarney para uma vaga no STF, decorrente da aposentadoria do ministro Djaci Alves Falcão.

Considerado pelos jornais consultados um ministro liberal e de oposição, Brossard muitas vezes foi voto isolado na defesa de seus pontos de vista, especialmente em questões envolvendo trabalhadores. Frequentemente esses jornais apontaram sua atuação contra os interesses do governo.

Brossard foi eleito vice-presidente do tribunal em abril de 1993, permanecendo na função até outubro de 1994, quando foi aposentado por haver atingido os 70 anos de idade.

Carlos Mário da Silva Velloso foi um juiz com perfil de atuação ativista. Nasceu na cidade de Entre Rios de Minas, em Minas Gerais.

Graduou-se em direito em 1963 pela Faculdade de Direito da UFMG. Exerceu o magistério a partir de 1968.

Em 1964 foi aprovado em concurso para promotor de Justiça do estado de Minas Gerais. Em 1966 foi aprovado em concurso público para o cargo de juiz seccional do estado de Minas Gerais e nesse mesmo ano foi aprovado em concurso para juiz de direito de Minas Gerais. Em 1977 foi nomeado para o cargo de ministro do Tribunal Federal de Recursos. Passou a integrar o STJ a partir de sua criação pela Constituição de 1988. Ocupou o cargo de ministro do STJ até ser nomeado para o STF pelo presidente Fernando Collor, para ocupar a vaga ocorrida com a aposentadoria do ministro Francisco Rezek.

Foi vice-presidente do tribunal entre maio de 1997 e maio de 1999, quando assumiu a posição de presidente do tribunal, aí permanecendo até maio de 2001.

O ministro foi tido pelos jornais pesquisados como um juiz de postura ideológica liberal.

Carlos Velloso aposentou-se por implemento de idade no início do ano de 2006.

Marco Aurélio Mendes de Farias Mello é considerado um ministro com perfil de atuação ativista. Ele é natural do Rio de Janeiro. Graduou-se em direito pela Faculdade de Direito da UFRJ, em 1973. Fez mestrado nessa mesma faculdade. Em 1984 fez o curso de especialização Collective Bargaining in the United States, na Universidade de Wiscosin, em Madison, nos Estados Unidos.

Estagiou no gabinete do juiz Ederson Mello Serra, titular da 11ª Vara Cível do Estado da Guanabara, depois desembargador do Tribunal de Justiça do Estado do Rio de Janeiro, e no escritório de advocacia Professor Joaquim Gomes de Norões e Souza e Carlos Figueiredo Forbes. Foi membro do Ministério Público junto à Justiça do Trabalho de 1975 a 1978. Exerce o magistério desde 1982.

Teve carreira na magistratura, começando como juiz togado no Tribunal Regional do Trabalho da 1ª Região, em 1978. Não teve experiência na política. Ocupava o cargo de corregedor-geral da Justiça do Trabalho

Justiça, profissionalismo e política

quando foi nomeado, em 1990, para uma vaga no STF pelo presidente Fernando Collor, para a vaga decorrente da aposentadoria do ministro Carlos Madeira.

Foi eleito vice-presidente do tribunal em abril de 1999, para o biênio 1999-2001 e presidente do tribunal de maio de 2001 a maio de 2003.

Marco Aurélio foi considerado pelos jornais consultados o mais polêmico dos ministros, com postura ideológica liberal e com uma atuação classificada como política e independente. Ainda segundo esses jornais, o ministro costumava gerar polêmicas em suas discussões com os ministros mais antigos do tribunal.

Esse agrupamento é composto por ministros com perfil de atuação ativista, com exceção de Brossard, que é moderado. Todos eles tiveram passagem pelo Ministério Público. Dois deles foram indicados por Sarney e três por Collor. Três são mineiros, bacharéis pela UFMG. Na mídia, esses ministros foram apontados como liberais e políticos.

Assim, identificamos quem vota com quem no Supremo Tribunal Federal nas decisões das Adins. Mas não podemos ignorar em nossa análise o fato de mais de 80% das ações terem sido decididas de forma unânime, sendo em parte decorrente disso a existência de um alto índice de concordância entre os ministros.

Observando apenas as ações não unânimes (tabela 7), percebemos que o primeiro agrupamento se mantém, com um índice considerável de concordância, caindo o valor de corte para 0,85. Também nessas ações verificamos um elevado índice de similaridade entre os ministros Sydney Sanches e Paulo Brossard, embora este último não entre no grupo.

Notamos que, em geral, todos os índices caíram. Os que são apresentados em itálico indicam pouca concordância. O ministro Marco Aurélio, em especial, não apresenta muita afinidade com nenhum dos outros ministros, ficando todos os seus índices abaixo de 0.5, sendo os outros que não atingem essa média Alves com Velloso; Brossard com Velloso; Pertence com Galvão, Jobim, Ellen e Gilmar; Rezek com Galvão; Velloso com Galvão.

Tabela 7
Matriz dos índices de similaridade, correspondentes às combinações de juízes 2 × 2, nas ações não unânimes

	2	4	5	6	9	10	11	12	13	14	15	16	17	18
1	0.68	0.71	**0.92**	0.76	0.80	0.56	0.84	*0.45*	*0.23*	0.68	**0.92**	**0.99**	**0.98**	**1.0**
2		0.57	0.77	0.77	0.75	0.55	0.77	0.60	*0.40*	0.67	0.74	0.50	0.50	*
4			0.57	0.54	0.43	0.67	0.83	0.75	*0.33*	*0.46*	0.75	*	*	*
5				0.83	**0.93**	0.55	0.77	0.53	*0.20*	0.69	**0.89**	**0.85**	0.66	**1.0**
6					0.73	0.58	0.69	0.52	*0.25*	0.67	0.82	**1.0**	*	*
9						0.50	0.64	*0.33*	*0.31*	0.77	*	*	*	*
10							0.53	0.53	*0.43*	*0.41*	0.52	*0.47*	*0.16*	*0.20*
11								0.61	*0.36*	0.59	**0.89**	**0.86**	0.75	**1.0**
12									*0.35*	*0.49*	0.66	0.66	0.71	0.80
13										*0.31*	*0.22*	*0.07*	*0.25*	*0.33*
14											0.70	**0.93**	**0.86**	**1.0**
15												**0.94**	**0.86**	**1.0**
16													0.80	**1.0**
17														**1.0**

Obs.: os ministros foram codificados seguindo a ordem de antiguidade: Moreira Alves (1); Néri da Silveira (2); Francisco Rezek (4); Sydney Sanches (5); Octávio Gallotti (6); Paulo Brossard (9); Sepúlveda Pertence (10); Celso de Mello (11); Carlos Velloso (12); Marco Aurélio (13); Ilmar Galvão (14); Maurício Corrêa (15); Nelson Jobim (16); Ellen Gracie (17); Gilmar Mendes (18).
* Indica que o índice não foi calculado porque o ministro não participou de um número significativo de julgamentos, ou ainda que os ministros não fizeram parte da mesma composição no tribunal.

Com isso, o terceiro dos agrupamentos se desfaz, pois esses ministros apresentam índices de concordância baixos e muito variados entre si — o que vem a reforçar a identificação desses ministros como os de perfil mais "combativos" do tribunal. Os dados indicam que o perfil de atuação dos ministros é um dos fatores centrais na explicação da forma como se compõem para votar. A trajetória de carreira também é relevante, sugerindo que a experiência na política torna os ministros mais conservadores, restritivos, enquanto a passagem pelo Ministério Público os torna mais ativistas. Embora o fato de ser ou não magistrado de carreira possa ter relevância para determinar o perfil e o comportamento do voto dos ministros, ele não pode ser o único fator a ser levado em conta.

A identificação dessas redes de votação no STF leva a um maior conhecimento do funcionamento do tribunal. Esses agrupamentos ajudam

Justiça, profissionalismo e política

a perceber as motivações e os valores presentes no STF e que orientam suas decisões. A presença de redes demonstra também que as visões jurídica, política, econômica e social dos ministros contrastam em pontos importantes.

Capítulo 4
Modelagem estatística do voto dos ministros e da decisão do mérito das Adins

Introdução

A questão central que buscamos responder é "como o Supremo Tribunal Federal decide os casos?". Nosso objetivo é desenvolver um modelo de análise do comportamento do tribunal a fim de determinar os elementos de maior influência no processo de decisão judicial (*judicial decison--making process*).

Para entender o processo de decisão do Supremo, olhamos a maneira como os ministros do tribunal praticaram o controle da constitucionalidade das leis e efetivamente decidiram os casos de Adins, no período da promulgação da Constituição de 1988 até março de 2003. Examinamos os elementos de maior influência na atividade prática dos ministros, fazemos considerações sobre como esses elementos se inter-relacionam e acessamos o papel que eles desempenham nas decisões do tribunal.

Na discussão do controle da constitucionalidade das leis o processo pelo qual os juízes chegam às decisões é sempre questionado. O debate se faz habitualmente em torno da opção clássica: são fatores jurídicos, legais ou fatores extrajurídicos, extralegais que mais influenciam as decisões? A prática de julgar é classificada como restritiva ou ativista (*restrictive versus activist*), o que para alguns autores é sinônimo de conservadorismo *versus* liberalismo.

Como nossa análise busca integrar diversos olhares, parte dessa dualidade é deixada para trás. Isso porque nós partimos do pressuposto de que o processo de decisão do Supremo Tribunal Federal é determinado por uma combinação de fatores legais e extralegais, associados à ideologia do profissionalismo. Assumimos que as decisões tomadas pelos ministros são decisões políticas em algum sentido porque elas têm o poder de invalidar leis e outras ações do governo. Essas decisões são fundamentais para a proteção dos direitos e princípios constitucionais que permitem o funcionamento e a estabilidade das instituições democráticas.

Nosso modelo de análise, como apresentado em capítulo anterior, parte do princípio de que fatores do caso, aspectos legais, perfil e atitudes dos juízes, grupos de interesse, contexto institucional, contexto político e opinião pública, associados aos valores do profissionalismo, influenciam na forma de o tribunal decidir. Nossa hipótese geral de trabalho é de que apesar de fatores políticos influenciarem o processo de decisão judicial em alguma extensão, os valores profissionais e a ideologia do profissionalismo são elementos centrais na determinação do comportamento do tribunal.

Neste capítulo nos ocupamos de uma análise quantitativa desse comportamento, desdobrando nossa questão geral de como o tribunal decide os casos em duas questões específicas. A primeira delas é referente à decisão do mérito de cada caso; queremos identificar quais fatores influenciam o STF a decidir pela inconstitucionalidade de uma lei. Essa questão refere-se ao aspecto coletivo da análise. Com a segunda questão pretendemos conhecer os fatores que influenciam a decisão individual de cada ministro. Na linha da nossa argumentação, esperamos que a profissão e os valores associados ao profissionalismo tenham um papel fundamental na determinação do resultado da decisão e do comportamento de voto individual.

Com essas questões procuramos entender como direito, profissionalismo e política se relacionam. Para testar nosso modelo, analisamos os 300 casos relativos às Adins.

Modelos de análise

Para compreender o processo de decisão do STF olhamos para a maneira como os ministros praticaram o controle da constitucionalidade das leis e efetivamente decidiram casos (Adins), entre outubro de 1988 e março de 2003. Nosso modelo busca integrar as diversas abordagens do comportamento judicial (atitudinal, estratégica, institucional e legal), argumentando que fatores legais (procedimentos legais e princípios constitucionais) interagem com fatores extralegais (preferências políticas dos ministros, assim como constrangimentos econômicos, sociais, políticos e institucionais) na forma pela qual o Supremo decide os casos.

Adicionamos à análise um elemento pouco enfatizado por essas abordagens, o profissionalismo. Consideramos, como indica Slotnick (1991), que os valores, o tipo de treinamento, a personalidade, assim como preferências individuais, podem influenciar, consciente e inconscientemente, na maneira como os juízes decidem os casos. Mas os juízes não são agentes completamente livres; suas escolhas são orientadas e restringidas pela Constituição, por precedentes, por medo de sanções e por outras forças "ambientais", sendo suas decisões tomadas dentro do contexto da instituição e do grupo aos quais pertencem. Dessa forma, as decisões desses tribunais podem ser vistas como um híbrido de lei, política e estratégias de ação: "*law, politics and policy*" (Slotnick, 1991:72).

Tomamos também emprestado o pensamento de Gibson (1983:9) de que as decisões dos juízes são "uma função do que eles preferem fazer, balanceadas pelo que eles pensam que devem fazer, mas constrangidas pelo que eles percebem que é possível fazer".

É claro que não vamos simplesmente transpor para o contexto brasileiro as diferentes abordagens da *judicial politics*. Como afirma Taylor (2008), no Brasil é difícil aplicar os modelos atitudinal e estratégico devido à fraqueza do sistema partidário, às nebulosidades das preferências ideológicas dos juízes e ao alto número de casos. Taylor cita também as diferenças estruturais e institucionais entre a Suprema Corte americana e a Corte brasileira: o STF não tem a doutrina do *stare decisis* (precedente vinculante), o *writ of certiorari* (mecanismo de revisão de decisão de uma corte inferior; a Suprema Corte pode aceitar ou rejeitar julgar esses casos de revisão), nem a *political question doctrine* (decisão da Suprema Corte não julgar uma causa por tê-la como da responsabilidade dos outros poderes, e para evitar envolvimento em disputas políticas).[31]

Também levamos em conta a afirmação de Pilar Domingo (2004) de que a interação entre direito e política é complexa e dinâmica, variando em relação a diferentes tradições legais e especificidades na constituição do Estado e nas histórias e trajetórias constitucionais de cada país.

Ponderamos essas diferenças, mas consideramos, como Ostberg, Wetstein e Ducat (2002), que a natureza política da decisão judicial não é endêmica a nenhuma cultura. Ao aplicarem à Suprema Corte canadense o modelo atitudinal, esses autores afirmam que talvez existam diferentes questões atitudinais envolvidas no processo de decisão judicial em diferentes países, ou seja, talvez o modelo atitudinal deva ser adaptado à realidade dos diferentes contextos. "*There might be different attitudinal issues at work in the minds of canadian judges than simply liberalism versus conservatism*" (Ostberg, Wetstein e Ducat, 2002:235).

Deste modo, utilizamos o referencial teórico-metodológico da *judicial politics* na construção do nosso modelo de análise, atentando para as especificidades do caso brasileiro.

Como estamos preocupados com o processo pelo qual o STF decide os casos, nosso interesse repousa primeiramente na decisão do mérito de cada caso. Nossa primeira pergunta empírica é "que fatores influenciam o tribunal a considerar uma lei inconstitucional?". Essa pergunta foi operacionalizada tendo como variável dependente a *decisão do mérito da ação*. Como já dito, o diploma ou lei questionado em cada Adin pode ser

---

[31] Esses elementos não existiam no Brasil na época referente aos dados analisados nessa pesquisa, mas é importante lembrar que a Emenda Constitucional nº 45 procurou corrigir esses aspectos, a partir da adoção da súmula vinculante e da possibilidade de o STF selecionar os recursos extraordinários que vai julgar. Quanto à doutrina das questões políticas, o tribunal pode não julgar ações que tenha como fora de sua competência, mas o Supremo tem sido mais expansivo que a Corte americana ao julgar questões políticas. Exemplo recente são as decisões que o STF tem tomado em relação ao funcionamento das CPIs dos Correios, dos bingos etc.

considerado constitucional (a ação é indeferida, decisão = 0) ou inconstitucional (a ação é deferida, decisão = 1).

Assumimos que, quando o STF declara uma lei, norma ou diploma inconstitucional, atua em uma direção progressista. Isso porque o tribunal desempenha um papel ativo no exercício do controle da constitucionalidade das leis. Em contraste, uma direção restritiva está associada com a visão tradicional do juiz funcionário, restritivo no exercício do controle da constitucionalidade das leis. Essa visão é muito comum nos países de tradição legal da *civil law*. O *ethos* profissional da magistratura dos países dessa tradição é frequentemente descrito como conservador ou positivista (Magalhães e Araújo, 1998), preso ao velho modelo do juiz funcionário, avesso a um exercício ativo da fiscalização da constitucionalidade das leis. Magalhães e Araújo (1998:16) atribuem a insipiência de estudos do comportamento do Judiciário europeu e da importância do seu papel político justamente ao predomínio de discursos e práticas do positivismo jurídico e dessa visão do juiz como *la bouche de la loi*. Essa explicação pode ser estendida ao caso brasileiro.

Nossa segunda questão empírica é "que fatores influenciam o ministro a votar pela inconstitucionalidade de uma lei?". A variável dependente é o *voto individual do ministro*. Os ministros podem votar pela constitucionalidade da lei (indeferir a ação, voto = 0) ou pela sua inconstitucionalidade (deferir a ação, voto = 1). Em cada Adin votam de seis a 11 ministros. Assim, essa variável é contabilizada de acordo com o número de ministros votando em um caso. Se, por exemplo, em um determinado julgamento participam oito ministros, serão considerados oito votos nesse caso. Aqui, como na análise coletiva, assumimos que o voto pela inconstitucionalidade de uma lei é um voto com direção progressista.

Para respondermos a essas questões utilizamos o banco de dados total, incluindo os 300 casos. Mas como estamos interessados em entender como as características de cada ministro podem influenciar a decisão, e em cada ação votam de seis a 11 ministros, nosso banco de dados passou a ter 2.289 casos, uma vez que a variável referência para a construção desse banco é o voto individual de cada ministro. Por exemplo, na Adin 27 votaram os 11 ministros que compunham o STF em 1990. Essa única ação gerou, então, 11 casos no que se refere ao voto individual dos ministros. Já na Adin 222 votaram apenas oito dos 11 ministros que compunham o tribunal em 1990; essa ação gerou oito casos no que se refere ao voto individual dos ministros.

O método de análise escolhido para responder a essas questões foi a regressão logística binária. A regressão logística é um procedimento que permite determinar o efeito de um conjunto de variáveis na probabilidade de ocorrer um evento, por exemplo, de uma ação ser deferida no mérito. O efeito das variáveis individuais é controlado pela presença das outras variáveis do modelo.

Segundo Pampel (2002), a regressão logística é utilizada quando os fenômenos sociais são discretos ou qualitativos em sua natureza, envolvendo uma característica, um evento, ou uma escolha, como deferir ou indeferir uma ação. Como nessa pesquisa trabalhamos com fenômenos binários, que tomam a forma de um indicador dicotômico (0 = indeferido, 1 = deferido), podemos pensá-los como uma probabilidade. Nesses casos, segundo Pampel, os coeficientes da regressão fornecem uma interpretação muito útil, na medida em que demonstram o aumento ou a queda na probabilidade predita de fazer a escolha a cada mudança de uma unidade nas variáveis independentes. Como são variáveis categóricas, a interpretação não é em probabilidades, mas sim em chances. As chances expressam a possibilidade de um evento, de uma escolha ocorrer em relação à possibilidade de esse evento ou escolha não ocorrer.

A regressão logística é calculada com base no logaritmo natural das chances (*logged odds*). Não cabe aqui a explicação matemática detalhada desse processo, que é muito bem descrito por Pampel (2002:1-18). Mas é conveniente fazermos algumas observações sobre a interpretação dos coeficientes da regressão logística, uma vez que os efeitos das variáveis independentes podem ser explicados de diferentes maneiras.

Os coeficientes (B) mostram a mudança no logaritmo das chances preditas de experienciar um evento ou ter uma característica para cada mudança de uma unidade na variável independente. Apesar da simplicidade dessa interpretação, ela carece de uma métrica significativa. Segundo Pampel (2002:20), "afirmações sobre os efeitos de variáveis na mudança do logaritmo das chances revelam pouco sobre as relações e ajudam pouco a explicar os resultados substantivos". O autor sugere então que se trabalhe com as chances, obtidas a partir do exponencial do coeficiente B, o Exp(B).

O Exp(B) é interpretado da seguinte maneira: se seu valor é igual a 1, ele não altera as chances; se o valor é maior do que 1, ele aumenta as chances; e se o valor é menor do que 1, diminui as chances. Portanto, quanto mais distante de 1, maior seu efeito, mais intensa é sua influência.

Determinado o método de análise a ser utilizado, definimos as variáveis independentes empregadas para estimar a resposta às questões propostas. As variáveis foram construídas considerando que nossa análise engloba tanto fatores legais quanto fatores extralegais na explicação do comportamento judicial, buscando integrar os modelos legal, atitudinal, estratégico e institucional, utilizando elementos dos grupos de fatores que contemplam: 1) aspectos legais, doutrinários e fatores dos casos; 2) atributos pessoais e ideologia; 3) contexto político e outros setores governamentais; 4) contexto institucional; e 5) grupos de interesse, dando destaque ao profissionalismo. Aqui não consideramos elementos do sexto grupo de fatores, opinião pública, uma vez que seria difícil operacionalizá--los. Assim, a opinião pública será discutida na análise da argumentação dos ministros, uma análise mais qualitativa.

Do primeiro grupo de fatores, *aspectos legais, doutrinários e fatores dos casos*, consideramos o objeto da lei ou norma sendo questionado. Esperamos que o objeto da lei afete as chances de os ministros votarem pela inconstitucionalidade de uma lei ou norma e, assim, influencie as chances da obtenção de uma decisão pela inconstitucionalidade. Incluímos também a região de origem da ação, para verificar se há alguma influência da região na qual a ação se originou nas chances de deferimento da ação.

No segundo grupo de fatores, *atributos pessoais e ideologia*, a variável--chave é a ideologia dos juízes. De acordo com o modelo atitudinal, o voto do juiz é a expressão de situações factuais aplicadas às suas preferências políticas pessoais. Segundo Lanier (2003), os juízes chegam à Corte por volta dos 40 anos de idade, o que significa que trazem consigo uma visão política já formada e uma estrutura atitudinal. Com isso, conclui que suas preferências políticas devem afetar suas decisões.

No caso do STF não consideramos a ideologia diretamente, pelos motivos já explicitados das dificuldades na identificação da linha ideológica dos ministros. Por isso adotamos o perfil de atuação do ministro. Esperamos que ministros com perfil restritivo tendam a votar menos pela inconstitucionalidade das leis que ministros não restritivos (moderados e ativistas). No plano coletivo esperamos o mesmo efeito, ou seja, que ministros com perfil restritivo façam com que as chances de uma decisão ser deferida diminuam e ministros com perfil não restritivo façam com que as chances de uma decisão ser deferida aumentem.

Outra variável que incluímos nesse grupo de fatores é o presidente que nomeou o ministro. Seguimos a divisão militares e civis, esperando que os ministros nomeados por presidentes militares tenham uma postura mais restritiva, votando menos pela inconstitucionalidade das leis, fazendo com que as chances de uma decisão pela inconstitucionalidade diminuam. Isso porque tomamos os governos militares como mais restritivos em comparação aos governos civis.

Observamos também se a faculdade em que o ministro obteve o título de bacharel exerce alguma influência no direcionamento de seu voto. A faculdade em que o ministro bacharelou-se funcionaria como um indicador de formação mais ou menos progressista, podendo ser um indicador de atuação mais ou menos restritiva.

Criamos, ainda, outras três variáveis que acreditamos ser relevantes para explicar o comportamento do STF. São elas: experiência anterior na política, passagem pelo Ministério Público e experiência internacional.

Acreditávamos que a experiência na política levaria os ministros a votar de forma menos restritiva, aumentando as chances de uma decisão pela inconstitucionalidade, uma vez que os ministros que tiveram socialização anterior no mundo político trariam um pouco dos valores desse mundo para o tribunal. Mas os dados discutidos no capítulo anterior sugerem o contrário, ou seja, que a experiência anterior na política torna os ministros mais restritivos. Magalhães e Araújo (1998:26) observaram esse mesmo efeito da experiência política sobre os juízes do Tribunal Constitucional Português, o que levou os autores a concluir que a experiência política pode ser, ela própria, um fator inibidor do comportamento de voto político ou ativista ao dotar os ministros de uma maior sofisticação política e assim de uma mais correta apreensão da extensão e dos limites da política em seu voto.

Ainda com base nos dados discutidos no capítulo anterior, consideramos a influência que a passagem de ministros pelo Ministério Público tem para o processo de decisão. Os dados sugerem que essa passagem torna os ministros mais ativistas, o que pode se explicar pelas próprias funções do Ministério Público.

A variável experiência internacional foi construída com base nos trabalhos de Garth e Dezalay (2002a e 2002b) sobre a relação de exportação-importação da *rule of law* dos Estados Unidos para a América Latina.

Os autores afirmam o direito como autoridade-chave para legitimar o Estado e a economia, daí as estratégias internacionais para promover o *rule of law*. Questionam o porquê de o esforço de construir democracia, liberalismo e *rule of law* na América Latina não ter obtido sucesso. A resposta que encontram para esse questionamento é o fato de a América Latina ainda viver o dilema da desigualdade social. E acrescentam que há ao menos três fatores explicativos desse fracasso: 1) a crítica culturalista, afirmando que a América Latina não tem herança liberal, sendo recipiente persistente para a tradição autoritária; 2) o argumento estadista, indicando que um poder público onipotente sufocou a iniciativa privada, o crescimento dirigido do mercado e a democracia eleitoral; 3) o determinismo de fatores externos: imperialismo, desigualdades internacionais, constrangimentos inevitáveis da globalização. Dentro do contexto latino-americano, o caso brasileiro se diferencia. O contato de juízes brasileiros com a realidade americana, em que há a consolidação do *rule of law*, e a existência de um Judiciário independente e relativamente poderoso influenciariam a construção de uma nova *expertise* legal. Não se trata da transferência pura e simples dessa *expertise*. O processo importação-exportação é moldado por agendas nacionais e histórias nacionais, e no caso brasileiro um Judiciário forte e independente é o principal "adaptador" desse processo.

Observamos se o fato de o ministro ter estudado no exterior, e mais especificamente nos Estados Unidos, tem algum efeito sobre a forma como ele vota e, consequentemente, sobre os resultados das decisões do tribunal. Esperamos que a experiência internacional aumente as chances do voto pela inconstitucionalidade.

No terceiro grupo de fatores, *contexto político e outros setores governamentais*, trabalhamos com as variáveis origem da lei e governo em que foi tomada a decisão. Esperamos que essas variáveis influenciem as chances de voto e da decisão pela inconstitucionalidade. Em relação à origem, estamos interessados em saber, sobretudo, se, quando a origem da lei é o governo federal em comparação com o Judiciário e os governos estaduais, as chances de voto pela inconstitucionalidade e as chances de uma decisão final pela inconstitucionalidade são menores — o que indicaria que o Supremo tende a enfrentar menos o governo federal. Quanto ao governo em que a decisão foi tomada, buscamos verificar se existem diferenças nas chances de voto e decisão pela inconstitucionalidade entre cada um dos governos do período.

O quarto grupo de fatores trata do *contexto institucional*. De acordo com o novo institucionalismo, as decisões judiciais são elas mesmas constituídas e estruturadas pela Corte como uma instituição e por sua relação com outras instituições no sistema político. Em nossa análise consideramos o tempo de permanência dos ministros no Supremo como uma das variáveis a indicar a influência da instituição, esperando que o tempo no tribunal torne o ministro mais restritivo, dados o contato com os outros ministros no tribunal e a socialização nos valores da instituição. Assim, quanto maior o tempo no tribunal, menores as chances de o ministro votar pela inconstitucionalidade de uma lei, e menores as chances de uma decisão pelo deferimento da ação.

Outras duas variáveis que demonstram o peso da instituição no processo de decisão são o voto do relator e o julgamento de medida cautelar. Como dito, é o relator quem está incumbido de descrever o caso, aprofundar-se na questão inicialmente para escrever o relatório que servirá para informar aos outros ministros sobre o caso. É ele quem vota em primeiro lugar. Por isso, esperamos que o fato de o relator votar pela inconstitucionalidade aumente as chances de os ministros votarem no mesmo sentido, aumentando consequentemente as chances de uma decisão pela inconstitucionalidade.

No caso da decisão cautelar, esperamos que se o tribunal decidiu preliminarmente pela inconstitucionalidade, maiores são as chances de a decisão final ser também pela inconstitucionalidade.

O quinto grupo de fatores refere-se à influência dos *grupos de interesse* no comportamento do tribunal. Como o Poder Judiciário é um poder passivo, ele depende da mobilização de outros atores para poder atuar. São os grupos de interesse que ditam a agenda da Corte. Aqui consideramos o autor da ação como representativo dos grupos de interesse, esperando que o requerente exerça alguma influência nas chances do deferimento da ação. Taylor (2008) constatou em seu estudo que a identidade do requerente é um fator significativo na determinação do resultado das medidas cautelares em Adins que questionavam diplomas federais.

E, por fim, consideramos o *profissionalismo*. Em nossa pesquisa o profissionalismo foi operacionalizado tendo como variável-chave a carreira na magistratura. Esperamos que o fato de ser magistrado de carreira faça com que o ministro tenha uma atuação mais restritiva, uma vez que a socialização na carreira o torna mais propenso a valorizar as normas do *judicial restraint*, em que as decisões são mais baseadas na lei e nos precedentes. A passagem pelo Ministério Público também funciona como indicador da influência da profissão no processo de decisão judicial.

Estas são formas diretas de medir a influência da experiência profissional, mas a ideologia do profissionalismo pode manifestar-se de outras formas, relacionadas, por exemplo, com o contexto institucional. O respeito à decisão do relator e às decisões anteriores da Corte podem expressar a deferência aos valores do profissionalismo.

Abaixo resumimos as variáveis independentes utilizadas neste estudo:

1. Objeto da lei ou diploma: área à qual o diploma, lei ou norma sendo questionado se refere. Essa variável foi construída com base no trabalho de Werneck Vianna e colaboradores (1999:63-64). As áreas são as seguintes: 1) administração pública, 2) político-partidária, 3) econômico-tributária, 4) sociedade civil e mundo do trabalho.
2. Região de origem da ação: a região da qual a ação é originária. São elas: 1) Norte, 2) Nordeste, 3) Sul, 4) Sudeste e 5) Centro-Oeste.
3. Perfil de atuação do ministro: qual o perfil de atuação dos ministros. Pode ser restritivo ou não restritivo (ou seja, ativista ou moderado).
4. Presidente que nomeou o ministro: que presidente indicou o ministro para o STF. A principal divisão a ser observada é se o ministro foi nomeado por presidente militar ou civil, mas também observamos as diferenças entre 1) militares, 2) Sarney, 3) Collor, 4) Itamar, 5) FHC.
5. Local em que o ministro obteve o título de bacharel em direito: 1) Rio de Janeiro, com a antiga Faculdade de Direito da Universidade do Brasil, a Uerj e a UFRJ; 2) Minas Gerais (UFMG); 3) Rio Grande do Sul, com UFRS e PUC; 4) São Paulo (Largo de São Francisco — USP); 5) Maranhão (Universidade de São Luis); e 6) Brasília (UnB).
6. Ministro teve experiência na política: o ministro teve ou não alguma experiência na política, ocupou algum cargo no Executivo ou no Legislativo, podendo ser eletivo ou por nomeação. 1) ministro tem experiência anterior na política ou 0) ministro não tem experiência anterior na política.
7. Ministro teve passagem pelo Ministério Público: o ministro atuou ou não em algum momento de sua carreira, anterior ao ingresso no STF, como membro do Ministério Público, estadual ou federal.
8. Ministro teve experiência internacional: o ministro estudou no exterior ou não, podendo ser graduação, pós-graduação ou curso de especialização. Variável construída com base no argumento de Garth e Dezalay (2002a). 1) ministro tem experiência internacional ou 0) ministro não tem experiência internacional.

9. Origem da lei ou diploma: quem é o requerido na ação. Qual a procedência da lei ou diploma. Os requeridos podem ser: 1) governo federal, 2) governos estaduais, 3) instâncias inferiores do Judiciário.

10. Governo em que a Adin foi decidida: quem ocupava o Executivo federal quando da decisão. O período da análise engloba os seguintes governos: 1) Sarney, 2) Collor, 3) Itamar, 4) Fernando Henrique Cardoso — 1º governo, 5) Fernando Henrique Cardoso — 2º governo, 6) Lula.

11. Tempo de permanência do ministro na Corte: há quanto tempo o ministro está no tribunal, considerando a data do julgamento da ação e a data de sua posse no STF. A permanência é contabilizada em anos.

12. Voto do relator: em que sentido votou o relator da ação, podendo ser pelo deferimento da ação (relator = 1) ou pelo seu indeferimento (relator = 0).

13. Relator é magistrado de carreira: o relator pode ter tido carreira na magistratura (carreira do relator = 1) ou não (carreira do relator = 0).

14. Medida cautelar: ou liminar. É uma injunção temporária que pode suspender uma lei, ou parte dela, até que o plenário do Supremo vote sua constitucionalidade na decisão final do mérito. Uma ação pode ter medida cautelar deferida (cautelar = 1) ou indeferida (cautelar = 0), podendo também não haver pedido de cautelar (cautelar = 1).

15. Autor da Adin: quem é o requerente da ação. Para propor ação direta de inconstitucionalidade é preciso fazer parte da lista de agentes legitimados a acionar o STF através desse mecanismo. Os autores legitimados a acionar o Supremo foram agrupados da seguinte maneira: 1) governos estaduais, 2) procurador-geral da República, 3) partidos políticos, 4) entidades de classe ou sindicatos, 5) OAB e/ou AMB.

16. Carreira na magistratura: se o ministro era magistrado antes de ingressar no STF (carreira = 1), ou não (carreira = 0).

Essas 16 variáveis são utilizadas no estudo do comportamento do STF. Seria praticamente impossível considerarmos na análise todas as complexidades que fazem parte do processo de decisão judicial, por isso optamos por selecionar para a construção de nossos modelos esses fatores que acreditamos ser mais bem mensuráveis. Outras variáveis que não entraram nesses modelos serão analisadas posteriormente de forma qualitativa. Os modelos consideram variáveis internas e externas ao tribunal, testando diversos fatores de influência no comportamento de decisão.

Assumimos, como afirmam Segal e Spaeth (1993:32), que um bom modelo de análise deve atingir duas metas contraditórias: ele deve explicar o comportamento em questão de forma simples e parcimoniosa.

> *A model that does not validly and reliably explain the behavior in question is obviously of little value. But an unduly complex model that explains behavior may be almost as worthless, for it is axiomatic mathematically that one can always perfectly explain behavior when the number of variables equals the number of cases. Thus the goals of explanation and parsimony are often contradictory, for the more variable one uses the more behavior one can explain* [Segal e Spaeth, 1993:31].

Os autores lembram também que o voto de um juiz num caso particular pode muito bem ser baseado em uma conversa que ele teve com outro juiz minutos antes de tomar a decisão, e em outro caso seu voto pode depender de um evento fortuito. No entanto, um bom modelo ignora tais fatores idiossincráticos e dá destaque a variáveis mais objetivas que podem explicar um grande percentual do comportamento em questão (Segal e Spaeth, 1993:32).

Com base na literatura de referência e a partir de uma análise exploratória dos dados — com a realização de testes de correlação entre as variáveis independentes presentes no nosso banco de dados e cruzamentos entre as variáveis dependentes e independentes —, selecionamos as variáveis mais indicadas para responder a cada uma das questões propostas no estudo. Testamos diversos modelos, com diferentes arranjos de variáveis independentes, mas aqui apresentamos apenas o modelo que obteve melhor desempenho para responder a cada uma das questões.

É importante chamarmos a atenção para o caso de variáveis categóricas que apresentam mais de duas respostas. Nesses casos, optamos pela recodificação, construindo variáveis binárias (*dummy*), ou mesmo, em alguns casos, reagrupamos as respostas.

O primeiro modelo foi construído para responder à questão "que fatores influenciam o STF a declarar uma lei inconstitucional?". Estamos interessados nas chances de uma ação ser deferida (decisão = 1).

Modelo 1
Decisão = — carreira na magistratura — perfil de atuação: restritivo — permanência na Corte — presidente que nomeou: militar + voto do relator + medida cautelar + autor da ação (categoria de referência: governos estaduais) + origem da ação (categoria de referência: governos estaduais) + objeto da lei (categoria de referência: administração pública) + governo decisão (categoria de referência: primeiro governo FHC).

Observando os coeficientes da regressão exibidos na tabela 1, é possível perceber inicialmente que algumas variáveis excederam o grau de significância. Isso não implica que essas variáveis não tenham efeitos sobre o resultado do mérito; quer dizer apenas que os efeitos que elas exercem não são significativos quando consideradas em conjunto com as outras variáveis.

O efeito que as variáveis têm no resultado do mérito é analisado pelo exponencial de B. Essa medida mostra a razão das chances para uma mudança de uma unidade na variável independente.

Para exemplificar, vamos observar o objeto da lei. Pela tabela vemos que se o objeto da lei ou do diploma em questão é econômico-tributário, as chances de a ação ser deferida são menores do que quando o objeto da lei em questão é administração pública. As chances de a ação ser deferida diminuem num fator de 0,195.

Como a distância de um coeficiente exponencial em relação ao valor 1 indica o tamanho do efeito, um cálculo simples pode ajudar na interpretação. A diferença de um coeficiente do valor 1 indica o aumento ou diminuição em chances para a mudança de uma unidade na variável independente. Em termos de uma fórmula, temos:

Fórmula 1

Cálculo da porcentagem das chances

$[Exp (B) - 1] \times 100$

Esse cálculo dá a porcentagem de aumento ou diminuição das chances em decorrência da mudança de uma unidade na variável independente (Pampel, 2002:22). É importante lembrar que as chances são comparadas em relação ao grupo de referência.

Para o objeto *econômico-tributário*, o cálculo é $[(0,195 - 1) \times 100]$. Então é possível inferir que as chances de a ação ter a decisão do mérito deferida são 80,5% menores quando o objeto é *econômico-tributário* do que quando é *administração pública*. As questões referentes à política e à sociedade civil e ao mundo do trabalho excederam o grau de significância, ou seja, não se diferenciam quando comparadas à administração pública.

Notamos que a variável voto do relator é a que exerce maior influência na determinação do resultado da decisão. O fato de o relator votar pela inconstitucionalidade de uma lei faz com que aumentem bastante as chances de a decisão final ser também pela inconstitucionalidade. Se a ação em questão teve medida cautelar deferida, são maiores as chances de ser deferida a decisão final.

Esses resultados demonstram a importância do contexto institucional no processo de decisão do STF. E também, como dito, a importância do profissionalismo, uma vez que o respeito à decisão do relator e ao que já foi decidido pelo tribunal são indicadores indiretos de valores do profissionalismo.

A presença de ministros com carreira na magistratura faz com que seja menos provável uma decisão pela inconstitucionalidade das leis. Esse resultado reforça o argumento de que ministros com carreira na magistratura tendem a ter uma postura mais conservadora do que ministros com um *background* de carreira diferente.

Se o autor da ação, comparado aos governos estaduais, é um partido político, são menores as chances de ser deferida a ação, o que enfatiza a constatação de que o STF é pouco receptivo às demandas das minorias.

Mas é preciso relativizar essa afirmação, pois, segundo Taylor (2008), os partidos políticos são menos prováveis de vencer porque usam a Corte não apenas por propósitos legais, mas também para ilustrar seu desacordo com as políticas governamentais, mesmo quando sabem da impossibilidade de sucesso da ação.

Tabela 1

Regressão logística considerando como alvo
a variável decisão do mérito (deferida)

Variável	B	Exp(B)
Ministro é magistrado de carreira	-,538**	,584
Perfil de atuação do ministro: restritivo	,027	1,027
Governo que nomeou: militar	,818	2,266
Permanência na Corte (em anos)	-,061	,941
Voto do relator	8,489***	4859,797
Medida cautelar	2,895***	18,083
Autor: procurador-geral	,151	1,163
Autor: partido político	-1,319***	,267
Autor: entidades de classe	-,435	,647
Autor: OAB/AMB	-,126	,882
Origem da lei: governo federal	-,775**	,461
Origem da lei: Judiciário	1,193**	3,298
Objeto da lei: questão político-partidária	-,874	,417
Objeto da lei: questão econômico-tributária	-1,633***	,195
Objeto da lei: regulação sociedade e mundo do trabalho	-,279	,756
Governo decisão: Sarney	-1,341	,262
Governo decisão: Collor	,529	1,696
Governo decisão: Itamar	-,386	,680
Governo decisão: Fernando Henrique (2º mandato)	-2,860***	,057
Governo decisão: Lula	-1,286	,276
Constante	**-2,890***	**,056**

Nível de significância: *90%, **95%, ***99%.

Se a origem do diploma ou lei for o governo federal em comparação com os governos estaduais, as chances de uma decisão pela inconstitucionalidade são menores, o que pode sugerir uma precaução por parte do Supremo em reverter decisões federais — lembrando que das 78 ações que questionam diplomas federais, 43,6% são da autoria de partidos políticos e 30,8% da autoria de entidades de classe.

Se a origem é o Judiciário, as ações têm chances maiores de ser deferidas. Na medida em que busca rever o sentido das decisões das instâncias inferiores, o STF demonstra exercer seu poder de instância máxima do Judiciário.

Observando o governo em que a decisão foi tomada, percebemos que em comparação ao primeiro governo FHC, as ações decididas no segundo governo FHC foram tendencialmente menos deferidas. Vimos que os dois governos FHC compreendem 80% das Adins da amostra, com 92 ações julgadas no primeiro governo e 151 no segundo. No primeiro governo FHC os partidos políticos foram autores em 14% das ações, já no segundo governo foram autores em 30% delas, o que ajuda a explicar o porquê dessa tendência de indeferimento das ações no segundo governo em comparação ao primeiro.

Na tabela 1.1 apresentamos o teste para verificar se a hipótese nula (de que todos os coeficientes são iguais a zero) é verdadeira. Pelo nível de significância observado, podemos rejeitar a hipótese nula.

Tabela 1.1
Teste dos coeficientes do modelo (*Omnibus test*)

	Qui-quadrado	df	Sig.
Step	2481,86	20	,000
Block	2481,86	20	,000
Model	2481,86	20	,000

Tabela 1.2
Medidas resumo do modelo

Medida	Valor
-2 Log likelihood	574,492
Cox & Snell R^2	,662
Nagelkerke R^2	,898

A tabela 1.2 fornece medidas da quantidade de variação explicada pelo modelo. Desses testes o de mais simples interpretação é o *Nagelkerke R^2*, isso porque ele é o único cujo valor máximo é um; assim, quanto mais próximo de um, melhor o modelo. No caso, um valor de 0,898 é considerado excelente, indicando que o modelo tem um grande poder de explicação.

Tabela 1.3
Classificação do modelo

Observado	Predito - Decisão mérito - Indeferido	Predito - Decisão mérito - Deferido	Percentual correto
Decisão mérito - Indeferido	860	27	97,0
Deferido	54	1348	96,1
Percentual total			96,5

Na tabela 1.3 apresentamos uma avaliação da acurácia do modelo na classificação dos casos para predição. Por essa tabela é possível perceber que, no geral, o modelo acerta 96,3% dos casos. Esse percentual indica que o modelo tem uma excelente performance.

A segunda questão que procuramos responder é "que fatores influenciam o ministro a votar pela inconstitucionalidade de uma lei?". Para responder a essa questão construímos o modelo 2.

Modelo 2

Voto ministro = — carreira na magistratura — experiência política + experiência internacional — perfil de atuação: restritivo — presidente que nomeou: militar — permanência na Corte + voto do relator + medida cautelar + autor da ação (categoria de referência: governos estaduais) + origem da ação (categoria de referência: governos estaduais) + objeto da lei (categoria de referência: administração pública) + governo decisão (categoria de referência: primeiro governo FHC).

No banco de dados, observamos que mais de 60% dos votos dos ministros foi pelo deferimento da ação.

Gráfico 1
Voto dos ministros nas Adins entre outubro de 1988 e março de 2003

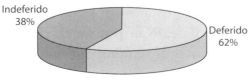

Os coeficientes da regressão apresentados na tabela 2 demonstram que o voto dos ministros é influenciado pelos contextos institucional e político, assim como por aspectos legais e pela carreira.

Tabela 2
Regressão logística considerando como alvo a variável voto do ministro (deferido)

Variável	B	Exp(B)
Ministro é magistrado de carreira	-,544**	,581
Ministro tem experiência na política	-,396*	,673
Ministro tem experiência internacional	,134	1,144
Perfil de atuação do ministro: r	,375	1,455
Governo que nomeou: militar	-,208	,812
Permanência na Corte (em anos)	,015	1,015
Voto do relator	4,749***	115,502
Medida cautelar	1,258***	3,518
Autor: procurador-geral	,767**	2,152
Autor: partido político	,108	1,114
Autor: entidades de classe	,490*	1,633
Autor: OAB/AMB	,443	1,557
Origem da lei: governo federal	-,947***	,388
Origem da lei: Judiciário	-,407	,666
Objeto da lei: questão político-partidária	,368	1,444
Objeto da lei: questão econômico-tributária	-,191	,826
Objeto da lei: regulação sociedade e mundo do trabalho	-,432	,650
Governo decisão: Sarney	-3,321***	,036
Governo decisão: Collor	-,642**	,526
Governo decisão: Itamar	-,508	,602
Governo decisão: Fernando Henrique (2º mandato)	-,452**	,636
Governo decisão: Lula	,037	1,038
Constante	**-2,125***	**,119**

Nível de significância: *90%, **95%, ***99%.

O relator tem grande influência na determinação do voto dos ministros. Se o relator vota pela inconstitucionalidade de uma lei ou diploma, as chances de os ministros votarem no mesmo sentido aumentam. Ainda no contexto institucional, se a ação teve medida cautelar deferida, as chances de os ministros votarem pelo deferimento da ação são maiores.

Os ministros com carreira na magistratura tendem a ser mais conservadores. Se o ministro vem da magistratura, as chances de ele votar pelo deferimento da ação diminuem.

O fato de o ministro ter experiência anterior na política faz com que as chances de ele deferir a ação diminuam, o que corrobora os dados apresentados no capítulo 3.

Percebemos que as chances de os ministros votarem pela inconstitucionalidade são maiores quando o autor é o procurador-geral da República, comparado aos governos estaduais. O mesmo acontece quando as ações têm autoria de entidades de classe.

Olhando para o governo em que a decisão foi tomada, percebemos que nos governos Sarney, Collor e no segundo governo FHC, comparados ao primeiro governo FHC, os ministros tenderam a votar menos pelo deferimento das ações, tendo demonstrado um comportamento mais restritivo.

Se a origem é o governo federal, as chances de os ministros votarem pelo deferimento da ação diminuem.

Fazendo tabelas cruzadas entre a variável *requerido* e o voto de cada um dos ministros (tabela 3), é possível verificar, para todos eles, a mesma tendência em indeferir as ações contra o governo federal.

O ministro Marco Aurélio é o que mais se distancia dessa tendência, tendo ele deferido 45% das ações que questionaram diplomas oriundos do governo federal enquanto os outros ministros deferiram menos de 34% delas.

O teste apresentado na tabela 2.1 demonstra que podemos rejeitar a hipótese nula de que os coeficientes são nulos. A quantidade de variação explicada pelo modelo é de 77, 8%, o que é considerado muito bom. A performance do modelo é excelente, acertando em 92,0% dos casos.

Os resultados obtidos com as regressões indicam que diversos fatores influenciam o comportamento do STF, e os fatores internos, ou seja, o treinamento, as predisposições e os valores dos ministros, incluindo valores do profissionalismo e o contexto institucional, são os

Justiça, profissionalismo e política

de maior expressão na determinação do comportamento do tribunal. Isso não quer dizer que os fatores externos tenham pouca significância. O ambiente político em que são tomadas as decisões é, sim, um fator de relevo, como pode ser visto pelas variáveis "governo em que foi tomada a decisão" e "requerido (origem da lei)", tendo também os grupos de interesse ("autor") e os aspectos legais ("objeto da lei") papel importante nesses resultados.

Tabela 2.1
Teste dos coeficientes do modelo (*Omnibus test*)

	Qui-quadrado	df	Sig.
Step	1943,26	22	,000
Block	1943,26	22	,000
Model	1943,26	22	,000

Tabela 2.2
Medidas resumo do modelo

Medida	Valor
-2 Log likelihood	1105,650
Cox & Snell R^2	,572
Nagelkerke R^2	,777

Tabela 2.3
Classificação do modelo

		Predito		Percentual correto
		Voto ministro		
Observado		Indeferido	Deferido	
Voto ministro	Indeferido	814	65	92,6
	Deferido	123	1287	91,3
Percentual total				91,8

Na descrição dos dados da amostra assinalamos que mais de 80% das Adins tiveram decisão unânime. Para Lanier (2003:98), há um preço a ser pago por essas decisões unânimes, uma vez que na maior parte das vezes elas requerem que os juízes sacrifiquem parte de sua expressividade individual para que o consenso seja atingido. As decisões unânimes contribuem para que a visão política de cada juiz seja diluída. Uma Corte em que as opiniões individuais pesem mais que o todo é vista como fragmentada, incerta, instável e pouco presumível (Clayton e Gillman, 1999), comprometendo o *rule of law*.

Tabela 3
Voto dos ministros em Adins questionando leis ou diplomas de origem federal entre outubro de 1988 e março de 2003

Adins questionando leis federais	
Ministro	Voto — Deferido
Moreira Alves	25,6% (43)
Néri da Silveira	25,0% (44)
Francisco Rezek	12,5% (16)
Sydney Sanches	31,1% (45)
Octávio Gallotti	20,0% (40)
Célio Borja	50,0% (2)
Paulo Brossard	33,3% (12)
Sepúlveda Pertence	34,1% (41)
Celso de Mello	23,3% (43)
Carlos Velloso	28,9% (45)
Marco Aurélio	44,7% (38)
Ilmar Galvão	23,5% (51)
Maurício Corrêa	24,2% (33)
Nelson Jobim	14,3% (21)
Ellen Gracie	22,2% (9)
Gilmar Mendes	28,6% (7)

Mas nem sempre a unanimidade é possível. Nem sempre todos os ministros votam no mesmo sentido em uma mesma ação. E essa discordância entre os juízes demonstra, segundo Pritchett (1948), que os juízes estão operando em lógicas distintas e que seus sistemas de valores são construídos e pesados de formas diferentes. Isso significa que suas visões política, econômica e social contrastam em pontos importantes, como já discutimos no capítulo anterior. Procuramos investigar agora os fatores que levam os ministros do Supremo a decidir sem unanimidade. Para isso formulamos a seguinte questão empírica: "Que fatores influenciam o STF a não decidir com unani-

Justiça, profissionalismo e política

midade?". Nesse caso a variável dependente é *decisão majoritária*. A decisão pode ser unânime (decisão majoritária = 0), ou não unânime (decisão majoritária = 1).

O modelo de análise para entender os fatores que influenciam o tribunal a decidir de forma não unânime utiliza as mesmas variáveis independentes empregadas nos dois modelos anteriores. Queremos entender o que leva ao dissenso, em que tipo de questões ele ocorre, onde ele é "permitido".

Vimos na descrição dos dados da amostra (capítulo 2, tabela 10) que o dissenso ocorre preponderantemente nas ações que versam sobre questões político-partidárias e da regulação da sociedade civil e do mundo do trabalho. Vamos testar o efeito dessa variável legal controlando-a a partir de outras variáveis. Para isso construímos o seguinte modelo:

Modelo 3
Decisão não unânime = perfil de atuação: restritivo — carreira na magistratura + autor da ação (categoria de referência: governos estaduais) + origem da ação (categoria de referência: governos estaduais) + objeto da lei (categoria de referência: administração pública) + governo decisão (categoria de referência: primeiro governo FHC).

Os coeficientes apresentados na tabela 4 indicam que as variáveis atitudinais e de carreira perdem a significância para a determinação da não unanimidade da decisão comparadas às variáveis do contexto político e de grupos de interesse e às variáveis legais e de fatores do caso.

Seguindo a descrição dos dados, quando o objeto da lei é questão político-partidária ou econômico-tributária, comparado à administração pública, as chances de decisão não unânime aumentam.

Quando o autor, comparado ao governo estadual, é o procurador-geral da República, entidades de classe ou OAB/AMB, as chances de decisão não unânime aumentam.

Se a origem da lei ou diploma, comparada aos governos estaduais, é o governo federal ou o Judiciário, as chances de decisão não unânime diminuem.

Quanto ao governo da decisão, notamos que no governo Collor, comparado ao primeiro governo FHC, a tendência de decisões não unânimes foi maior. O oposto se observa quanto aos governos Itamar, ao segundo governo FHC e ao governo Lula, em que a tendência de decisões não unânimes foi menor.

Tabela 4

Regressão logística considerando como alvo
a variável decisão não unânime

Variável	B	Exp(B)
Ministro é magistrado de carreira	-,012	,988
Perfil de atuação do ministro: restritivo	-,025	,975
Autor: procurador-geral	1,238***	3,450
Autor: partido político	,470**	1,599
Autor: entidades de classe	,724***	2,062
Autor: OAB/AMB	,793**	2,210
Origem da lei: governo federal	-,630***	,533
Origem da lei: Judiciário	-,457**	,633
Objeto da lei: questão político-partidária	2,420***	11,247
Objeto da lei: questão econômico-tributária	,323*	1,381
Objeto da lei: regulação sociedade e mundo do trabalho	,302	1,352
Governo decisão: Sarney	7,514	1833,025
Governo decisão: Collor	1,753***	5,770
Governo decisão: Itamar	-,309	,734
Governo decisão: Fernando Henrique (2º mandato)	-,913***	,401
Governo decisão: Lula	-1,442***	,236
Constante	**-1,834***	**,160**

Nível de significância: *90%, **95%, ***99%.

Os dados apresentados na tabela 4.1 indicam que podemos rejeitar a hipótese nula de que os coeficientes são iguais a zero. O modelo explica 27% da variação e acerta em 81,0% dos casos.

Tabela 4.1

Teste dos coeficientes do modelo (*Omnibus test*)

	Qui-quadrado	df	Sig.
Step	434,091	16	,000
Block	434,091	16	,000
Model	434,091	16	,000

Justiça, profissionalismo e política

Tabela 4.2
Medidas resumo do modelo

Medida	Valor
-2 Log likelihood	1935,419
Cox & Snell R^2	,173
Nagelkerke R^2	,268

Tabela 4.3
Classificação do modelo

		Predito		Percentual correto
		Decisão não unânime		
Observado		Não	Sim	
Decisão não unânime	Não	1753	49	97,3
	Sim	378	109	22,4
Percentual total				81,3

O resultado da regressão indica que os fatores externos são os principais preditores das decisões não unânimes. Mas outros fatores que não estão considerados aqui devem ter grande influência, uma vez que nosso modelo apreendeu apenas parte pequena da variação.

Observado o aspecto coletivo das decisões não unânimes, focalizamos então no aspecto individual, ou seja, nos ministros que votaram contra a maioria.

Nossa quarta questão empírica é "que fatores influenciam o ministro a votar contra a posição majoritária?". A variável dependente aqui é *ministro votou na minoria*. O ministro pode votar junto com a maioria (ministro votou na maioria = 0) ou pode ser voto vencido (ministro votou na minoria = 1).

Como esta questão focaliza as diferenças de comportamento de voto entre os ministros em uma mesma ação, analisamos apenas as ações que não tiveram resultados unânimes. Das 300 Adins da nossa amostra, 52 tiveram decisões não unânimes.

Como estamos interessados nas decisões não unânimes, construímos um banco de dados considerando apenas essas 52 decisões, totalizando 487 casos. Dos 487 votos, 124 foram minoritários.

Gráfico 2
Votos minoritários e majoritários nas Adins não unânimes entre outubro de 1988 e março de 2003

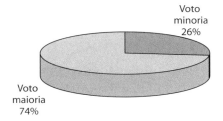

Tabela 5
Relação dos votos minoritários, de acordo com o número de julgamento de que o ministro participou

Ministro	Número de julgamentos	Número de votos minoritários	% votos minoritários
Moreira Alves	198	3	1,5
Néri da Silveira	179	12	6,7
Francisco Rezek	62	4	6,5
Sydney Sanches	226	6	2,7
Octávio Gallotti	159	7	4,4
Célio Borja	9	3	33,3
Paulo Brossard	32	5	15,6
Sepúlveda Pertence	217	20	9,2
Celso de Mello	155	4	2,6
Carlos Velloso	206	16	7,8
Marco Aurélio	179	30	16,8
Ilmar Galvão	224	11	4,9
Maurício Corrêa	195	2	1,0
Ellen Gracie	77	1	1,3

Na tabela 5 apresentamos o número de julgamentos de que os ministros participaram e identificamos o número de vezes em que os ministros fizeram parte da minoria, calculando o percentual de voto minoritário para cada um deles.

Proporcionalmente o ministro Célio Borja foi o que mais pronunciou votos minoritários, seguido dos ministros Marco Aurélio, Paulo Brossard,

Sepúlveda Pertence e Carlos Velloso. Esses ministros compartilham um perfil de atuação não restritivo. Os ministros Aldir Passarinho, Carlos Madeira, Nelson Jobim e Gilmar Mendes não proferiram votos dissidentes em nenhuma das ações de que participaram (4, 2, 112 e 53 respectivamente). Todos, com exceção de Jobim, são ministros com perfil de atuação restritivo.

Na análise exploratória dos dados notamos que a passagem dos ministros pelo Ministério Público é significativa[32] para a explicação do voto minoritário, havendo uma associação entre essas variáveis, com os ministros com passagem pelo Ministério Público votando tendencialmente mais na minoria quando comparados aos ministros que não passaram pelo MP.

Tabela 6
Votos minoritários, de acordo com a passagem prévia dos ministros pelo Ministério Público

Voto	Passagem pelo MP		Total
	Não	Sim	
Maioria	81,7%	69,0%	74,5%
Minoria	18,3%	31,0%	25,5%
Total	100,0%	100,0%	100,0%
(N)	(213)	(274)	(487)

Mas quando considerada com as outras variáveis independentes, ela perdeu a significância. Optamos, portanto, por excluí-la do modelo de análise.

O quarto modelo de análise foi construído para entender os fatores que influenciam o ministro a votar contra a posição majoritária do tribunal. Utilizamos as mesmas variáveis independentes empregadas nos modelos anteriores.

---

[32] Ver Anexo, tabela C, o resultado do teste de associação qui-quadrado para o cruzamento das variáveis voto minoritário × passagem pelo Ministério Público.

> ### Modelo 4
>
> **Ministro minoria** = — Carreira na magistratura — perfil de atuação: restritivo — experiência política + experiência internacional — permanência na Corte + presidente que nomeou: militar + autor da ação (categoria de referência: governos estaduais) + origem da ação (categoria de referência: governos estaduais) + objeto da lei (categoria de referência: administração pública) + governo decisão (categoria de referência: primeiro governo FHC).

A partir dos dados apresentados na tabela 7, percebemos que as variáveis de atributos pessoais e o perfil de atuação apresentam as maiores influências na determinação do voto dissidente por parte dos ministros.

As chances de os ministros com perfil de atuação restritivo votarem na minoria são menores do que as dos ministros considerados não restritivos. Se o ministro foi nomeado por governo militar, as chances de ele votar na minoria são menores comparados aos ministros nomeados por civis.

O fato de ter experiência internacional faz com que os ministros tendam a votar mais na minoria, quando comparados aos ministros sem essa experiência.

A experiência na Corte contribui para os ministros assumirem um posicionamento contrário à maioria; quanto mais tempo na Corte, maiores as chances de o ministro votar na minoria. Esperávamos que o tempo na Corte influísse de forma oposta, tornando os ministros mais restritivos e menos propensos a contrariar a posição majoritária.

A experiência na política faz com que as chances de os ministros votarem na minoria diminuam. Os ministros com passagem pela política estão mais expostos às criticas de que suas decisões são políticas, de que não atuam com independência, e este fato pode agir no sentido de reprimir neles a atuação de oposição.

Olhando para os fatores externos, percebemos grande influência de variáveis referentes ao contexto político. Notamos que nos governos Sarney, Collor e Itamar, comparados ao primeiro governo FHC, os ministros tenderam a proferir mais votos minoritários, mas no segundo governo FHC e no governo Lula tenderam a votar menos na minoria.

A origem do diploma indica que quando os diplomas são oriundos do governo federal e do Judiciário, comparados aos de origem no governo estadual, os ministros tendem menos a votar na minoria.

Justiça, profissionalismo e política

Tabela 7

Regressão logística considerando como alvo
a variável ministro votou na minoria

Variável	B	Exp(B)
Ministro é magistrado de carreira	,124	1,132
Perfil de atuação do ministro: restritivo	-1,212**	,298
Governo que nomeou: militar	-1,209*	,298
Permanência na Corte (em anos)	,155**	1,168
Ministro tem experiência na política	-1,485***	,227
Ministro tem experiência internacional	1,338***	3,811
Autor: procurador-geral	,130	1,139
Autor: partido político	,567	1,762
Autor: entidade de classe	,432	1,540
Autor: OAB/AMB	1,476**	4,377
Origem da lei: governo federal	-1,022**	,360
Origem da lei: Judiciário	-,812*	,444
Objeto da lei: questão político-partidária	,200	1,221
Objeto da lei: questão econômico-tributária	,860	2,363
Objeto da lei: regulação sociedade e mundo do trabalho	-,102	,903
Governo decisão: Sarney	1,941**	6,966
Governo decisão: Collor	,909**	2,482
Governo decisão: Itamar	1,096**	2,991
Governo decisão: Fernando Henrique (2º mandato)	-1,241**	,289
Governo decisão: Lula	-2,443**	,087
Constante	**-1,661****	**,190**

Nível de significância: *90%, **95%, ***99%.

Quanto ao autor, nas ações questionadas pela OAB/AMB, os ministros tendem mais a proferir votos minoritários, comparados às ações em que os governos estaduais são requerentes.

No estudo do comportamento de voto não consensual na Suprema Corte norte-americana, Hurwitz e Lanier (2004:432) afirmam que o objeto da lei questionada nas ações é um aspecto importante a ser considerado. *"Justices may be more inclined to advance their policy preferences in some types of cases rather than others. With respect to authoring nonconsensual opinions, there may be some issue areas in which these opinions are more likely to be published than others".* As áreas mais propensas a gerar votos minoritários são referentes à economia e aos direitos civis e liberdades.

No caso da Corte brasileira, o objeto da lei não apresentou significância na predição do voto minoritário.

Embora essa variável não seja significativa para predizer o voto minoritário, se comparada às outras variáveis do modelo, notamos que alguns dos ministros apresentaram certo padrão quanto às manifestações de votos dissidentes; por exemplo, 30% dos votos minoritários proferidos pelo ministro Sepúlveda Pertence foram relativos a questões político--partidárias e 20% referentes a questões relativas à sociedade civil e ao mundo do trabalho; metade dos votos dissidentes do ministro Rezek trata de questões político-partidárias.[33]

Tabela 7.1
Teste dos coeficientes do modelo (*Omnibus test*)

	Qui-quadrado	df	Sig.
Step	101,956	20	,000
Block	101,956	20	,000
Model	101,956	20	,000

Tabela 7.2
Medidas resumo do modelo

Medida	Valor
-2 Log likelihood	450,647
Cox & Snell R^2	,189
Nagelkerke R^2	,278

Tabela 7.3
Classificação do modelo

	Predito		
	Voto ministro		Percentual correto
Observado	Maioria	Minoria	
Voto ministro — Maioria	338	25	93,1
Minoria	86	38	30,6
Percentual total			77,2

---

[33] Ver Anexo, tabela D, tabela cruzada *votos minoritários × objeto da lei*.

Justiça, profissionalismo e política

Podemos rejeitar a hipótese nula de que os coeficientes são nulos, com base na significância do teste apresentado na tabela 7.1. A quantidade de variação explicada pelo modelo é de 28,2%, que não é alta, mas, dados os modelos usualmente apresentados em ciências sociais, é considerada razoável. A performance do modelo é boa, acertando em 77% dos casos.

Discussão dos resultados

Os resultados obtidos com as análises de regressão demonstram que nossa abordagem visando integrar diferentes perspectivas sobre o comportamento do Poder Judiciário obteve sucesso, confirmando que esses diferentes olhares não são contraditórios entre si. Os dados indicam que, quando aplicados em conjunto, os modelos atitudinal, legal, estratégico e institucional, acrescidos do profissionalismo, explicam grande parte da variação no comportamento de decisão do Supremo Tribunal Federal.

Podemos concluir que o voto dos ministros do Supremo e a decisão final da Corte são fortemente influenciados pelo contexto institucional e pelo profissionalismo, embora haja também a participação significativa de fatores legais, do contexto político e dos grupos de interesses na determinação desses resultados. Já as variáveis atitudinais têm um impacto menor nessa esfera.

A tendência para o consenso foi notória no comportamento do STF, sendo mais de 80% das ações decididas unanimemente. Esse é o comportamento esperado de uma Suprema Corte, uma vez que decisões consensuais colaboram para a produção de uma jurisprudência mais sólida, reforçando a segurança jurídica.[34] O consenso também contribui para

---

[34] Em estudos sobre o dissenso na Suprema Corte norte-americana prevalece o argumento de que as baixas taxas de *dissenting opinions* verificadas na Corte, do século XIX até as primeiras décadas do século XX, se deveriam à existência de uma regra do consenso (*norm of consensus*), os *justices* discordariam entre si acerca do resultado de um caso, mas mascarariam esses desacordos diante do público, uma vez que decisões unânimes fortaleceriam a autoridade e a legitimidade das decisões (Epstein, Segal e Spaeth, 2001:362). Pritchett (1948), por sua vez, afirma que as altas taxas de consenso derivariam do fato de a Corte ser confrontada com questões mais técnicas, casos de

distanciar o mundo jurídico do mundo político. Por isso nos interessou olhar para a ocorrência do comportamento não esperado, ou seja, o dissenso, para o porquê e onde ele acontece. Percebemos que ele ocorre em especial em ações que questionam leis referentes às temáticas político--partidária e econômico-tributária. Além do aspecto legal, o contexto político e os grupos de interesse são os preditores do dissenso na Corte, não tendo os fatores internos, ou seja, os atributos pessoais e o perfil de atuação, grande impacto quando comparados com aqueles elementos.

Mas se isolamos as decisões não unânimes e observamos no dissenso quem tende a promovê-lo, ou seja, quais características e fatores levam os ministros a se posicionar contra a corrente majoritária de pensamento e voto, notamos o grande impacto das variáveis internas, das variáveis atitudinais e de carreira. No entanto, é preciso considerar que as variáveis com as quais trabalhamos explicam uma parte pequena da variação na ocorrência do dissenso, o que indica a necessidade de atentarmos para outros fatores que não estão presentes nos nossos modelos, como a opinião pública.

Os resultados permitem discutirmos também a relação do STF com o governo federal. Pensando que 1) as chances de decisão pela inconstitucionalidade são menores para o governo federal, 2) as chances de os ministros votarem pela inconstitucionalidade são menores quando a origem da lei é o governo federal, 3) as chances de decisão não unânime são menores quando o diploma questionado tem origem no governo federal e 4) os ministros tendem menos a se posicionar contra a maioria em assuntos de interesse do governo federal, podemos concluir que o Supremo tem sido mais restritivo em reverter ações do governo federal. Isso não implica necessariamente um comportamento de submissão ao governo federal, mas indica uma postura restritiva por parte do tribunal.

Essa análise permite ainda inferir algo sobre o comportamento do STF em relação a governos específicos. Notamos que há uma diferença da relação do tribunal entre os dois governos FHC. No segundo governo

---

simples resolução, em que os fatos e as leis são tão claros que não há espaço para a manifestação ideológica dos juízes. A partir dos anos de 1950 as taxas de consenso começaram a declinar.

FHC, em comparação ao primeiro, houve uma tendência menor do tribunal em deferir ações. E observando o voto individual dos ministros, eles tenderam a votar menos pela inconstitucionalidade das leis nos governos Sarney, Collor e no segundo governo FHC, comparados ao primeiro governo FHC. No governo Collor, comparado ao primeiro governo FHC, houve maior dissenso. Já no segundo governo FHC e no governo Lula o dissenso foi menor. Lembrando que no cruzamento das ações que questionaram leis federais com os governos, verificamos que o Supremo deferiu mais ações que questionaram leis nos governos Collor e Itamar: 16 ações que questionam leis federais julgadas nesses dois governos fazem parte de nossa amostra. Dessas ações, 44% tiveram julgamento não unânime, 50% foram requeridas por partidos políticos, e no que se refere à temática, 25% delas referem-se a questões econômico-tributárias e 19% a questões político-partidárias.

Por fim, olhando para o comportamento do STF em relação aos requerentes, vemos que o tribunal tem sido mais restritivo em dar poder aos partidos políticos. Ao mesmo tempo os ministros tendem a conferir ao procurador-geral da República parcela grande de poder — há uma tendência maior dos ministros em deferir ações em que o procurador-geral é autor.

Regras legais e precedentes coexistem com profissionalismo e atributos pessoais e ideologia na orientação do comportamento do Supremo Tribunal Federal. E não podemos esquecer, como afirmam os teóricos do modelo estratégico e do novo institucionalismo, que o processo interpretativo é sempre constrangido por expectativas e valores institucionais, sociais e políticos. Esses constrangimentos não são fixos e estáveis, mas ainda assim possibilitam, nas palavras de Feldman (2005), que a interpretação legal seja presumível — o que não implica dizer, segundo ele, que seja mecânica ou metódica.

Para ter uma dimensão mais completa dos fatores que influenciam a decisão do STF é preciso olhar para a fundamentação dos votos dos ministros, para os argumentos por eles utilizados. Observar se eles votaram como "intérpretes" da Constituição ou como "reprodutores" do texto legal.

Perceber, como coloca Dworkin, se eles utilizam argumentos de princípio ou de consequência na justificação de suas decisões. A fundamentação dos votos pode revelar atitudes mais e menos restritivas por parte dos ministros. E é para a fundamentação dos votos dos ministros nas Adins que voltamos nossa atenção nos próximos capítulos.

Capítulo 5
Argumentação dos ministros nas Adins

Introdução

O alto número de Adins com decisão do mérito unânime demonstra que, apesar das diferenças na trajetória de carreira dos ministros e em seu perfil de atuação, em sua atividade prática eles buscam construir consensos.

Essa busca pelo consenso é justificada pela necessidade de uniformizar a interpretação das leis pelo STF e garantir a segurança jurídica. O ministro Moreira Alves explicitou a importância de preservar a uniformidade das decisões em seu voto na decisão da Adin 465. Essa ação foi requerida pelo governador do estado da Paraíba contra leis da Assembleia Legislativa do estado, que estabeleceram a vinculação e a isonomia de vencimentos entre as carreiras do Ministério Público, dos advogados de ofício e dos procuradores do estado.

Alves votou pela procedência parcial da ação, seguindo o voto do ministro Galvão, e criticando a posição dos ministros que afrontavam o que, segundo ele, já foi decidido pelo tribunal em decisões anteriores.

GALVÃO: Registre-se, por derradeiro, que o STF, no precedente invocado, assentou entendimento no sentido da inconstitucionalidade dessa vinculação. Ante o exposto, meu voto, com a devida vênia do eminente

Justiça, profissionalismo e política

Relator, é pela parcial procedência da ação, nos termos do parecer da douta Procuradoria Geral da República. ALVES: Também eu, Senhor Presidente, não apenas pelo fato de ter sido um dos votos vencedores no caso anterior, mas porque entendo que proximamente, com a mesma composição, em se tratando de ação direta de inconstitucionalidade, é difícil que esta Corte julgue, ora constitucional, ora julgue inconstitucional, normas que são rigorosamente iguais [Moreira Alves, acórdão da Adin 465, 1993:32].

Os ministros Octávio Gallotti, Sydney Sanches, Paulo Brossard, Sepúlveda Pertence e Celso de Mello acompanharam Alves e Galvão, e os ministros Néri da Silveira, Francisco Rezek, Marco Aurélio e Carlos Velloso votaram pelo indeferimento da ação, nos seguintes termos:

SILVEIRA: Do exposto, na conformidade do voto que proferi na Adin 171, com a devida vênia, persistirei em seus fundamentos, dou pela improcedência da ação. Entendo que a equivalência das carreiras jurídicas há de se fazer entre as três carreiras que são funções essenciais à Justiça, e elas estão, destarte, na compreensão do art. 135 da Constituição. REZEK: Penso haver entendido que o Ministro Néri da Silveira prestigia, desta vez, o mesmo ponto de vista que resultou minoritário naquele precedente de Minas Gerais, onde também fiquei em minoria. Não seria eu a pronunciar o primeiro voto dissidente. Acompanho o eminente relator, julgando improcedente a ação [Néri da Silveira e Francisco Rezek, acórdão da Adin 465, 1993:25].

Em outras situações, ministros que defendem pontos de vista contrários ao já decidido pelo tribunal declaram estar votando junto com o plenário para garantir a uniformidade da interpretação. Um exemplo é o voto do ministro Carlos Velloso na Adin 721. Nessa ação o procurador--geral da República contesta resolução do Tribunal Regional Eleitoral de Minas Gerais, que determinou a reposição salarial relativa à unidade de referência de preços (URP) a seus funcionários. A ação foi julgada procedente com unanimidade, declarando-se a ausência de direito adquirido, tendo o tribunal aumentado os vencimentos dos funcionários sem lei autorizativa, o que é inconstitucional.

> Quando do julgamento do RE 157.386-DF, nesta Turma, deixei claro o meu pensamento a respeito do tema. Não devo afrontar o decidido pelo Plenário, não obstante convencido do acerto do meu entendimento a respeito dos temas — 1JRP/88 e URP/89. Ressalvo, por isso, o meu entendimento pessoal. Não estou convencido, ainda hoje, do desacerto do entendimento que sustentei, no Plenário, no RE 146.749-DF (IJRP/1988) e na ADIII 694-DF (URP/1989). Ajusto-me, entretanto, ao decidido nos citados RE 146.749-DF e Adin 694-DF, com ressalva do meu entendimento pessoal a respeito do tema. Em consequência, julgo procedente a ação e declaro a inconstitucionalidade da Resolução n. 472/91, do Tribunal Regional Eleitoral do Estado de Minas Gerais [Carlos Velloso, acórdão da Adin 721, 1996:12-13].

O voto do ministro Sepúlveda Pertence na Adin 718 é outro exemplo dessa atitude. Essa ação, impetrada pelo procurador-geral da República, trata de lei do governo do Maranhão sobre a criação de municípios em ano de eleições municipais. O ministro afirmou que o STF já consolidou entendimento de não poder ser objeto de ação direta de inconstitucionalidade a incompatibilidade entre a lei e a norma constitucional superveniente — que se reduziria, segundo o entendimento vitorioso do tribunal, a mera revogação (precedente, Adin 2, julgada em 1992). A ação foi julgada improcedente, por unanimidade. Pertence declarou ao final de seu voto: "Vencido, e posto que não convencido, rendi-me à orientação da sólida maioria" (Sepúlveda Pertence, acórdão da Adin 718, 1998:16-17).

Outro voto do ministro Sepúlveda Pertence que indica essa mesma tendência de manter a jurisprudência do tribunal constante e uniforme é na Adin 892. Essa ação foi impetrada pelo governador do Rio Grande do Sul questionando lei da Assembleia Legislativa, referente à escolha dos conselheiros do Tribunal de Contas do Estado.

Justiça, profissionalismo e política

A questão constitucional suscitada no caso se reproduziu em numerosos Estados da Federação. Consolidou-se a jurisprudência do Tribunal no sentido da inconstitucionalidade arguida da reserva do provimento de cinco das sete vagas do Tribunal de Contas estadual à Assembleia Legislativa, na medida em que implicaria a subtração ao Governador da única indicação livre que lhe concede o modelo federal do TCU, de observância compulsória, conforme o art. 75 da Constituição da República (v.g., Adin 219, 24.06.1993, Adin 1566, 18.03.1999) [...]. Relator, mas vencido no ponto, do primeiro dos precedentes, Adin 2l9-Pb, tenho-me rendido à jurisprudência sedimentada. Julgo a ação procedente [Sepúlveda Pertence, acórdão da Adin 892, 2002:6].

Esse comportamento dos ministros em aderir ao que já foi decidido pelo tribunal, ainda que contrariando seus pontos de vista, indica o peso que a instituição exerce no processo de decisão judicial. Também reforça nosso argumento de que apesar de diferenças no perfil de atuação, nos valores dos ministros, a ideologia do profissionalismo é forte e bastante presente na orientação de seus votos.

A unanimidade de uma decisão funciona também como uma estratégia. Segundo Epstein e Knight (1998:106), num caso considerado importante uma decisão unânime permaneceria imperturbável por atores políticos externos e seria mais respeitada se comparada a uma opinião dividida. *"The value of unanimity was one of the lessons of Brown vs. Board of Education, and it is also the moral of scholarly research on the Court, suggesting that rulings on which the entire Court agrees are less susceptible to overturning and more likely to be followed"*.

Outra explicação para o alto percentual de decisões unânimes está no fato de o STF não ter discricionariedade na seleção dos casos que vai julgar. Muitas vezes o tribunal decide casos concernentes a questões técnicas em que há aplicação de comandos da lei inequívocos, em que a margem para a interpretação ou consideração de fatores extralegais é reduzida.[35] Estamos

---

[35] Essa característica é também observada em muitos tribunais constitucionais europeus, como no TC português (Magalhães e Araújo, 1998). As ações diretas de inconstitucionalidade com decisão monocrática são um caso típico de decisão de questões técnicas ou de aplicação de comandos da lei inequívocos.

argumentando aqui na mesma linha dos *easy-cases*, levantada por Pritchett para explicar o consenso na Suprema Corte norte-americana (Pritchett, 1948:890). Segundo o autor, a Suprema Corte era obrigada a ouvir inúmeros casos, inclusive casos envolvendo questões triviais em que os juízes decidiriam da mesma forma, apesar de diferenças em suas preferências políticas, pois a lei não deixaria alternativa. Precisamos considerar também o montante de casos que chegam ao STF, versando sobre temáticas que muitas vezes já foram decididas pelo tribunal em ações anteriores.

Identificada essa tendência do consenso, é preciso verificar em torno de que argumentos ele é construído, o que nos possibilitará perceber que papel (ou papéis) o Supremo Tribunal Federal vem desempenhando. Observamos também os argumentos defendidos pelos ministros dissidentes.

Muitos autores já se debruçaram sobre o estudo das decisões do STF, a maioria deles juristas, muitas vezes se pautando em estudos de alguns casos considerados mais relevantes e de grande importância política. Nosso objetivo é outro, na medida em que queremos estudar o voto e os argumentos dos ministros nas Adins de forma geral.

Para uma análise mais detalhada dos argumentos utilizados pelos ministros nas 300 ações, eles foram classificados em sete categorias, de acordo com a justificação utilizada pelos ministros: 1) defesa dos princípios do federalismo e da separação dos poderes; 2) defesa dos direitos fundamentais, sociais e políticos; 3) defesa da obrigatoriedade do concurso público e proibição de vinculação de vencimentos; 4) não cabimento da decisão da questão pelo STF; 5) impossibilidade jurídica do pedido; 6) omissão; e 7) ausência de contrariedade à lei ou preceito constitucional.

É importante salientar que as Adins podem ser classificadas em mais de uma temática. Mas aqui é seguida a mesma orientação que Vieira (2002:144) empregou em seu estudo, indicando que a classificação das ações é feita com base na "regra da prevalência da razão de decidir".[36]

---

[36] Para melhor visualização do que estamos dizendo aqui, exemplificamos com a classificação da Adin 678. Essa ação foi requerida pelo governador do estado do Rio de Janeiro contra lei da Assembleia Legislativa desse estado. A parte questionada da lei em questão tem o seguinte conteúdo: "Art. 99. Compete privativamente à Assembleia Legislativa: [...] IV — autorizar o Governador e

Justiça, profissionalismo e política

Argumentos vencedores

Apresentamos neste tópico os argumentos responsáveis pela fundamentação das decisões do mérito das Adins, ou seja, os argumentos vencedores. Eles estão organizados de acordo com sua frequência (gráfico 1) e de acordo com o resultado do mérito (tabela 1).

A partir do gráfico 1, podemos perceber que o argumento utilizado com mais frequência no STF na decisão das Adins é relativo à defesa e à sustentação dos princípios do federalismo e da separação dos poderes: 34% dos casos foram decididos com base nesse argumento, notando que todas as ações assim decididas foram deferidas.

Isso mostra que um dos mais importantes papéis do tribunal tem sido a habilidade de resolver disputas entre os poderes e decidir as limitações entre leis federais e estaduais. Com isso, o Supremo tem desempenhado um importante papel na manutenção da estabilidade política do país.

São muitas as Adins decididas com base nesse argumento (exemplos: Adins 30, 142, 458, 577, 978, 1.103, 1.020, 1.025, 2.174), tratando dos limites e das atribuições de poderes do Executivo, do Legislativo e do Judiciário em questões diversas, como privatizações, criação de municípios, leis de trânsito, direitos e garantias dos funcionários públicos, aplicação de tributos, entre outras.

Vice-Governador a se ausentarem do País; § 1. O Governador não pode ausentar-se do Estado por mais de quinze dias consecutivos, nem do Território Nacional por qualquer prazo, sem prévia autorização da Assembleia Legislativa, sob pena de perda do cargo". O relator da ação, ministro Carlos Velloso, assim fundamentou seu voto: "Há princípios inscritos na Constituição que se superpõem a outros, que orientam e informam o intérprete. É o caso das liberdades políticas, dos direitos e garantias individuais, que a Constituição de 1988 põe no seu começo, anteriormente ao Estado, e que constituem limitação ao poder constituinte instituído (C.F., art. 60, parágrafo 42, IV). Ora, esse princípio há de informar o intérprete, há de sugerir-lhe a extensibilidade da simetria, no sentido de que é dever do poder constituinte do Estado-membro a observância da regra dos artigos 49, III, e 83, da Constituição Federal: tal como ocorre no âmbito federal, a licença somente deve ser exigida se a ausência do Chefe do Executivo se alongar por prazo superior a quinze dias". Nesse caso, a razão de decidir foi classificada como *princípio federativo e separação de poderes*, embora haja referência aos direitos fundamentais.

Gráfico 1
Argumentos vencedores nas Adins entre outubro de 1988 e março de 2003

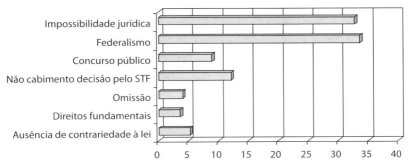

Tabela 1
Argumentos vencedores utilizados nas Adins entre outubro de 1988 e março de 2003, de acordo com o resultado do mérito

Argumento	Indeferido Frequência	%	Deferido Frequência	%
Impossibilidade jurídica do pedido	85	58,6	-	-
Não cabimento da decisão da questão pelo STF	35	24,1	-	-
Defesa dos princípios do federalismo e da separação de poderes	0	-	103	66,4
Defesa de concurso público e proibição de vinculação de vencimentos	0	-	30	19,4
Omissão	0	-	10	6,5
Defesa dos direitos fundamentais, sociais e políticos	0	-	12	7,7
Ausência de contrariedade à lei ou preceito constitucional	25	17,2	-	-
Total	145	100,0	155	100,0

A Adin 1.779 é ilustrativa do argumento do federalismo e da separação de poderes, tendo sido ajuizada pelo procurador-geral da República questionando lei aprovada pela Assembleia Legislativa do Estado de Pernambuco que versava sobre as competências dessa Assembleia. A ação foi considerada procedente, com unanimidade.

Consolidado o entendimento no sentido de que devem os Estados, quando da elaboração de suas Cartas Constituintes, observar os ditames da Carta da República no delineamento de controle externo nela prescrito. [...] Por conseguinte, não poderia o poder constituinte decorrente legislar no sentido de atribuir às Assembleias Legislativas estaduais e locais o controle externo de forma diametralmente oposta ao modelo propugnado pelo constituinte federal [Ilmar Galvão, acórdão da Adin 1.779, 2001:5].

Também a Adin 1.704 exemplifica esse argumento. A ação foi impetrada pelo governador do Mato Grosso contra lei da Assembleia Legislativa que autorizava a utilização de película de filme nos veículos no estado. A decisão, unânime, foi pela procedência da ação.

A jurisprudência dessa Corte encontra-se pacificada, no sentido de que compete à União legislar sobre trânsito e transporte (Adins 474, 476 e 532). [...] A disciplina da aplicação de película de filme solar nos vidros dos veículos coloca-se no âmbito da competência privativa da União, prevista no inciso XI do artigo 22, não se tratando de matéria ligada ao estabelecimento e implantação de política de educação visando à segurança do trânsito, quando, então, ter-se-ia a competência, também, dos Estados, isso a teor do inciso XII do artigo 23, ambos os dispositivos da Carta de 1988 [acórdão da Adin 1.704, 2002:5-7].

No desempenho desse papel o Supremo tem mantido uma orientação mais restritiva à liberdade de criação dos estados. Essa orientação é mesmo questionada por alguns dos ministros. Na Adin 227, por exemplo, o ministro Néri da Silveira expõe seu ponto de vista contrário, considerando que a jurisprudência do STF é limitadora da autonomia estadual.

Nessa ação o governador do Rio de Janeiro questiona lei da Assembleia Legislativa do Estado que versa sobre o regime de férias dos servidores públicos. Notemos que mesmo votando com o tribunal, mantendo a unanimidade da decisão, o ministro manifesta seu ponto de vista contrário ao que considera uma jurisprudência restritiva.

Sr. Presidente. Acompanho o eminente Ministro-Relator, em face da jurisprudência que já se constituiu no Tribunal a respeito da matéria. Mas, ainda uma vez, permito-me ressalvar meu ponto de vista. Creio que, nessa linha de jurisprudência, estamos cada vez limitando mais a autonomia, essa visão de autonomia dos Estados-membros, porque não se lhes deixa faixa alguma de autonomia para dispor. O Estado, na sua Constituição, quis estabelecer determinadas normas; temos admitido como válida, por exemplo, a norma inserida nas Constituições dos Estados, ao dizer que o pagamento dos vencimentos dos funcionários será feito até o último dia do mês. Então, por que entendermos que na Constituição não pode ser inserida essa norma, se há uma faixa de autonomia quanto à matéria estatutária estadual dispondo sobre vantagens dos seus servidores? [...] Ressalvo o meu ponto de vista para acentuar, ainda uma vez, essa linha da nossa jurisprudência, que entendo demasiadamente restritiva, da autonomia dos Estados dentro do sistema federativo [Néri da Silveira, acórdão da Adin 227, 1997:13-14].

Na Adin 1.001, julgada em agosto de 2002, o governador do Rio Grande do Sul questionou norma editada pela Assembleia Legislativa daquele estado com o seguinte conteúdo: "Art. 12. Às Câmaras Municipais, no exercício de suas funções legislativas e fiscalizadoras, é assegurada a prestação de informações que solicitarem aos órgãos estaduais da administração direta e indireta, situados nos Municípios, no prazo de dez dias úteis a contar da data da solicitação". O tribunal concluiu, com unanimidade, pela ausência de ofensa à Constituição, sendo a lei considerada constitucional. Em seu voto, o ministro Gilmar Mendes saúda a decisão, pois, em seu entender, ela possibilitou uma maior abertura para a atuação dos legisladores estaduais.

Sr. Presidente, fico feliz em verificar, acompanhando a discussão ora travada sobre o federalismo brasileiro, que começamos a encontrar normas no modelo estadual que podem ser mantidas, ainda que não se limitem a reproduzir o texto constitucional federal. [...] Acredito que é de se saudar a iniciativa. Lembro-me de que participei de um seminário, em São Paulo, no qual o Professor Caio Tácito, também um pouco cético em relação à atividade normativa do nosso legislador e constituinte estadual, dizia não haver quase nada de original possível para se fazer nos textos estaduais. Citou um caso da Constituição da Bahia — nunca verifiquei se existente — onde se permitia que, em vez do café, fosse servido chocolate nas repartições públicas, tal a obrigatoriedade de se ter um mimetismo constitucional. Então, já temos pelo menos um exemplo de norma original nesses termos. Acompanho o eminente Ministro-Relator [Gilmar Mendes, acórdão da Adin 1.001, 2002:11].

Essa afirmação do ministro deixa transparecer também o sentido restritivo que a jurisprudência do STF vinha tomando até o momento em relação às questões ligadas à limitação de poderes entre estados e União.

No que se refere à defesa do princípio da separação dos poderes temos a Adin 137 como exemplo. Essa ação foi requerida pela AMB contra lei do estado do Pará que instituía o Conselho Estadual de Justiça, a ser integrado por membros da magistratura estadual, autoridades pertencentes aos outros poderes, advogados e representantes de cartórios de notas de registro e de serventuários da Justiça. Esse conselho seria destinado à fiscalização e ao acompanhamento do desempenho dos órgãos do Poder Judiciário. Por decisão unânime sua criação foi considerada inconstitucional por ofensa ao princípio da separação dos poderes, "de que são corolários o autogoverno dos Tribunais e a sua autonomia administrativa, financeira e orçamentária (arts. 96, 99 e parágrafos, e 168 da Carta Magna)" (acórdão da Adin 137, 1997:1). Participaram dessa decisão nove dos 11 ministros que compunham o tribunal em 1997: Carlos Velloso, Moreira Alves, Néri da Silveira, Sydney Sanches, Octávio Gallotti, Sepúlveda Pertence, Marco Aurélio, Ilmar Galvão e Maurício Corrêa.[37]

---

[37] É relevante para o argumento que desenvolvemos neste trabalho atentar para o fato de que a criação do Conselho Nacional de Justiça foi levada ao julgamento do STF e decidida em abril de 2005, na Adin 3.367 — também impetrada pela AMB. A decisão foi a de que a criação do Conselho Nacional de Justiça não fere o princípio constitucional da separação dos poderes. Os ministros Eros Grau, Joaquim Barbosa, Carlos Ayres Britto, Gilmar Mendes, Celso de Mello e Nelson Jobim votaram pela constitucionalidade do Conselho, com os ministros Marco Aurélio, Ellen Gracie, Carlos Velloso e

Argumentação dos ministros nas Adins

Grande parte das ações decididas com base no argumento do federalismo e da separação dos poderes envolve questões polêmicas, de relevo na vida política nacional. Já em decisões de questões mais rotineiras, em geral decisões unânimes, o argumento mais frequente é o da impossibilidade jurídica do pedido[38] (correspondendo a 28% das decisões).

A impossibilidade jurídica se caracteriza especialmente quando a arguição se faz em face de Constituição que já foi revogada (exemplos: Adins 3, 9, 20, 200, 2.047). Um exemplo é a Adin 3, impetrada pela OAB em outubro de 1988, questionando decretos editados pelo presidente da República em 1987, que versavam sobre o reajuste de preços dos contratos públicos. Essa ação não foi conhecida pelo STF. Em seu voto, Moreira Alves justifica o porquê da impossibilidade do julgamento do pedido.

Sepúlveda Pertence ficando vencidos, argumentando pela inconstitucionalidade do Conselho, por ter ele poderes excessivos e incluir em sua composição pessoas estranhas ao Judiciário; Velloso argumentou que ao incluir representantes da política partidária em sua composição o Conselho poderia trazer danos ao Poder Judiciário. Entre o julgamento dessas duas ações houve grande renovação na composição do Tribunal. Nenhum dos ministros que participou da decisão sobre a inconstitucionalidade do Conselho Estadual de Justiça do estado do Pará votou pela constitucionalidade do Conselho Nacional da Magistratura, sendo os votos por sua constitucionalidade proferidos pelos ministros nomeados pelo presidente Lula, acompanhados dos ministros Mendes, Jobim e Melo. Os votos contrários são dos ministros que participaram da decisão da Adin 227, acompanhados pela ministra Ellen Gracie, que não fazia parte do tribunal naquele momento — e embora tenha perfil restritivo, é da carreira da magistratura. A mudança de composição do tribunal levando a mudança de orientação da decisão reforça o argumento de que as diferenças no treinamento dos ministros, em seus valores, enfim, em seu perfil, refletem-se no processo de decisão.

[38] No caso das Adins que tiveram decisão monocrática, esse argumento (impossibilidade jurídica) foi o preponderante, como podemos notar no Anexo, tabela E, com os argumentos utilizados nas decisões monocráticas. Mas é importante notar que apesar de ser o argumento a causar maior consenso entre os ministros, a postura do STF nos casos da discussão da legitimidade ou não da requerente, assim como da necessidade de pertinência temática, costuma gerar polêmicas nas decisões do tribunal, evidenciando a atitude dos ministros em relação à expansão ou restrição da atuação do tribunal. Um exemplo é o posicionamento dos ministros Marco Aurélio, Sepúlveda Pertence e Paulo Brossard, que ficaram vencidos na Adin 164. Essa ação foi requerida pela Confederação Nacional das Instituições Financeiras e pela Federação Nacional dos Bancos contra normas editadas pelo governo federal que criaram e regulamentaram o Finsocial. A ação não foi conhecida pela maioria do tribunal com o argumento da falta de legitimidade das autoras. Os ministros que ficaram vencidos reconheciam a legitimidade da Confederação Nacional das Instituições Financeiras e buscaram, com seus votos, ampliar o entendimento e a possibilidade de atuação do tribunal quanto às entidades de classe e associações.

Há, porém, no caso, impossibilidade jurídica do pedido, porquanto esta Corte já firmou jurisprudência no sentido de que a ação direta de inconstitucionalidade não é cabível quando a arguição se faz em face de Constituição já revogada, nem quando o ato normativo impugnado foi revogado antes da propositura dela [Moreira Alves, acórdão da Adin 3, 1992:1].

A impossibilidade jurídica se dá igualmente em circunstâncias de perda do objeto da ação, quando a lei ou o decreto questionado já foi revogado, ou já foi julgado em outra Adin. Ilustrativo desse caso é a Adin 707, impetrada pelo Partido dos Trabalhadores contra lei do governo federal que regulava concessão dos serviços de telecomunicações.

> Posteriormente à instauração deste processo a norma impugnada foi expressamente revogada pela Lei n. 9.472, de 16 de julho de 1997, que passou a dispor sobre a organização dos serviços de telecomunicações, a criação e funcionamento do órgão regulador. Revogada a norma supostamente inconstitucional e consequentemente perdido o interesse de agir, tem-se, em preliminar, a prejudicialidade da presente ação direta em face da superveniente revogação da regra impugnada. Com efeito, a jurisprudência prevalecente desse Supremo Tribunal Federal é no sentido de que a revogação superveniente do ato normativo objeto de impugnação em sede de controle normativo abstrato de constitucionalidade faz instaurar situação de prejudicialidade, ante a perda do interesse de agir e independentemente da existência de efeitos residuais concretos que possam ter derivado da aplicação do diploma questionado [Ellen Gracie, acórdão da Adin 707, 2001:1].

Esse argumento é utilizado ainda quando se trata de medida provisória que tenha sido reeditada[39] (exemplos: Adins 110, 309, 428, 2.067,

---

[39] O STF tem jurisprudência firmada sobre a edição e reedição de medidas provisórias. Na decisão da Adin 1.610 lemos que "o STF não admite reedição de MP quando já rejeitada pelo Congresso Nacional (Adin 293-RTJ 146/707). Tem, contudo, admitido como válidas e eficazes as reedições de Medidas Provisórias, ainda não votadas pelo Congresso Nacional, quando tais reedições hajam ocorrido dentro do prazo de trinta dias de sua vigência. Até porque o poder de editar MP subsiste, enquanto não rejeitada (Adin 295, Adin 1.533, entre outras)" (Sydney Sanches, acórdão da Adin 1.610, 1999:11).

2.161) ou quando o STF não reconhece o postulante como tendo o direito de acionar o tribunal por via da ação direta, por não se constituir como um dos agentes listados no art. 103 da Constituição ou por não haver pertinência temática entre o requerente e o objeto da norma em questão (exemplos: Adins 36, 1.305, 1.307, 1.803).

A Adin 935 é demonstrativa do argumento da impossibilidade em decorrência da ilegitimidade da autora. A ação foi solicitada pela Federação Nacional das Secretárias e Secretários contra a emenda constitucional que instituiu a cobrança do IPMF em 1993. A ação não foi conhecida por unanimidade.

> O inciso IX do art. 103 da Constituição Federal confere a Confederação Sindical legitimidade para a propositura de ação direta de inconstitucionalidade. A Consolidação das Leis do Trabalho, ao tratar da Organização Sindical (artigos 511 e seguintes), coloca o Sindicato em 1º grau, as Federações e as Confederações em grau superior (art. 533 e seguintes), sendo certo que estas, as Confederações, é que se situam no grau mais alto, pois enquanto as Federações reúnem os Sindicatos dos Estados (art. 534), as Confederações reúnem as Federações (art. 535 e seus parágrafos). E foi às entidades sindicais, de grau mais elevado, ou seja, às Confederações, que, como ficou dito, a Constituição conferiu legitimidade para o exercício da ação direta de inconstitucionalidade perante esta Corte. Não, assim, às Federações Sindicais ou aos Sindicatos. Esse entendimento já foi o adotado pelo plenário do Supremo Tribunal Federal, em pelo menos dois precedentes [Sydney Sanches, acórdão da Adin 935, 1993:11].

Muitas vezes encontramos argumentos relativos aos limites e às possibilidades para a atuação do STF. Esses argumentos estão resumidos na categoria não cabimento da decisão da questão pelo STF — 12% das ações foram decididas com base nele. Trata-se na maior parte das vezes de ações em que estão em jogo atos de efeito concreto, em que não é possível a apreciação do tribunal. Também quando o requerente questiona apenas uma parte de uma lei, o que levaria a Corte a atuar como legislador positivo, e ela só pode atuar como legislador negativo.

Um exemplo de ação decidida com base nesse argumento é a Adin 2.422. Essa ação foi ajuizada pela Confederação Nacional da Indústria questionando lei federal que instituiu a Taxa de Controle e Fiscalização Ambiental. Foi decidida monocraticamente pelo relator, ministro Celso de Mello.

> A jurisprudência do Pretório Excelso exige, de modo inequívoco, seja oferecida, em Ação Direta de Inconstitucionalidade, a impugnação integral do complexo normativo em que se insere o diploma impugnado. Com efeito, reconhece a jurisprudência do Egrégio Supremo Tribunal Federal: Não se conhece de ação direta de inconstitucionalidade que impugna, em determinado sistema normativo, apenas alguns dos preceitos que o integram — deixando de questionar a validade de outros dispositivos com eles relacionados — dado que essa declaração de inconstitucionalidade, tal como pretendida, alteraria o sistema da Lei. [...] A ação direta de inconstitucionalidade não pode ser utilizada com o objetivo de transformar o Supremo Tribunal Federal, indevidamente, em legislador positivo, eis que o poder de inovar o sistema normativo, em caráter inaugural, constitui função típica da instituição parlamentar. Ao Supremo Tribunal Federal, em sede de controle normativo abstrato, somente assiste o poder de atuar como legislador negativo. Não lhe compete, em consequência, praticar atos que importem em inovação de caráter legislativo [Celso de Mello, acórdão da Adin 2.422, 2001].

Também a Adin 1.097, impetrada pela AMB contra expressão da lei do estado de Pernambuco que vincula os subsídios dos deputados aos dos desembargadores, serve como exemplo desse argumento. A ação foi decidida com unanimidade.

> GALVÃO: Sem razão, portanto, para modificar o entendimento que adiantei quando do julgamento da cautelar, meu voto é no sentido de julgar improcedente a ação. ALVES: Sr. Presidente, creio que, em casos como este, a solução será a de não se conhecer da ação, para não nos tornarmos

legisladores positivos. GALVÃO: Nós não estamos restringindo a competência da Assembleia Legislativa? ALVES: Não. Apenas não conhecemos por impossibilidade jurídica. Poderá ser proposta outra ação que nos permita uma apreciação integral, pois, caso contrário, o que se pretende é que nos transformemos em legisladores positivos. GALVÃO: Rendendo-me aos argumentos expendidos pelo eminente Ministro Moreira Alves, também reconheço a inviabilidade jurídica da impugnação parcial da lei sob enfoque, pela via da ação direta de inconstitucionalidade. Modifico, em consequência, o meu voto em sua conclusão, para o fim de não conhecer do pedido [acórdão da Adin 1.097, 1996:7-9].

É interessante observar que o ministro Galvão modificou seu entendimento após a exposição dos argumentos do ministro Moreira Alves. É comum a retificação de votos em razão da argumentação de outros ministros, o que demonstra flexibilidade por parte dos ministros, possibilitando a observação dos mecanismos que influenciam o processo de decisão. Na Adin 512, por exemplo, os ministros Aurélio, Corrêa e Jobim alteraram seu voto após serem lembrados por Pertence da decisão que Gallotti proferiu na Adin 1.907.[40] Lembrando que a Adin 512 foi proposta pelo Partido Comunista do Brasil (PCdoB) contra lei do estado da Paraíba que possibilitava aos titulares de mandato eletivo, estadual ou municipal, aposentarem-se após pelo menos oito anos de exercício do mandato. A ação foi julgada prejudicada por unanimidade.

AURÉLIO: Constata-se, em primeiro lugar, que o tema ligado à autonomia municipal veio a ser, de imediato, ferido. [...] Julgo procedente o pedido formulado e fulmino, no *caput* do artigo 270, a expressão "ou municipal", esclarecendo, mais uma vez, que a lei prevista na parte final

---

[40] A Adin 1.907 foi proposta pelos partidos PDT, PT, PCdoB e PSB contra medida provisória que dispunha sobre as regras gerais dos regimes próprios da previdência social dos servidores públicos da União, dos estados, do Distrito Federal e dos municípios, prevendo a contribuição concorrente dos inativos e dos pensionistas. A ação foi julgada prejudicada em 1999, em razão da superveniente promulgação da Emenda Constitucional nº 20, 1998, que alterou o teor original do § 6º do art. 40 da lei fundamental (ementa da Adin 1.907, relator ministro Octávio Gallotti, 1999:1).

Justiça, profissionalismo e política

do preceito não englobou a disciplina da aposentadoria dos vereadores. CORRÊA: Sr. Presidente, acompanho o eminente Ministro-Relator, julgando procedente a ação para excluir a expressão "ou municipal", contida no artigo 270 da Constituição Paraibana; com relação ao texto restante também julgo-o improcedente, por entender que não há incompatibilidade com o artigo 40, § 2º, da Constituição Federal. PERTENCE: Fico com a orientação tomada na Adin 1.907. Como ficou claro no voto que proferi, desatento a Emenda Constitucional nº 20, era-me fundamental, como padrão da verificação da constitucionalidade, o antigo art. 40, § 2º da Constituição, substancialmente alterado, no mínimo, pela série de parágrafos do novo art. 40, na redação da Emenda Constitucional nº 20. Ora, como decidimos em hipótese similar na Adin 1.907, Relator o Sr. Ministro Octávio Gallotti, julgada em 18 de fevereiro do corrente ano, julgo prejudicada a ação. CORRÊA: Sr. Presidente, vou pedir vênia ao eminente Ministro Marco Aurélio, porque tinha acompanhado S. Exa., mas lembrado pelo Sr. Ministro Octávio Gallotti da existência do novo regime geral da Previdência Social — estamos sob o regime da Emenda Constitucional nº 20 — o meu voto é no sentido de entender que a ação está prejudicada. AURÉLIO: Senhor Presidente, sensibilizou-me a referência feita por V. Exa. à circunstância de o preceito aludir a uma espécie de aposentadoria que já não está mais, com a extensão primitiva, contemplada na Carta de 88, considerada a Emenda Constitucional nº 20: aposentadoria proporcional. Por isso, evoluo e declaro prejudicada a ação direta de inconstitucionalidade, no particular. Na dicção do Tribunal, o caso é de revogação do preceito por incompatibilidade com o novo texto constitucional, não desafiando, por isso, o controle abstrato. É o meu voto [acórdão da Adin 512, 2001:8-18].

Algumas vezes a discussão dos limites de atuação do tribunal aparece quando estão em julgamento outras questões, como no caso da Adin 83, em que o governador de Minas Gerais arguiu de inconstitucionalidade lei proveniente da Assembleia Legislativa do estado, que regulamentava vencimentos de servidores públicos da administração direta e indireta,

164

incluindo os servidores bancários. Não cabe aqui discutir a fundamentação dessa ação, mas apenas atentar para uma discussão que se travou entre os ministros Brossard e Pertence sobre os limites da atuação do Supremo Tribunal Federal. O ministro Brossard questiona se o STF deve atuar de forma restrita, de acordo com o que está afirmado na petição inicial, que segundo ele é muitas vezes mal formulada, ou se ele deve investir-se da liberdade de julgar em toda a plenitude a questão proposta, indo além da inicial, se assim julgar de seu dever. Para o ministro Sepúlveda Pertence é impossível ao STF ir além do que está proposto pelo requerente, pois agindo assim estaria extrapolando suas funções.

> A meu ver, data vênia, a diferença é radical, no ponto, entre o controle difuso e o controle direto, abstrato. No controle difuso, a parte nem precisa suscitar a inconstitucionalidade: é apenas uma questão prejudicial da decisão da causa. O juiz há de afastar, provocado ou de ofício, ou em parte provocado e em parte de ofício, todas aquelas normas de que precise para decidir a causa e que lhe pareçam devam ser afastadas para dar prevalência à Constituição. No controle direto, não: deu-se ao Judiciário um poder excepcional — já várias vezes se enfatizou que, a rigor, não é jurisdicional, é um poder evidentemente político e o limite desse poder estupendo do Judiciário é não ter a iniciativa do seu exercício. Já me preocupei com o tema na Procuradoria-Geral, em relação a dispositivos dependentes nitidamente daqueles que são impugnados na ação direta. O Tribunal, salvo engano, teve problemas com isso, na série de casos relativos às leis estaduais sobre os agrotóxicos. Mas não é este o caso. Repito: seja ao selecionar as expressões impugnadas, seja ao decidir a razão de pedir, o Governador simplesmente não tocou na situação dos servidores Públicos [Sepúlveda Pertence, acórdão da Adin 83, 1991:35-37].

Outro argumento é o da defesa da obrigatoriedade do concurso público e proibição de vinculação de vencimentos — 10% das Adins foram decididas com base nesse argumento. Ele se refere à impossibilidade de admissão nas carreiras públicas sem a aprovação prévia em concurso pú-

Justiça, profissionalismo e política

blico e também à proibição de vinculação de vencimentos entre carreiras públicas. São muitos os casos de ações em que a "razão de decidir" repousa nesse argumento (exemplos: Adins 88, 91, 196, 266, 363). Citamos como exemplo aqui a Adin 1.233, requerida pelo procurador-geral da República questionando lei da Assembleia Legislativa do estado de Goiás que havia criado o posto de subdelegado de polícia. Por unanimidade o tribunal julgou a ação procedente.

> A nova norma constitucional restabeleceu, no âmbito da Polícia Civil do Estado de Goiás, a sombria e anacrônica figura do subdelegado de polícia, vulgarmente conhecido como "delegado calça curta", de provimento em comissão pelo Governador do Estado. A denominação popular de cunho pejorativo deve-se ao fato de que a nomeação, de modo sistemático e preferencialmente, recai sobre cidadão despreparado para o desempenho da função policial e ligado ao partido ou facção política dominante. [...] A função policial é das mais relevantes e aqueles que a exercem devem ser integrados da carreira, não sendo concebível que cargos seus possam ser considerados da confiança do Poder Executivo, assim cargos em comissão. A carreira policial civil é enfatizada na Constituição art. 144, § 40, motivo por que a criação de cargos de subdelegados, em comissão, da confiança do Governador do Estado, é ofensiva à Constituição [Carlos Velloso, acórdão da Adin 1.233, 2001:8-9].

Outra ação decidida com base nesse argumento é a Adin 430. Ela foi requerida pelo Partido da Social Democracia Brasileira (PSDB) contra a Assembleia Legislativa do Mato Grosso do Sul. A lei questionada tratava do provimento de cargos de agente tributário. O tribunal decidiu com unanimidade pela procedência da ação.

> Senhor Presidente, o julgamento é final. Não estamos apenas apreciando pedido de concessão de liminar. Por isso mesmo, desejo deixar registrado, nos autos, o convencimento que tenho sobre o tema. Na verdade, o artigo 23 da Constituição de Mato Grosso do Sul, atacado mediante esta ação

direta de inconstitucionalidade, padece de dois defeitos: o de forma e o de fundo. Quanto ao vício de forma, apontou o ilustre Ministro Relator que, versando o preceito sobre a organização funcional, a organização do quadro da pertinente Secretaria do Estado, a iniciativa quanto à lei de regência deveria ter sido do Chefe do Poder Executivo. No tocante à matéria de fundo, verifica-se que o dispositivo acabou por beneficiar, dando um alargamento ao teor do artigo 19 do Ato das Disposições Constitucionais Transitórias, concursados e não concursados. Em síntese, determinados candidatos, aprovados em concurso público para a categoria funcional de agente tributário estadual, viram a validade desse concurso expirar e, consequentemente, as aprovações ficaram fulminadas. [...] Tenho para mim que o preceito implicou um verdadeiro drible ao concurso público, posto que a alusão ao artigo 19 do Ato das Disposições Constitucionais Transitórias alberga, até mesmo, aqueles que, à época da promulgação do Diploma Maior Federal, vinham prestando serviços, muito embora sem a feitura do concurso. Acompanho o Senhor Ministro Relator, declarando, portanto, pelos dois fundamentos, a inconstitucionalidade da norma [Marco Aurélio, acórdão da Adin 430, 1994:13-14].

Em seu voto o ministro Marco Aurélio declarou que, sendo o julgamento final, gostaria de deixar registrada sua interpretação sobre o tema. Essa atitude é comum em julgamentos finais, pois as decisões do STF têm o poder de influenciar decisões futuras do tribunal e de tribunais inferiores, e sua fundamentação pode orientar a criação de leis.

O argumento ausência de contrariedade à lei ou preceito constitucional refere-se ao fato de a lei questionada não contrariar preceito ou dispositivo constitucional e à ausência de fundamentação na argumentação por parte do requerente, o que implica o reconhecimento da constitucionalidade da lei ou dispositivo, no primeiro caso, ou a impossibilidade de julgar o mérito da ação, dada a falta de argumentação consistente por parte do requerente, no segundo (exemplos Adins 550, 1.582, 1.935). Esse argumento foi responsável pela justificação de 8% das Adins, todas indeferidas no mérito.

Justiça, profissionalismo e política

A Adin 2.666, que trata da prorrogação da CPMF, foi uma das ações decididas com base no argumento de não contrariar dispositivo constitucional. Essa ação foi proposta pelo Partido Social Liberal, alegando ofensa à Constituição, pois a emenda constitucional que prorrogou essa contribuição não teria obedecido aos trâmites legais para aprovação, sendo promulgada pelo Senado sem o retorno necessário à Câmara dos Deputados. O tribunal aderiu unanimemente ao voto da relatora, decidindo que a "Corte já firmou o entendimento de que, quando a modificação do texto por uma das Casas Legislativas não importa em mudança substancial do seu sentido, a Proposta de Emenda Constitucional não precisa retornar à Casa iniciadora" (Adin 2.666, 2002:7). E como se trata de prorrogação, segundo a ministra Ellen Gracie, "pela sua natureza, não se subsume a nenhuma das duas hipóteses em que se tem como obrigatória a observância do prazo nonagesimal: instituição ou majoração da contribuição social. Diante do exposto, julgo improcedente esta ação direta de inconstitucionalidade" (Adin 2.666, 2002:10).

A proteção dos direitos fundamentais é supostamente a primeira função da revisão judicial, mas no caso do Brasil ela se encontra em posição secundária. Isso porque as questões que chegam ao Supremo são principalmente referentes ao federalismo, à separação de poderes e ao suporte ou ao questionamento de políticas públicas — a própria classificação das Adins de acordo com a temática indica que mais de 60% das ações são referentes à administração pública, levando o Supremo a atuar principalmente como racionalizador da administração pública. Segundo Werneck Vianna:

O comprometimento da agenda das Adins com o tema da administração pública, na escala em que se descreveu, provavelmente repercute negativamente sobre as possibilidades de o STF se identificar mais claramente com a filosofia da Carta de 1988, cuja intenção era a de favorecer a efetivação de seus grandes princípios programáticos e não de criar mais uma instância para as controvérsias das diferentes corporações sobre questões de direito administrativo [Werneck Vianna et al., 1999:66].

As decisões com base no argumento da defesa dos direitos fundamentais, sociais e políticos correspondem a apenas 4% do total — sendo todas as decisões pelo deferimento da ação.

Um exemplo de ação decidida com base no argumento da proteção aos direitos é a Adin 1.459, em que o Partido dos Trabalhadores questiona a constitucionalidade de lei rescisória eleitoral que afirma, nos casos de inelegibilidade, a possibilidade do exercício do mandato eletivo até o julgamento do "réu".

> Trata-se de frontal contradição, não apenas à disposição literal do texto, mas ao espírito da Constituição que busca, através da inelegibilidade, resguardar a legitimidade das eleições e, sobretudo, o sentido ético da base democrática do regime. [...] Assim, ao instituir o efeito suspensivo às inelegibilidades e atente-se, tanto as absolutas quanto as relativas, a garantia de harmonização do sistema representativo foi suspensa e até mesmo removida, subtraindo-se, por via oblíqua, a garantia de defesa da sociedade. [...] De fato, a simples existência de violação constitucional, com grave repercussão na ordem jurídica interna está a recomendar a exclusão dos dispositivos retromencionados do arcabouço jurídico pátrio, legitimadores que são de grave ofensa aos princípios constitucionais destinados "a proteção dos direitos da cidadania" [Sydney Sanches, acórdão da Adin 1.459, 1999:12-15].

Outro direito que aparece é o direito dos consumidores. Um exemplo é a Adin 2.334, em que a Confederação Nacional do Comércio questiona lei do estado do Rio de Janeiro que obrigava as distribuidoras de combustíveis a colocarem lacres eletrônicos nos tanques dos postos de combustíveis. O tribunal decidiu com unanimidade pelo não conhecimento da ação, nos termos do argumento do relator, ministro Gilmar Mendes, "é fácil ver que os princípios da livre concorrência, da propriedade privada e da livre-iniciativa não podem ser concretizados em detrimento do interesse público, especialmente da defesa do consumidor. [...] Nesses termos, o meu voto é pelo não conhecimento da ação" (Gilmar Mendes, acórdão da Adin 2.334, 2003:5-7).

Há ainda o argumento de omissão (Adins por omissão). Quando o tribunal reconhece a omissão, o poder responsável é comunicado, tendo um prazo de 30 dias para adotar as medidas necessárias. Mas, segundo os críticos desse tipo de ação, essa possibilidade é muito limitada, uma vez que o STF só pode atuar comunicando o Legislativo ou o Executivo da omissão, não podendo influir afora disso. O argumento de omissão corresponde a 4% do total das decisões. Um exemplo de ação com decisão baseada no argumento da omissão é a Adin 2.481. Nela, o Partido Democrático Trabalhista (PDT) questiona o governo do estado do Rio Grande do Sul por não ter procedido à revisão anual dos vencimentos dos funcionários públicos.

> Ocorre, entretanto, como destacado na inicial, que até o presente momento, embora mais de três anos tenham decorrido desde a edição da EC 19/98 e, consequentemente, da categórica norma do art. 37, X — e não obstante o fenômeno da inflação se tenha feito sentir, ininterruptamente, durante todo o período — não se registrou o necessário desfecho, de parte do Governo do Estado, de nenhum processo legislativo destinado a tornar efetiva a indispensável revisão geral dos vencimentos dos servidores estaduais. Patente, assim, a alegada mora legislativa, de responsabilidade do Governador do Estado, que justificou o ajuizamento da presente ação direta de inconstitucionalidade por omissão. Meu voto, portanto, julga procedente, em parte, a presente ação, para o fim tão somente de, declarando-o em mora no cumprimento do disposto no art. 37, X, da Constituição Federal, determinar que ao Governador do Estado do Rio Grande do Sul seja dada ciência desta decisão [Ilmar Galvão, acórdão da Adin 2.481, 2002:5].

Separando os argumentos vencedores na justificação das Adins entre ações unânimes e não unânimes, percebemos que as Adins unânimes foram decididas preponderantemente com base nos argumentos do federalismo e da impossibilidade jurídica do pedido. Grande parte das Adins não unânimes foi decidida também com base no argumento do federalismo, seguidas do argumento de não contrariar lei ou preceito constitucional.

Gráfico 2
Argumentos vencedores nas Adins, entre outubro de 1988 e março de 2003, de acordo com a unanimidade ou não da decisão

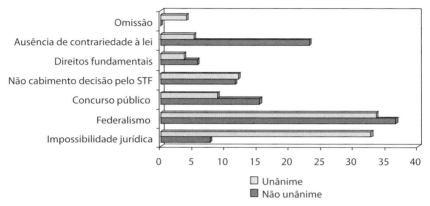

Esses dados demonstram que a defesa do federalismo e do princípio da separação dos poderes tem sido o principal papel desempenhado pelo Supremo, e também o que tem gerado as maiores divergências de opinião no tribunal. O voto do ministro Marco Aurélio na já citada Adin 3 indica uma das razões para o alto número de decisões fundamentadas com base no federalismo. A ação não foi conhecida pelo tribunal em virtude de os decretos terem data anterior à Constituição de 1988.

> Cabe, então, indagar: o que ocorre na hipótese de emenda constitucional que atraia o conflito, com a Carta, de determinada lei? O caso de mera revogação ou de inconstitucionalidade superveniente? Em debate a harmonia ou não de lei com a Constituição, tudo recomenda a adoção do procedimento que visa determiná-la, pouco importando, no caso, a época em que ocorreu a edição dos diplomas legais. A segurança jurídica buscada com a demanda direta de inconstitucionalidade também diz respeito à legislação editada sob a luz da Carta anterior e hipóteses ocorrerão em que somente uma declaração *erga omnes* surtirá os efeitos desejáveis. Tenha-se presente controvérsia a envolver, por exemplo, a Consolidação das Leis do Trabalho e a Carta atual, que inovou no campo dos direitos sociais. A admissibilidade

Justiça, profissionalismo e política

da demanda direta de inconstitucionalidade, além de preservar esta Corte no patamar que lhe é próprio, evitará inúmeras demandas individuais e, até mesmo, movimentos de paralisação, contribuindo, assim, para a almejada Paz social. No campo da Política Judiciária o efeito prático é salutar, sendo certo que, se hoje o Tribunal enfrenta grande número de ações diretas de inconstitucionalidade, o faz tendo em vista as Constituições Estaduais e não diplomas anteriores. Indagando-se sobre o número de demandas de inconstitucionalidade ajuizadas após 1988 e que versam legislação pretérita ver-se-á que não procede o argumento extremo segundo o qual esta Corte ficará inviabilizada nos trabalhos que desenvolve [Marco Aurélio, acórdão da Adin 3, 1992:16-17].

Nesse voto está a constatação de que houve uma grande demanda do Supremo em virtude da elaboração das Constituições Estaduais, o que explica o elevado percentual de decisões com a argumentação do federalismo. Mas nesse voto transparecem também outros aspectos da atuação do tribunal e da postura do ministro Marco Aurélio, como a defesa de uma atuação mais ampla por parte do tribunal e a defesa de um papel de importância na sociedade com a finalidade de garantir a segurança jurídica.

Argumentos vencidos

Apesar do alto índice de consenso verificado nas decisões das Adins, existe no Supremo a disputa de opiniões e posições. Algumas vezes os ministros com opiniões divergentes contentam-se em simplesmente manifestar essa opinião, aderindo no final ao voto da maioria. Outras vezes os ministros votam em posição contrária, ficando na minoria.

Na análise estatística vimos que as características pessoais e o perfil de atuação dos ministros são os principais fatores determinantes do voto minoritário. Agora procuramos identificar quais argumentos fundamentaram esses votos.

A partir do gráfico 3 vemos que mais da metade dos votos vencidos fundamenta-se no argumento de não contrariar preceito ou lei — 56% dos votos vencidos tiveram por base essa justificação.

Um exemplo é a Adin 236, em que o governador do Rio de Janeiro questiona a Assembleia Legislativa do estado por ter instituído norma que inclui no conceito de segurança pública a vigilância dos estabelecimentos penais e, entre os órgãos encarregados dessa atividade, a denominada "Polícia Penitenciária". Nessa ação ficaram vencidos[41] os ministros Marco Aurélio, Sydney Sanches, Paulo Brossard e Moreira Alves, considerando improcedente a ação nos termos do voto do ministro Marco Aurélio:

> Senhor Presidente, aprendi, desde cedo, que a declaração de inconstitucionalidade de um ato normativo deve repousar em ilação segura do conflito desse ato normativo com o texto constitucional. E digo que, quando em cotejo Constituição de Estado e Constituição Federal, esse conceito deve ser observado com maior rigor, somente se chegando à declaração de inconstitucionalidade do dispositivo da Carta estadual quando o conflito for evidente. E, no caso dos autos, data vênia abstraída a problemática relativa à conveniência, que não posso, aqui, levar em consideração, não vejo este conflito, no que o artigo 180 da Constituição do Estado do Rio de Janeiro, após revelar que se inclui na segurança pública também a segurança intramuros nos estabelecimentos penais, cogita de uma espécie de polícia civil, para mim, plenamente harmônica com a Lei Básica Federal, que é a penitenciária. Por

---

[41] Os ministros que integraram a maioria foram Néri da Silveira, Sepúlveda Pertence, Celso de Mello, Carlos Velloso e Ilmar Galvão, acompanhando o voto do relator, ministro Octávio Gallotti, pelo procedimento da ação: "A norma da Constituição Federal, objeto do confronto — estabelecido pelo Requerente (art. 144), consiste em preceito explícita e diretamente dirigido aos Estados, porquanto contém, na enumeração do *caput*, a referência a dois órgãos de natureza inequívoca e exclusivamente estaduais, tais sejam as polícias militares e os corpos de bombeiro (item V). Isso, sem falar no plural 'polícias civis' (item IV), a remeter às duas espécies conhecidas, a federal e a estadual. Dessa direta e palmar aplicação da norma, à organização dos Estados, decorre não poderem estes, em suas leis ou Constituição, alterar ou acrescer o conteúdo substancial do dispositivo da Constituição da República. Acrescê-lo, ou aditá-lo, em sua provisão, foi, porém, precisamente o vício em que parece irretorquível haver incidido a Carta do Rio de Janeiro" (Octávio Gallotti, acórdão da Adin 236, 1992:36-37).

isso, data vênia julgo improcedente o pedido formulado nesta ação direta de inconstitucionalidade [Marco Aurélio, acórdão da Adin 236, 1992:39-40].

O segundo argumento de maior expressão na fundamentação dos votos minoritários é o da defesa dos direitos fundamentais (21%). A maior parte desses votos se deu em ações que questionavam a correção monetária de salários de funcionários públicos em virtude de planos econômicos. Esses votos se fundamentaram no reconhecimento do direito adquirido por parte desses funcionários da irredutibilidade de seus vencimentos.

Gráfico 3
Argumentos vencidos nas Adins
entre outubro de 1988 e março de 2003

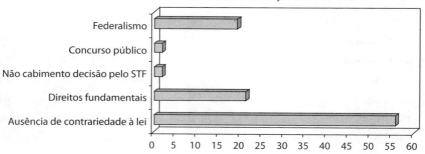

Outros direitos defendidos pelos ministros na fundamentação de seus votos foram as liberdades de pensamento e política, como podemos notar pelo voto do ministro Marco Aurélio na Adin 956. Essa ação foi requerida pelo Partido dos Trabalhadores (PT) contra lei federal que regulamentava a realização dos programas de TV para a propaganda eleitoral gratuita. Essa lei proibia a utilização de gravações externas, montagens ou trucagens. A maioria indeferiu o pedido,[42] ficando ven-

---
[42] Os ministros que compuseram a maioria foram Octávio Gallotti, Moreira Alves, Néri da Silveira, Sepúlveda Pertence, Carlos Velloso e Ilmar Galvão, acompanhando o voto do ministro relator Francisco Rezek. "A propaganda através da televisão, que permite levar ao eleitorado as discussões e as informações políticas, por isso mesmo, impõe regulamentação coibitiva do abuso do poder político, ou do poder econômico nas eleições como, aliás, ressaltou o parecer do Procurador-Geral

cidos os ministros Marco Aurélio e Celso de Mello, que consideravam a lei inconstitucional.

> O que fica excluído com o preceito segundo o qual nos programas a que se refere esse artigo "é vedada a utilização de gravações externas, montagens e trucagens"? O que se afasta do cenário relativo ao processo eleitoral? A meu ver, rechaça-se a manifestação do pensamento e a criação preservadas mediante o disposto no artigo 220 da Constituição Federal. No meu entender, obstaculiza-se, a mais não poder, a possibilidade de um certo partido, um certo candidato, produzir programa que revele, até mesmo, a realidade

da República no Mandado de Segurança n. 731, porque esses abusos são incompatíveis com os valores inerentes ao regime democrático, estruturado na Lei Fundamental. [...] A regra do § 1 do art. 76 tem por finalidade afastar a influência do poder econômico na propaganda eleitoral, impedindo a utilização de recursos técnicos de áudio e vídeo sofisticados e dispendiosos, realizados por grandes empresas de publicidade, que constituiria privilégio de alguns poucos partidos políticos, inatingíveis pelos demais. Esses recursos técnicos, por outro lado, à semelhança do que ocorre com as pesquisas resultantes de manipulação de dados, poderiam facilmente servir para induzir em erro quanto às tendências do eleitorado, ou mesmo para falsear a realidade, em proveito ou em detrimento de partido político ou candidato. Ademais, seja a proibição legal tem ainda o sentido de impedir a degradação ou ridicularização de partido político ou candidato que poderiam ocorrer com a utilização de trucagens ou montagens ou mesmo com gravações externas, a exemplo do que se verificou nos últimos pleitos eleitorais. Em suma, a regra impugnada visa a garantir, de um lado, tratamento isonômico entre partidos e candidatos em disputa nas eleições e, de outro, que o corpo eleitoral seja esclarecido dos seus programas, ideias e propostas, vetando a utilização de recursos que comprometam a própria finalidade da propaganda eleitoral, que falseiem a realidade, gerando a desorientação e a desinformação políticas. Sem prejuízo da livre manifestação das opiniões, ideias e propostas dos candidatos e dos partidos nos programas eleitorais gratuitos, que não podem sofrer em nenhuma hipótese e sob qualquer pretexto cortes instantâneos ou qualquer tipo de censura prévia (Lei n. 8.713/93, art. 75), a vedação contida no § 1 do art. 76, combate o exercício abusivo e desenfreado desse instrumento democrático de comunicação social, quando dirigido a falsear ou tergiversar a verdade dos fatos, regras que têm tutela da lisura e autenticidade das eleições, com vistas a assegurar que a discussão e a informação políticas cheguem ao eleitorado livres de deturpações, de forma a garantir a sua participação ativa e consciente no processo eleitoral. [...] Em síntese, o que não encontro no caso é uma sede constitucional da disciplina no horário gratuito; não vejo algo que possa ser confrontado com o art. 76 e seu § 1 da Lei 8.713 para o fim de derrubar tais normas, visto que nos encontramos em domínio onde o legislador ordinário tem a prerrogativa de estatuir sobre como aquele favor, patrocinado pela sociedade através do Estado, deverá utilizar-se" (Francisco Rezek, acórdão da Adin 956, 1994:14-23).

nacional, os grandes contrastes no campo social que temos no Brasil, alfim, as desigualdades existentes. Peço vênia, Senhor Presidente, para, na linha que tenho adotado nesta Corte, no que visa a preservar, acima de tudo, as garantias constitucionais ligadas à liberdade, liberdade aqui tomada no sentido lato, ousar divergir do nobre Relator, já que S. Exa. traz ao Plenário uma bagagem, no campo eleitoral, invejável — e concluir que a limitação imposta pelo § 12 do artigo 76 da Lei n 8.713/93 conflita com a liberdade de manifestação do pensamento e a liberdade de participação política preservadas na Constituição Federal. Nem se diga que o preceito tem como escopo maior a igualação dos candidatos, ou seja, a preservação do equilíbrio na disputa, no certame eleitoral, visto que qualquer dos que se apresentem poderá lançar mão quer de gravações externas, quer de montagens e trucagens, aliás, fatos que tenho imensa dificuldade em delimitar [Marco Aurélio, acórdão da Adin 956, 1994:26-27].

O argumento do federalismo foi responsável pela fundamentação de 19% dos votos vencidos. Um exemplo é o voto do ministro Sepúlveda Pertence na Adin 2.267. Essa ação foi impetrada pelo Partido Humanista da Solidariedade (PHS) contra resolução do Tribunal Regional Eleitoral do Amazonas, vedando o uso de simuladores de urna eletrônica nas campanhas eleitorais. Por maioria,[43]

---

[43] Os ministros que constituíram a maioria foram Ilmar Galvão, Sydney Sanches, Celso de Mello, Carlos Velloso, Nelson Jobim, Ellen Gracie e Gilmar Mendes, seguindo o voto do relator, ministro Maurício Corrêa. "A matéria de que trata a presente ação já foi enfrentada diversas vezes por este Tribunal, em sede cautelar. Em todas elas, entendeu o Pleno, por maioria absoluta, não estar caracterizada qualquer ofensa à Constituição Federal (ADIMC 2268-PB, Octávio Gallotti, DJ 13/09/00, ADIMC 2280-RS, Moreira Alves, DJ de 15/02/00, ADIMC 2265-RR, Marco Aurélio, DJ de 07/12/00, ADIMC 2284-MG, de que fui Relator, DJ de 16/02/01). Quando do julgamento do pedido liminar, registrei minha adesão aos fundamentos dos votos proferidos pelo eminente Ministro Octávio Gallotti nas recém-julgadas Adins n. 2268- PB, 2277-AC e 2287-Go, por entender que o ato impugnado não incide em ofensa à Carta da República. Segundo penso, permanecem inabaladas as razões de decidir. [...] Registro, por oportuno, a razoabilidade da medida enquanto destinada a evitar a indução fraudulenta de eleitores, em especial daqueles que têm menos acesso à educação, o que infelizmente corresponde a uma grande parcela dos cidadãos brasileiros. Qualquer ação dedicada, ainda que potencialmente, a confundir o eleitor ou dirigir sua manifestação de vontade, viciando-a, deve ser coibida durante o processo eleitoral. Admito que

o tribunal indeferiu a ação, ficando vencido o ministro Sepúlveda Pertence.

> Sr. Presidente, permaneço vencido quanto ao art. 42, da resolução do TRE do Amazonas e 3ª daquela do Pará que cominam sanção penal a desobediência da instrução do Tribunal Regional Eleitoral. Aí, parece-me flagrante a ofensa ao princípio de reserva qualificada de lei para a criação de figuras penais, uma vez que, conforme jurisprudência tranquila, o art. 347 do Código Eleitoral só abrange a desobediência à instrução específica a pessoa determinada da Justiça Eleitoral e não a atos de teor normativo como os de que se cuida. Por isso, julgo procedente, em parte, as ações diretas [Sepúlveda Pertence, acórdão da Adin 2.267, 2002:11].

Por fim, os argumentos do não cabimento de decisão da questão pelo STF e da defesa do concurso público serviram como justificação para os votos vencidos em uma Adin cada um.

Comparando os argumentos vencedores com os argumentos vencidos, a partir do gráfico 4, notamos, por um lado, que os ministros que se posicionaram contra a maioria são tendencialmente mais progressistas no que diz respeito à defesa dos direitos fundamentais, sociais e políticos, e também no que se refere à extensão da competência de atuação do STF.

Em várias das Adins julgadas foi possível perceber a preocupação que os ministros têm com a imagem do tribunal na mídia, demonstrando que a opinião pública exerce, sim, alguma influência no processo de decisão judicial.

---

os eleitores, com o passar do tempo, estarão cada vez mais familiarizados com o voto nas urnas eletrônicas, tornando-se menos suscetíveis aos írritos procedimentos indutivos. Paralelamente, a massificação da informática reduzirá o custo dos simuladores, permitindo o seu amplo acesso. Tal cenário dará ensejo à reflexão futura sobre o tema, quer por parte do Congresso Nacional, quer pela Justiça Eleitoral. Atualmente, ainda na fase de consolidação do sistema, revela-se de todo razoável e diria até imprescindível a vigilância da Justiça Eleitoral quanto ao uso dos simuladores particulares, com vistas a garantir a efetividade do processo eleitoral, segundo os princípios constitucionais da Federação. Ante essas circunstâncias, julgo improcedente a ação" (Maurício Corrêa, acórdão da Adin 2.267, 2002:7-10).

Gráfico 4
Argumentos nas Adins não unânimes, entre outubro de 1988 e março de 2003, de acordo com sua utilização, pela maioria ou minoria do tribunal

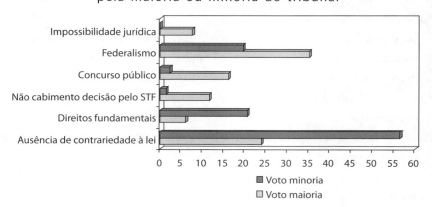

Em algumas ações, os ministros chegaram mesmo a verbalizar essa preocupação. Na Adin 234, já citada neste capítulo, o ministro Marco Aurélio assim externou sua preocupação com a opinião pública.

> Amanhã, julgada improcedente esta ação, os veículos de comunicação noticiarão que o Supremo Tribunal Federal é contra a privatização, porque, repito, provimento no sentido da improcedência do que requerido na inicial, implicará peias muito fortes à privatização [Marco Aurélio, acórdão da Adin 234, 1995:31].

Essa preocupação com a imagem do tribunal é compartilhada por todos os ministros. O ministro Moreira Alves, na votação da Adin 830, por exemplo, defendeu o tribunal de críticas que estariam sendo veiculadas na mídia. Essa ação foi impetrada pelo Partido Socialista Brasileiro (PSB) e pelo Partido Democrático Trabalhista (PDT) contra a decisão do Congresso Nacional de antecipar o plebiscito que decidiria a forma e o sistema de governo no país.

Senhor Presidente, antes de proferir meu voto, gostaria de fazer ligeiras considerações, tendo em vista a campanha injuriosa que se tem feito contra esta Corte. A Emenda Constitucional nº 2 foi publicada no Diário Oficial da União de 12 de setembro de 1992. Só quase cinco meses após sua publicação é que, em meados de janeiro e no início de fevereiro de 1993, foram propostas estas três ações. Em contrapartida, este Tribunal em menos de dois meses julgou a medida liminar, julgamento em que houve, inclusive, pedido de vista que deu margem a extenso voto. Posteriormente vieram as informações, voltaram os autos à Advocacia-Geral da União para manifestar-se em face delas, e houve vista à Procuradoria-Geral da República que emitiu, com extrema rapidez, parecer sobre a arguição de inconstitucionalidade. No dia 30 de março próximo passado, elaborei o relatório e pedi dia para julgamento, cuja realização só está sendo possível nesta data por força do disposto em nosso Regimento Interno. Esta Corte, com a máxima presteza, cumpriu a tramitação legal, mas apesar disso, sem que ninguém saliente que quase cinco meses se passaram sem que houvessem sido estas ações propostas, tem ela sido criticada por julgá-las em data próxima à marcada para a realização do plebiscito, como se isso decorresse de negligência sua, e não da demora na referida propositura e na necessidade da observância da tramitação imposta pela Lei. Espero, Senhor Presidente, que os nossos meios de comunicação divulguem esses fatos como o fizeram com as críticas infundadas a este Tribunal [Moreira Alves, acórdão da Adin 830, 1993:14].

A análise dos argumentos utilizados pelos ministros na decisão das Adins nos leva a concluir que os ministros do STF desempenham um importante papel na política, e por causa disso eles se preocupam com a manutenção da imagem de autoridade e de legitimidade da instituição, reconhecendo a necessidade de se distinguirem dos demais atores políticos. E justamente porque se preocupam com a imagem do tribunal, os ministros procuram manter certa uniformidade na interpretação, construindo consensos, o que reforça a afirmação de que os juízes não tomam decisões com base apenas em suas preferências políticas, havendo constrangimentos a suas decisões. Podemos concluir com Epstein e Knight

Justiça, profissionalismo e política

(1998) que, a fim de manter a legitimidade de suas decisões, os ministros procuram equilibrar suas preferências com as preferências de seus pares (constrangimento institucional), com as preferências de outros setores governamentais (constrangimentos políticos) e com as preferências da sociedade e da opinião pública (constrangimentos sociais).

Capítulo 6
Ministros: restritivos *versus* ativistas

Introdução

Na discussão da relação entre direito e política no processo de revisão judicial procuramos ir além de uma visão dicotômica porque pressupomos, como sugerido por Dworkin (2001), que todas as decisões judiciais são políticas em algum sentido, regidas por princípios políticos gerais ou por convicções que envolvam em alguma medida concepções do bem-estar geral. Assumimos que as decisões do Supremo Tribunal Federal são políticas porque têm o poder de invalidar leis e outras ações do governo, sendo também fundamentais para a proteção dos direitos e dos princípios constitucionais que permitem o funcionamento e a estabilidade das instituições democráticas.

Que o Supremo Tribunal Federal exerce funções políticas o reconhecem seus próprios ministros. Sepúlveda Pertence, na Adin 47,[44] afirma

---

[44] Nessa ação, o procurador-geral da República argui de inconstitucional o decreto do governo do estado de São Paulo que determina a prioridade do pagamento dos créditos judiciários de natureza alimentícia (referentes às indenizações por acidente do trabalho e responsabilidade civil). Por maioria, o tribunal decidiu pela improcedência da ação, nos termos do voto do relator, ministro Octávio Gallotti. "O Decreto paulista n. 29.463-88 não dispõe sobre matéria de direito processual ou judiciário civil; edita normas de administração orçamentária e financeira, próprias do poder de auto-organização dos Estados federados (art. 25 da Constituição). Tendo, assim, repelido a arguição

Justiça, profissionalismo e política

que o exercício do controle da constitucionalidade das leis é uma função política.

> Já, várias vezes, se disse e repetiu, nesta Casa, que o controle abstrato da constitucionalidade das normas é uma função essencialmente política do Supremo Tribunal Federal, embora exercida sob forma jurisdicional. Resolveu-se dar forma jurisdicional a esse processo político de controle — embora não destinado a resolver lides intersubjetivas —, quando se lhe poderia ter dado a forma de um procedimento *ex officio*, até para manter a imparcialidade do Tribunal; por isso, resolveu adotar-se, aqui, o *ne procedat judex ex officio* e exigir uma provocação externa à Corte. Mas esta equiparação ou esta formulação do processo da ação direta, como se se cuidasse de um processo de partes, há de ser contida nos limites adequados ao que há de substancial nele, que é a função política, quase legislativa, de controle abstrato da constitucionalidade de normas [Sepúlveda Pertence, acórdão da Adin 47, 1997:25].

---

de inconstitucionalidade formal. Inconstitucionalidade material: Diante dessas inevitáveis contingências, e da circunstância de não serem penhoráveis os bens públicos, o sistema de precatórios funcione como garantia verdadeiramente recíproca, tanto do Estado, como do particular. Por essas razões, não vislumbro inconstitucionalidade no Decreto estadual que, separando em duas ordens os precatórios, conforme sejam, ou não, os pagamentos de natureza alimentar, manteve, com prioridade para os primeiros, a prática do sistema dos precatórios judiciais." Acompanharam Gallotti os ministros Sydney Sanches, Moreira Alves, Néri da Silveira, Paulo Brossard, Celso de Mello e Ilmar Galvão. Ficaram vencidos os ministros Carlos Velloso, Sepúlveda Pertence e Marco Aurélio, que davam pela procedência parcial da ação, declarando a inconstitucionalidade dos arts. 1º e seus parágrafos, 2º e 4º do mesmo ato normativo. Segundo Velloso, "a Constituição de 1988 inova em diversos dispositivos, em diversos pontos. Uma dessas inovações é esta, no que toca ao pagamento de créditos de natureza alimentícia, parecendo-me que é acertada a inovação, porque sabemos todos como se torna difícil e tormentosa a execução contra a Fazenda Pública, mediante precatórios, especialmente num regime de inflação monetária. Então, tratando-se de crédito de natureza alimentícia, impõe-se o seu imediato pagamento. [...] Senhor Presidente, o que está acontecendo é que a Administração quer resolver questão nova, inovação introduzida pela Lei Maior, com regras e procedimentos antigos. É preciso que a Administração compreenda que está diante de questão nova, que precisa, por isso mesmo, aplicar ideias novas, que é preciso criar, para o fim de fazer realizar o que deseja a Constituição, o que está na Constituição".

Ministros: restritivos *versus* ativistas

Também o ministro Moreira Alves, na Adin 830,[45] destaca o desempenho de um papel político por parte do Supremo, afirmando inclusive que esse papel é mais extensivo na Corte brasileira do que na Corte norte-americana.

> Ao contrário do que tem ocorrido nos Estados Unidos da América do Norte, em que a Suprema Corte — como bem historia a manifestação da Advocacia-Geral da União — tem vacilado quanto ao conhecimento de questões dessa natureza por entender, muitas vezes, que se trata de questões políticas (*political-questions*), imunes, portanto, ao controle judicial, no Brasil, de há muito, vem o Supremo Tribunal Federal afirmando sua competência para o julgamento dessas questões [Moreira Alves, acórdão da Adin 830, 1994:15].

Se para Dworkin todas as decisões têm algo de político, a distinção a ser feita, então, não é entre direito e política, mas sim entre princípios políticos e procedimentos políticos. Alguns autores criticam essa definição de Dworkin, como Feldman (2005), que afirma ser ela apenas um recurso analítico, uma vez que não acredita ser possível separar princípios políticos e procedimentos políticos no horizonte interpretativo dos juízes, já que este se compõe de uma variedade de fatores.

Concordamos com Feldman em que essa distinção é analítica, mas entendemos ser ela produtiva, trazendo a possibilidade de perceber diferenças no posicionamento dos juízes. Ainda que a política seja inerente à atividade jurídica, à formação e ao ideário dos juízes, é possível perceber graus diferenciados de sua influência na argumentação dos juízes na fundamentação de suas decisões.

Quando tomam decisões, os ministros podem legitimar seus votos usando argumentos que levem em conta as consequências políticas, econômicas e/ou sociais da decisão, ou argumentos que não considerem essas

---

[45] A ação foi proposta pelo Partido Socialista Brasileiro (PSB) e pelo Partido Democrático Trabalhista (PDT), questionando a antecipação do plebiscito para decidir sobre a forma e o sistema de governo no Brasil.

Justiça, profissionalismo e política

consequências. Podemos, como recurso analítico, denominar o primeiro tipo de decisão como política e o segundo como técnica (ver capítulo 3).

É importante frisar que o sentido político do voto muitas vezes não está na alegação de fatores econômicos ou sociais, na defesa de interesses políticos e econômicos, nem na defesa da governabilidade ou da conveniência, mas está na busca da ampliação da competência do STF, em uma interpretação mais abrangente e com maior eficácia de normas constitucionais. O sentido político do voto pode ter, portanto, essencialmente dois significados: o primeiro considerando aspectos de governabilidade e conveniência (denotando a *politização da justiça*), e o segundo considerando apenas um alargamento na interpretação dos preceitos constitucionais (denotando a *judicialização da política*).

Um exemplo de voto com sentido político, no primeiro dos significados, é o do ministro Maurício Corrêa na Adin 1.116.[46] Essa ação foi interposta pela Confederação Nacional dos Estabelecimentos de Ensino (Confenen) contra lei federal que estabeleceu um percentual de contribuição de 20% sobre o total da remuneração paga aos empregados, trabalhadores avulsos ou autônomos que prestem serviços a empresas, com a finalidade de custear a seguridade social. Corrêa defendeu em seu voto a necessidade de considerar as consequências da decisão da Corte para a situação de caixa do governo.

> Não pretendo, Sr. Presidente, a menos que a questão seja reavivada, voltar a discutir o que esta Corte já assentou em reiterados julgados no passado. Contudo, parece-me de inteira procedência, a irresignação ministerial

---

[46] A Adin 1.116 foi julgada em conjunto com as Adins 1.102 (requerida pela Confederação Nacional das Indústrias) e 1.108 (requerida pela Confederação Nacional do Comércio) contra mesma lei federal que dispôs sobre o custeio da seguridade social. Essas ações foram decididas com unanimidade pelo tribunal, sendo declaradas inconstitucionais as expressões "empresários" e "autônomos", contidas no inciso I do art. 22 da Lei nº 8.212, de 25 de julho de 1991. Notemos que nem todos os ministros subscreveram a manifestação do ponto de vista do ministro Corrêa quanto aos efeitos para a eficácia da decisão que, segundo voto do ministro, "em nome da conveniência e da relevância da segurança social, seriam a partir da concessão da cautelar deferida em 9 de setembro de 1994" (Maurício Corrêa, acórdão da Adin 1.116, 1995:23).

quanto aos efeitos retroativos que a Corte tem emprestado à declaração de inconstitucionalidade, principalmente, quando, como na espécie, os resultados consequenciais da decisão impõem drásticas restrições ao orçamento da seguridade social, abalada por notória insuficiência de caixa. Creio não constituir-se afronta ao ordenamento constitucional exercer a Corte política judicial de conveniência, se viesse a adotar a sistemática, caso por caso, para a aplicação de quais os efeitos que deveriam ser impostos, quando, como nesta hipótese, defluísse situação tal a recomendar, na salvaguarda dos superiores interesses do Estado e em razão da calamidade dos cofres da Previdência Social, se buscasse o *dies a quo*, para a eficácia dos efeitos da declaração de inconstitucionalidade, a data do deferimento cautelar [Maurício Corrêa, acórdão da Adin 1.116, 1995:22].

A polêmica da defesa dos cofres públicos é frequente no STF, com ministros argumentando, politicamente, ser insustentável decidir contra medidas adotadas pelo governo em vista de um possível colapso financeiro do Estado, e ministros argumentando, tecnicamente, ser necessário preservar os direitos dos cidadãos e contribuintes.

Na Adin 600 é o próprio ministro Marco Aurélio que define o que é um argumento político. Essa ação foi proposta pelo governador de Minas Gerais questionando lei complementar federal que disciplinou o ICMS em relação aos produtos destinados à exportação.[47] Segundo

---

[47] O conteúdo dos dispositivos questionados é o seguinte: "Art. 32. Não se exigirá a anulação de crédito relativo às entradas de mercadorias para utilização como matéria-prima, material secundário e material de embalagem, bem como relativo ao fornecimento de energia e aos serviços prestados por terceiros na fabricação e transporte de produtos industrializados destinados ao exterior. Parágrafo único. Para os efeitos deste artigo equipara-se à saída para o exterior a remessa, pelo respectivo fabricante, com o fim específico de exportação de produtos industrializados com destino a: I — empresa comercial exportadora inclusive *tradings* ou outro estabelecimento do fabricante; II — armazém alfandegado ou entreposto aduaneiro; III — outros estabelecimentos nos casos em que a lei estadual indicar". Na ementa da ação lemos a decisão da maioria do tribunal: "A Lei Complementar Federal n. 65, de 15 de setembro de 1991, quer sob o ângulo formal, quer o material não conflita com a Carta Política da República no que preserva o crédito alusivo ao imposto sobre circulação de mercadorias e serviços nas hipóteses que enumera". Votaram na maioria os ministros Octávio Gallotti, Moreira Alves, Néri da Silveira, Sydney Sanches, Sepúlveda Pertence, Celso de Mello, Marco Aurélio, Ilmar Galvão, Francisco Rezek e Maurício Corrêa.

Justiça, profissionalismo e política

Aurélio, "a importância desse processo é vital quanto ao interesse, em si, desta Nação, no estimulo às exportações. Todavia, esse argumento não é jurídico-constitucional, mas político" (Marco Aurélio, acórdão da Adin 600, 1995:38).

O segundo sentido político do voto pode ser visto, por exemplo, na argumentação do ministro Marco Aurélio na Adin 2.038. Nessa ação o Partido dos Trabalhadores (PT) questionou lei aprovada pela Assembleia Legislativa da Bahia, que autorizava o Poder Executivo a desestatizar a Empresa Baiana de Águas e Saneamento.[48] O partido apontava que houve, no caso, desrespeito ao devido processo legislativo, pois não teria sido ob-

---

O ministro Carlos Velloso votou na minoria, argumentando: "Tenho como relevante o fundamento da inicial. O *periculum in mora* está na significativa baixa na arrecadação do tributo, que implica, segundo informa o autor da ação, agravamento maior ainda às combalidas finanças dos Estados-membros. No que toca ao Estado de Minas Gerais, o seu Governador, autor da ação, deixa expresso que essa baixa na arrecadação poderá levar até à inviabilidade do Estado, que não terá dinheiro para fazer face nem aos serviços públicos essenciais, como saúde e educação. (Inicial, fls. 11/12). [...] Tratando-se de exportação de produtos semielaborados definidos em lei complementar, ou de produtos primários, não industrializados, haverá incidência (v. a ressalva inscrita na alínea a do inc. X do 22 do art. 155). Por isso, se houver cancelamento de créditos anteriores, terá havido violência ao princípio da não cumulatividade. [...] Convém lembrar que a regra do cancelamento ou anulação do crédito (art. 155, § 29, II, 'b'), tratando-se de produtos industrializados exportados, não é ofensiva ao princípio da não cumulatividade. Dizer, não há antinomia entre o disposto no art. 155, § 2 II, 'b' e o art. 155, § 2 I, conforme amplamente foi exposto, linhas atrás. [...] De todo o exposto, não tenho motivo para reconsiderar-me. Mantenho o entendimento que sustentei por ocasião do julgamento da cautelar, inclusive no que diz respeito ao parágrafo único do art. 3º da Lei Complementar n. 65, de 1991, consequência, aliás, da declaração de inconstitucionalidade do *caput* do art. 3º" (acórdão da Adin 600, 1995:24-37).
[48] O conteúdo da lei é o seguinte: "Art. 1º. Fica o Poder Executivo autorizado a promover alienação de até a totalidade das ações de que é detentor da Empresa Baiana de Águas e Saneamento S/A — Embasa, sociedade de economia mista criada pela Lei n. 2.929, de 29 de maio de 1971. Art. 2º. Para cumprimento do disposto no artigo anterior, o Poder Executivo regulamentará a presente Lei, adotando as providências necessárias para a avaliação da Embasa. Art. 3º. Fica o Poder Executivo autorizado a: I — destinar recursos oriundos da privatização da Embasa para capitalização do Fundo de Custeio da Previdência Social dos Servidores Públicos do Estado da Bahia — Funprev; II — transferir, ao Funprev, até a totalidade dos valores relativos às despesas incorridas pelo Estado com as aposentadorias de que trata o § 2º do art. 41 da Lei nº 7.249, de 08 de janeiro de 1998. Art. 4º. Esta Lei entrará em vigor na data de sua publicação. Art. 5º. Revogam-se as disposições em contrário, especialmente o inciso III do art. 45 da Lei nº 7.249, de 08 de janeiro de 1998. Palácio do Governo do Estado da Bahia, em 17 de junho de 1999".

servada "regra contida no Regimento Interno da Assembleia Legislativa do Estado da Bahia, segundo a qual os projetos versando sobre temas ligados à higiene e saúde comunitárias, bem como sobre a política de saneamento básico, devem passar pela Comissão de Saúde e Saneamento" (acórdão da Adin 2.038, 2000:3). A maioria do tribunal, ministros Carlos Velloso, Sydney Sanches, Octávio Gallotti, Sepúlveda Pertence, Ilmar Galvão e Maurício Corrêa, seguindo o voto do ministro Nelson Jobim, decidiu não conhecer da ação por se tratar de um procedimento *interna corporis*, não cabendo ao Supremo interferir.

> Ora, Sr. Presidente, isto é matéria estritamente de decisão interna da Casa. [...] Então, é claramente uma tramitação legislativa em que não vejo nenhuma lesão ao mecanismo. E mesmo que houvesse, foi ela decidida soberanamente pelo Presidente da Casa, tipicamente aplicando as normas regimentais, porque é matéria *interna corporis* [Nelson Jobim, acórdão da Adin 2.038, 2000:11].

Também Sepúlveda Pertence contrapôs-se ao voto de Marco Aurélio, afirmando não caber tão ampla atuação ao Supremo.

> Sr. Presidente, ao que entendi, a ação direta postula o reconhecimento da inconstitucionalidade formal de lei votada pela Assembleia Legislativa da Bahia, por falta de audiência de comissão técnica que, segundo o Regimento Interno da Casa, seria obrigatória. Creio que a tanto não podemos chegar no controle abstrato de constitucionalidade. Reconheço a coerência do Ministro Marco Aurélio, extremamente liberal, por exemplo, no examinar a ofensa de normas processuais para aferir da violação da garantia do *due process of law*. Ora, o Regimento Interno não passa de ser o código processual do Legislativo [Sepúlveda Pertence, acórdão da Adin 2.038, 2000:14].

O ministro Marco Aurélio, relator da ação, votou pelo deferimento do pedido, considerando a competência do STF para julgar a questão.

Inegavelmente, o processo legislativo tem como fundamento maior a própria Carta Política da República, no que envolvida atuação precípua, inerente a um dos Poderes. Na espécie dos autos, aprovou-se, é certo, projeto autorizando a privatização, a desestatização, de sociedade de economia mista. Este é um fato incontroverso. Entrementes, o alcance do tema extravasa a simples desestatização. Ao falar-se em Empresa de Águas e Saneamento, alude-se a matéria ligada à higiene e saúde comunitária, sendo certo que a alienação de ações da empresa resulta em mudança substancial de política de saneamento básico. Ora, incumbia, por isso mesmo, observar o devido processo legislativo, e isso não ocorreu, tendo em conta o menosprezo ao que previsto no inciso VIII do artigo 47 do próprio Regimento Interno da Assembleia. Deixou-se de ouvir a Comissão de Saúde e Saneamento. A justificativa apresentada não convence, ao menos neste primeiro exame [Marco Aurélio, acórdão da Adin 2.038, 2000:6].

O sentido técnico de votação, por sua vez, pode ser ilustrado pelo voto do ministro Paulo Brossard na Adin 157. Nessa ação o procurador-geral da República questionou artigo da Constituição do estado do Amazonas que determinava o número de membros do Tribunal de Justiça do Estado.[49] Sydney Sanches, Moreira Alves, Néri da Silveira, Paulo Brossard, Celso de Mello, Carlos Velloso e Ilmar Galvão compuseram a maioria, julgando a ação procedente em parte.

A jurisprudência do Supremo Tribunal Federal é uniforme no sentido de que as regras da Constituição Federal, que submeter certos assuntos à iniciativa legislativa de um dos Poderes do Estado, limitam materialmente tanto o Poder Constituinte quanto o poder de reforma constitucional das unidades federadas. Em vários precedentes, o Supremo Tribunal reputou inconstitucionais dispositivos das Constituições dos Estados, que tratavam especificamente da organização da Justiça Estadual, por contravirem regras

---

[49] O artigo questionado tem o seguinte conteúdo: "O Tribunal de Justiça, com sede na Capital e jurisdição em todo território do Estado, compõe-se de vinte e um desembargadores e com as atribuições que a lei de Organização e Divisão Judiciária do Estado estabelecer".

Ministros: restritivos *versus* ativistas

da Constituição Federal relativas à competência do Tribunal de Justiça para propor a alteração da organização judiciária. [...] À luz desses precedentes, não há como prevalecer o entendimento de que a matéria, no âmbito dos Estados-membros, estaria facultada ao Poder Constituinte e interdita ao Poder Constituído [Paulo Brossard, acórdão da Adin 157, 1995:19-23].

O ministro Sepúlveda Pertence, nessa mesma ação, expõe ponto de vista contrário, afirmando que com essa interpretação na linha do relator Brossard o tribunal está se prendendo a uma interpretação limitada da lei. Afirma o ministro: "A controvérsia que hoje enfrentamos é vetusta e se vem repetindo, praticamente, a cada um dos períodos de reconstitucionalização do País. [...] Por isso não visto a carapuça de me ter apegado à miopia de uma interpretação literal" (Pertence, acórdão da Adin 157, 1995:55). Ficaram vencidos com o ministro Pertence os ministros Marco Aurélio, Célio Borja e Octávio Gallotti, julgando a ação improcedente.

Assim como o voto dos ministros, as decisões do tribunal também podem ser pensadas como técnicas e políticas.[50] Mas observando nossa amostra é possível classificar como políticas apenas 6,5% das decisões do tribunal. Isso evidencia a importância que o profissionalismo tem para a atuação do Supremo, pois, como afirma Halliday (1999b), para transmutar o conhecimento técnico, a *expertise*, em autoridade moral, é preciso haver alguma uniformidade na ideologia e uma imparcialidade na argumentação, esquivando-se da politização.

Uma vez que o percentual de decisões políticas do STF é relativamente baixo, optamos por trabalhar com o voto individual dos ministros, mais especificamente nas ações decididas de forma não unânime — pelos motivos já explicitados de que nessas ações é possível perceber mais nitidamente as diferenças no posicionamento entre os ministros e também porque são estas as ações que mais apresentam votos com sentido político.

---

[50] Consideramos uma decisão técnica ou política quando todos os ministros fundamentaram seu voto com uma mesma orientação. Isso não quer dizer que a decisão tenha sido unânime, mas apenas que os votos majoritários seguiram a mesma orientação (técnica ou política) na fundamentação da decisão.

Procuramos perceber se os ministros do Supremo Tribunal Federal têm atuado no sentido de garantir a segurança jurídica, posicionando-se como "guardiões da Constituição" (atuação mais jurídica, que pode ser identificada como mais profissional), ou se têm adequado as regras e os preceitos constitucionais aos critérios da eficiência, da conveniência e da governabilidade (atuação que pode ser identificada como mais política).

Observamos também quais os fatores mais relevantes para a determinação da orientação do voto dos ministros. Uma advertência que se faz necessária aqui é a impossibilidade de levarmos em conta nessa análise a dimensão da postura ideológica do ministro, uma vez que construímos o perfil de atuação do ministro com base na orientação dos seus votos. Com isso, as variáveis não são independentes, embora o fato de o ministro ter um perfil de atuação ativista não implique necessariamente que toda a sua argumentação de voto tenha sido política, nem que perfil de atuação restritivo signifique que todos os votos tiveram argumentação técnica. Essa relação existe, mas ela não é inflexível, como podemos notar pelo voto do ministro Maurício Corrêa na Adin 1.116, citado anteriormente. Também o voto do ministro Paulo Brossard na Adin 157. Brossard é um ministro com perfil de atuação moderado, e nessa ação proferiu um voto técnico.

A orientação política do voto dos ministros nas decisões não unânimes

A partir da distribuição dos votos dos ministros nas Adins não unânimes podemos perceber que 57% dos votos proferidos nessas ações foram fundamentados com argumentos técnicos, o que indica que a atuação dos ministros foi em sua maior parte técnica.

Mas não podemos desprezar o percentual de votos políticos, que foi bastante elevado. Visto que uma orientação técnica é o que se espera de uma Corte, observaremos quando o comportamento não esperado, ou seja, político, ocorre. Nosso interesse é saber em que circunstâncias os votos políticos são mais comuns.

Ministros: restritivos *versus* ativistas

Comparamos, inicialmente, o sentido do voto com o fato de o ministro votar na maioria ou na minoria e verificamos que os votos políticos ocorreram preponderantemente na minoria. Os votos dissidentes tendem a ser significativamente mais políticos que os votos majoritários, o que indica um comportamento mais técnico por parte do tribunal.[51]

Gráfico 1
Orientação do voto dos ministros do STF nas Adins não unânimes entre outubro de 1988 e março de 2003

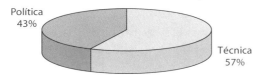

Tabela 1
Orientação do voto, de acordo com a posição em que o ministro votou

Orientação do voto	Voto do ministro		Total
	Maioria	Minoria	
Técnica	66,9%	28,8%	57,5%
Política	33,2%	70,2%	42,5%
Total	100,0%	100,0%	100,0%
(N)	(363)	(124)	(487)

Dada a impossibilidade de utilização da medida de ideologia dos ministros a partir do perfil de atuação, observamos a relação entre a orientação do voto do ministro e o presidente que o nomeou,[52] já que há uma expectativa de que a postura ideológica do ministro reflita, em maior ou menor medida, as posturas políticas e ideológicas de quem o indicou.

---

[51] Ver Anexo, tabela F, com o teste de qui-quadrado para o cruzamento *orientação do voto* (técnica × política) × *posição do ministro* (maioria × minoria), com o resultado indicando haver uma relação entre as variáveis.

[52] Ver Anexo, tabela G, com o teste de qui-quadrado para o cruzamento *orientação do voto* (técnica × política) × *presidente que nomeou ministro*, com o resultado indicando haver uma relação entre as variáveis.

Tabela 2
Orientação do voto, de acordo com o presidente que nomeou o ministro

Orientação do voto	Presidente que nomeou					Total
	Militar	Sarney	Collor	Itamar	FHC	
Técnica	67,4%	59,8%	43,3%	56,8%	50,0%	57,5%
Política	32,6%	40,2%	56,7%	43,2%	50,0%	42,5%
Total	100,0%	100,0%	100,0%	100,0%	100,0%	100,0%
(N)	(181)	(107)	(127)	(44)	(28)	487

Verificamos que a maior diferença encontra-se em relação aos ministros nomeados por presidentes militares. Esses ministros são os que mais tenderam a proferir votos técnicos, seguidos dos ministros nomeados pelo presidente Sarney. Os ministros nomeados por Fernando Henrique apresentam um equilíbrio quanto à orientação da votação.

Tabela 3
Orientação do voto, de acordo com a carreira antes de ingressar no tribunal

Orientação do voto	Carreira do ministro			Total
	Judiciário	Ministério Público	Política	
Técnica	56,8%	61,3%	55,8%	57,5%
Política	43,2%	38,7%	44,2%	42,5%
Total	100,0%	100,0%	100,0%	100,0%
(N)	(317)	(93)	(77)	(487)

Observamos ainda a relação existente entre a orientação do voto e a carreira do ministro, atentando para a carreira que o ministro seguiu predominantemente antes de ingressar no STF.

Notamos que os ministros vindos do Ministério Público foram os que mais proferiram votos técnicos, seguidos dos magistrados. A diferença, no entanto, é pequena e não é suficiente para caracterizar uma relação entre as variáveis.[53]

---

[53] Ver Anexo, tabela H, com o teste de qui-quadrado para o cruzamento *orientação do voto* (técnica × política) × *carreira do ministro*, com o resultado indicando não haver uma relação entre as variáveis.

Como os dados apresentados nos capítulos 3 e 4 indicaram que os ministros com experiência na política tendem a ser mais restritivos comparados aos ministros sem essa experiência, e que os ministros com passagem pelo Ministério Público tendem a ser mais ativistas que os ministros que não passaram pelo MP, comparamos esses dados com a orientação do voto.

Tabela 4

Orientação do voto, de acordo com a passagem do ministro pelo Ministério Público

Orientação do voto	Passagem pelo MP		Total
	Não	Sim	
Técnica	66,7%	50,4%	57,5%
Política	33,3%	49,6%	42,5%
Total	100,0%	100,0%	100,0%
(N)	(213)	(274)	(487)

Verificamos que os ministros que passaram pelo MP tendem a proferir mais votos políticos comparados aos ministros que não passaram pelo MP[54] e que os ministros com experiência na política tendem a proferir mais votos técnicos comparados aos ministros sem essa experiência.[55]

Tabela 5

Orientação do voto, de acordo com a experiência anterior do ministro na política

Orientação do voto	Experiência política		Total
	Não	Sim	
Técnica	54,4%	63,3%	57,5%
Política	45,6%	36,7%	42,5%
Total	100,0%	100,0%	100,0%
(N)	(318)	(169)	(487)

---

[54] Ver Anexo, tabela I, com o teste de qui-quadrado para o cruzamento *orientação do voto* (técnica × política) × *passagem pelo Ministério Público*, com o resultado indicando haver relação entre as variáveis.

[55] Ver Anexo, tabela J, com o teste de qui-quadrado para o cruzamento *orientação do voto* (técnica × política) × *experiência anterior na política,* com o resultado indicando haver relação entre as variáveis.

Justiça, profissionalismo e política

Para precisar e comparar o peso que cada um desses fatores tem na determinação da orientação política dos votos dos ministros, quando considerados conjuntamente, utilizamos a regressão logística binária. Formulamos a seguinte pergunta empírica: "Que fatores influenciam o ministro a votar em um sentido político?". Para responder a essa questão empregamos *sentido do voto* como variável-alvo, apresentando o valor (1) quando o sentido é político e (0) quando o sentido é técnico.

As variáveis independentes utilizadas para predizer o sentido político do voto são as mesmas utilizadas nos modelos estatísticos apresentados no capítulo 4. Lembrando que utilizamos o banco de dados com as decisões não unânimes, contendo 52 Adins e 487 casos.

Acreditamos que ministros com experiência internacional, com passagem pelo Ministério Público e com mais tempo na Corte tenham maiores chances de proferir votos com sentido político.

Ao contrário, ministros com carreira na magistratura, e também os com experiência anterior na política, tenham chances menores de proferir votos políticos, assim como ministros nomeados pelos governos militares. Construímos o seguinte modelo para testar essas relações:

Modelo 1
Sentido do voto = — experiência política + experiência internacional + permanência na Corte — carreira na magistratura — presidente que nomeou: militar + passagem pelo Ministério Público + autor da ação (categoria de referência: governos estaduais) + origem da ação (categoria de referência: governos estaduais) + objeto da lei (categoria de referência: administração pública) + governo decisão (categoria de referência: 1º governo FHC).

Os coeficientes da regressão indicam, como esperado, que o fato de o governo que nomeou o ministro ser militar exerce uma influência negativa nas chances do sentido político do voto: comparados aos ministros nomeados por civis, os ministros nomeados por militares proferiram tendencialmente menos votos políticos.

A experiência internacional também apresentou o resultado esperado, sendo as chances de proferir voto com sentido político maiores para os ministros que estudaram no exterior. Na linha de interpretação de Garth e Dezalay (2002b) podemos afirmar que o contato desses ministros com a *expertise* dominante os torna mais progressistas e mais "politizados".

A permanência do ministro na Corte exerce um efeito positivo sobre as chances de voto político: quanto maior o número de anos do ministro na Corte, maiores as chances de ele votar num sentido político.

Como vimos, os votos políticos são mais comuns na minoria do tribunal e também, de acordo com os dados apresentados no capítulo 4, o tempo de permanência na Corte influencia positivamente as chances de o ministro votar na minoria. Assim podemos explicar a influência do tempo na Corte seguindo o mesmo caminho do argumento do *freshman effect* (Synder, 1958; Howard Jr., 1968) utilizado para a Suprema Corte norte-americana. De acordo com esse argumento, há um período de assimilação dos novos juízes na Corte, fazendo com que esses novos juízes contenham e moderem a manifestação de suas preferências pessoais de início, com sua atuação girando em torno de posições mais "ao centro", harmonizando-se com as perspectivas da maioria do tribunal (Howard Jr., 1968:46-47).

Como esperado, notamos que os ministros com experiência anterior na política tendem a proferir menos votos políticos comparados aos que não tiveram essa experiência, confirmando ser a passagem anterior pela política uma característica inibidora de atuações políticas no tribunal. Já a passagem pelo Ministério Público perdeu sua significância para explicar o sentido político do voto quando comparada às outras variáveis do modelo.

No que se refere ao autor, os partidos políticos e as entidades de classe, comparados aos governos estaduais, influenciam negativamente as chances de os ministros proferirem votos políticos. Já quando o autor é OAB/AMB, a influência sobre as chances de voto político é positiva.

Quando a origem do diploma contestado é o governo federal, comparado aos governos estaduais, é menos provável que os ministros votem com uma orientação política.

Quanto ao objeto, as leis e os diplomas que tratam de questões econômico-tributárias ou questões ligadas à sociedade civil e mundo do trabalho, comparadas com leis que versam sobre a temática da adminis-

Justiça, profissionalismo e política

tração pública, aumentam as chances de voto político. Isso nos permite afirmar que as questões mais controversas são referentes a esses dois assuntos e também que as posturas e valores dos ministros se diferenciam mais em relação a esses assuntos.

Tabela 6
Regressão logística considerando como alvo a variável o sentido político do voto dos ministros

Variável	B	Exp(B)
Ministro é magistrado de carreira	,678	1,971
Governo que nomeou: militar	-2,317***	,099
Permanência na Corte (em anos)	,183**	1,201
Ministro tem experiência na política	-,803**	,448
Ministro tem experiência internacional	1,324**	3,757
Ministro tem passagem pelo Ministério Público	,293	1,340
Autor: procurador-geral	-,318	,728
Autor: partido político	-1,244*	,288
Autor: entidade de classe	-,803*	,448
Autor: OAB/AMB	2,858***	17,429
Origem da lei: governo federal	-2,693***	,068
Origem da lei: Judiciário	,693	2,000
Objeto da lei: questão político-partidária	14,411	1813088,408
Objeto da lei: questão econômico-tributária	5,147***	171,919
Objeto da lei: regulação sociedade e mundo do trabalho	1,547**	4,700
Governo decisão: Sarney	-10,860	,000
Governo decisão: Collor	,872**	2,392
Governo decisão: Itamar	1,443**	4,232
Governo decisão: Fernando Henrique (2º mandato)	-3,018***	,049
Governo decisão: Lula	1,316	3,729
Constante	**-2,352***	**,095**

Nível de confiança: *90%, **95%, ***99%.

Os votos proferidos durante os governos Collor e Itamar foram tendencialmente mais políticos comparados aos votos proferidos no primeiro governo Fernando Henrique. Isso se explica devido às inúmeras polêmicas que foram decididas durante esses governos, envolvendo a legitimidade de o Supremo decidir sobre questões tidas como essencialmente políticas, ligadas sobretudo à crise política instaurada que culminou com o *impeachment* do presidente Fernando Collor de Mello. Também questões geradas pelos planos

Ministros: restritivos *versus* ativistas

econômicos desses governos suscitaram ações que envolveram acalorados debates no tribunal, ocasionando a manifestação de diversos votos políticos.

Já no segundo governo do presidente Fernando Henrique, comparado ao primeiro, os ministros tenderam a proferir menos votos políticos.

O teste dos coeficientes do modelo permite rejeitar a hipótese nula, e esse modelo explica 64% da variação e acerta em 85% dos casos, indicando uma boa performance.

Tabela 6.1
Teste dos coeficientes do modelo (*Omnibus test*)

	Qui-quadrado	df	Sig.
Step	317,567	20	,000
Block	317,567	20	,000
Model	317,567	20	,000

Tabela 6.2
Medidas resumo do modelo

Medida	Valor
-2 Log likelihood	346,575
Cox & Snell R^2	,479
Nagelkerke R^2	,644

Tabela 6.3
Classificação do modelo

	Predito		Percentual correto
	Direção do voto		
Observado	Técnico	Político	
Direção do voto — Técnico	256	24	91,4
Político	47	160	77,3
Percentual total			85,4

Restritivos *versus* ativistas

Vieira (2002:229) afirma que três critérios deveriam caracterizar o processo de decisão judicial: 1) a observação da normatividade; 2) a obediência ao devido processo legal; e 3) a manutenção da imparcialidade do juiz, sendo a decisão "decorrência mais correta, mais bem justificada, desse procedimento que busca a realização da justiça". Por isso, o autor compartilha com Dworkin a ideia de que uma Corte deve decidir em maior conformidade com uma ética de princípios do que com uma ética de resultados. Mas em sua análise da atuação do Supremo, detecta certa ambiguidade, na medida em que verifica a adoção de diferentes critérios para a tomada de decisões.

> Nesse aspecto, o que se pode constatar pelas decisões analisadas é o fato de que em algumas circunstâncias ministros do Supremo deram mais peso a critérios como eficiência, utilidade, conveniência, oportunidade, segurança ou governabilidade do que à própria normatividade, agindo, assim, de forma mais *consequencialista* do que *principista*. Aproximando-se, nessa medida, da forma predominante de ação dos órgãos governativos. [...] Esse posicionamento, porém, não tem sido a regra. Mais do que isso, não é o que predomina entre todos os ministros do Tribunal. Há juízes mais *consequencialistas*, outros mais *principistas*. Portanto, há juízes mais propensos a atender à demanda da integridade do sistema político ou da governabilidade, outros mais propensos em reafirmar a posição de defensores intransigentes do texto constitucional [Vieira, 2002:231-232].

Assim, segundo o autor, haveria certa polarização no tribunal entre ministros mais e menos conservadores (Vieira, 2002:232). Os ministros que atuam como defensores da Constituição seriam mais conservadores e os que defendem argumentos de adequação da Constituição às circunstâncias econômicas, sociais e políticas do país seriam menos conservadores.

Como constatado em estudo anterior (Oliveira, 2011), os ministros com carreira na magistratura apresentam um discurso tendencialmente mais conservador em relação aos que não são magistrados de carreira. Visto que os dados trabalhados aqui demonstraram haver uma associação entre carreira e comportamento judicial, esperávamos que quando os ministros tivessem carreira na magistratura haveria uma tendência maior a votar de acordo com a Constituição, seguindo o princípio da normatividade. Em consequência, essas decisões seriam mais conservadoras, ou restritivas, o que indicaria uma atuação mais técnico-jurídica por parte do tribunal. Mas a análise das Adins e o exame do voto dos ministros demonstraram que essa relação existe, mas não é tão rígida, não sendo os ministros com carreira na magistratura necessariamente os mais restritivos e técnicos. Como vimos, a carreira na magistratura perdeu a significância quando comparada a outras variáveis na determinação do sentido político do voto.

Analisando essas Adins qualitativamente, notamos que, quando se trata de discutir os poderes que o STF teria para decidir questões políticas, existe uma tendência entre os ministros com carreira na magistratura, e no Ministério Público, de defenderem posições mais extensivas. Mas se o assunto em pauta é a limitação dos poderes do tribunal para atuar em questões menos controversas, consideradas mais "técnicas", a tendência é haver certo consenso, com os ministros procurando afirmar o lugar de importância que o Supremo ocupa enquanto cúpula de um dos poderes do Estado.

É preciso lembrar que a análise estatística (apresentada no capítulo 4) indicou que os fatores internos tendem a exercer maior influência na determinação do voto, ou seja, os ministros tendem a votar mais de acordo com seus valores, os quais não são construídos apenas com base na trajetória de carreira dos ministros, havendo outros fatores a serem levados em conta, como ficou evidente na análise de agrupamento e também nos cinco modelos estatísticos. Assim, é necessário considerarmos que os ministros tendem a votar em conjunto com os que se aproximam mais de seus valores, posturas e opiniões. Mesmo os assuntos em que existe certo acordo entre os ministros sobre a postura que o tribunal deve adotar são passíveis de gerar algumas discussões em que esses agrupamentos se revelam, ficando as opiniões dos ministros mais manifestas.

Um exemplo disso é a Adin 234, em que o governador do Rio de Janeiro questionou artigos da Constituição do estado que regulamentavam a privatização de empresas públicas ou de economia mista, impondo a necessidade de aprovação prévia da Assembleia Legislativa.[56] Essa ação foi julgada procedente, em parte, pela maioria do tribunal (ministros Sepúlveda Pertence, Moreira Alves, Néri da Silveira, Sydney Sanches, Octávio Gallotti, Celso de Mello, Ilmar Galvão e Francisco Rezek), ficando vencidos os ministros Maurício Corrêa e Marco Aurélio, que a consideravam procedente no todo.

SILVEIRA: De todo o exposto, julgo procedente, em parte, a ação direta de inconstitucionalidade, para declarar inconstitucionais o parágrafo único do art. 69 e o inciso XXXIII do art. 99, ambos da Constituição do Estado do Rio de Janeiro, bem assim para declarar parcialmente inconstitucional o art. 69, *caput*, da mesma Constituição, quanto a todas as interpretações que não sejam a de considerar exigível a autorização legislativa somente quando a alienação de ações do Estado em sociedade de economia mista implique a perda de seu controle acionário. [...] CORRÊA: Senhor Presidente, não posso deixar de aduzir algum ingrediente político do que penso ocorrer em torno dessa questão, evidentemente, a meu ver, com anotações de natureza jurídica, tendo em vista o contexto das mutações na ordem social e econômica do mundo e, agora, particularmente, do Brasil. O Brasil e o mundo vivem transformações transcendentais nos dias de hoje, precipuamente no campo da ordem econômica. O Congresso Nacional — falta apenas o Senado completar a votação — já quebrou o monopólio das telecomunicações, e também em primeira votação a Câmara está desconstituindo o monopólio da Petrobras, fatos inteiramente inadmissíveis, inclusive para o meu gosto, mas que traduzem realidades concretas dessas mudanças. A própria empresa nacional que se coloca privilegiadamente no

---

[56] Este é o conteúdo dos artigos impugnados: "Art. 69. As ações de sociedade de economia mista pertencentes ao Estado não poderão ser alienadas a qualquer título, sem autorização legislativa. Parágrafo único. Sem prejuízo do disposto neste artigo, as ações com direito a voto das sociedades de economia mista só poderão ser alienadas, desde que mantido o controle acionário representado por 51% das ações. [...] Art. 99. Compete privativamente à Assembleia Legislativa: [...] XXXIII — autorizar a criação, fusão ou extinção de empresas públicas ou de economia mista bem como o controle acionário de empresas particulares pelo Estado".

que diz respeito ao capital externo, o Congresso o está revendo, o que há pouco tempo seria heresia. Com as mudanças ocorridas no mundo após a derrubada do muro de Berlim, da flexibilização das economias socialistas, o desmantelamento da antiga União Soviética e de todos os seus antigos Estados-satélites, com os seus dogmas e doutrinas. Tudo se encaminha para esta direção. [...] No âmago dessa renovação que ocorre no mundo, como pensar que o Governador do Estado do Rio de Janeiro se veja manietado, cercado, preso, a um mecanismo constitucional inteiramente obsoleto, arcaico, irreal, e que, por tais circunstâncias, se prostre inerme para pôr em licitação empresas inteiramente deficitárias, mal administradas, onerosas, verdadeiros cabides de emprego, com salários às vezes desconformes ao que ele mesmo é compelido a pagar aos funcionários da administração direta, sem ter condições de melhorá-los? Por acaso a supressão dessa exigência constitucional do Estado, iria desfigurar o Legislativo? Creio que não, máxima diante dos mecanismos de controle que se exerce sobre o Executivo, pela própria Assembleia Legislativa, pela utilização das leis que regem matéria e pelo próprio Tribunal de Contas do Estado. [...] AURÉLIO: Senhor Presidente, de acordo com o texto do artigo 69 em comento, temos inviabilizada, por iniciativa do chefe do Poder Executivo, contando-se apenas com essa iniciativa, a privatização. A tanto equivale submeter a alienação das ações das sociedades de economia mista à autorização, em si, da Assembleia, do Poder Legislativo. SILVEIRA: V. Exa. me permite um aparte? Tudo o que foi dito em meu voto não conduz a essa conclusão, tanto que examinei a Lei de privatização no âmbito federal. Afirmei que considero indispensável aos interesses superiores da Nação que a privatização se faça sob controle legislativo, isto é, que haja ao menos uma lei de regência das privatizações. A privatização de qualquer entidade não pode ficar ao sabor de definição simplesmente administrativa. No âmbito federal, as privatizações fazem-se, segundo a lei de regência das privatizações que é a Lei 3.071. Então, há uma lei geral que define quais são as formas, como são feitas e quais são os caminhos e serem seguidos. A Administração não procede discricionariamente. [...] PERTENCE: Acompanho o eminente Relator com a interpretação conforme proposta. Desejo fundamentar brevemente o meu voto, porque

Justiça, profissionalismo e política

creio que o problema é de relevo extraordinário, no momento vivido pelo País [acórdão da Adin 234, 1995:24-34].

Nessa discussão podemos perceber posicionamentos mais técnicos, como o do ministro Néri da Silveira, e menos técnicos, num sentido mais progressista, como os dos ministros Marco Aurélio e Maurício Corrêa. Em ambos os lados, os ministros reconhecem a importância do momento vivido pelo país e concordam com a necessidade da privatização, mas discordam quanto à forma como ela deve se dar, como ela deve ser regulamentada.

Outro exemplo são as Adins 252 e 384, julgadas em conjunto. A primeira delas foi proposta pelo procurador-geral da República e a segunda pela Associação Nacional para Difusão de Adubos e Corretivos Agrícolas (Anda), ambas questionando o governador e a Assembleia Legislativa do Paraná sobre lei que condicionava a produção, a distribuição e a comercialização de fertilizantes à aprovação da Secretaria do Estado da Agricultura. Os autores alegaram invasão de competência entre estados e União. Embora os ministros compartilhem a posição de que o tribunal deve manter uma uniformidade na interpretação, contribuindo para a segurança jurídica e evitando, com isso, que inúmeros julgamentos se repitam em torno de uma mesma questão, o "grau" de conservadorismo dos ministros os coloca em lados diferentes.

A ação não foi conhecida pela maioria do tribunal, com os ministros Sanches, Gallotti, Galvão, Corrêa e Jobim aderindo ao voto do relator, Moreira Alves, sob a alegação de que não caberia ação direta de inconstitucionalidade para se examinar a ocorrência ou não de invasão de competência nesse caso, porque para a tal análise haveria necessidade de confronto entre leis infraconstitucionais, não se verificando, assim, ofensa direta à Constituição. Alves usou como precedente a Adin 1.540.

Os ministros dissidentes foram Pertence, Velloso, Silveira e Marco Aurélio, os quatro ministros defendendo a possibilidade de uma atuação mais ampla do tribunal, justamente para evitar no futuro inúmeros processos sobre a mesma temática.

Ministros: restritivos *versus* ativistas

Penso que a ação direta de inconstitucionalidade foi criada, além de outras razões, com o grande objetivo de o Supremo Tribunal Federal estabelecer a uniformização. Antes, referia-se a todo o sistema federal, mas, agora, a guarda da Constituição. Então, à medida que a Corte puder, desde logo, definir se uma determinada lei do Estado é inconstitucional ou não, feita essa definição, estaremos inviabilizando ou evitando que se ajuízem, no foro estadual, dezenas e, às vezes, centenas de ações decorrentes, exatamente nesses casos de fiscalização, das autuações que os órgãos do Governo Estadual farão, relativamente às empresas, a particulares e a todo esse sistema de produção e de aplicação de fertilizantes. [...] Creio que a missão mais nobre da Corte é, exatamente, realizar esse trabalho. Vamos deixar para que tudo isso venha, depois, em recursos extraordinários que se multiplicarão pelos Estados? Lembro-me, no regime anterior, como foi útil um trabalhoso julgamento que tivemos, relativamente às leis do Estado do Rio Grande do Sul, que foram as primeiras a chegarem e foram impugnadas. Depois, resolvemos, com relativa facilidade, adotando os princípios que tinham sido acolhidos, no primeiro julgamento, às impugnações das leis — versando essa mesma matéria — dos Estados do Paraná, de Pernambuco e de outras Unidades da Federação, então submetidas ao Supremo Tribunal Federal [Néri da Silveira, acórdão das Adins 252 e 384, 1997:16-18].

Nessa ação se estabelece um debate entre Alves e Velloso sobre a relevância de o tribunal decidir a questão, ficando nítida a diferença de posições entre esses ministros. Enquanto Alves defende um argumento extremamente técnico, numa postura conservadora, de que é impossível atuar nesse caso dada a necessidade de confronto entre leis infraconstitucionais, Velloso assume uma posição mais aberta e progressista, afirmando que

não conhecendo desta ação, estaríamos, justamente, abdicando de uma competência num ponto dos mais importantes da Constituição, que diz respeito ao pacto federativo, quanto à repartição de competências entre as entidades políticas. O Tribunal não deve decidir essa questão em caráter

Justiça, profissionalismo e política

definitivo, porque esta é uma das mais importantes no controle abstrato, no controle concentrado [Velloso, acórdão das Adins 252 e 384, 1997:25].

Esta última colocação, de que a decisão não deve ser tomada em caráter definitivo, ou seja, de que não se deve considerá-la enquanto precedente, revela uma postura de cautela por parte do ministro, no sentido de que seja possível ao tribunal rever sua posição futuramente, assim como a postura do alargamento do papel político do tribunal.

A posição do ministro Marco Aurélio é ainda mais extensiva, colocando que o

pragmatismo é aconselhável, tanto quanto possível, para se resolver esse problema de forma abstrata, linear, alargada, não aguardando os processos que poderão, no controle difuso de constitucionalidade, surgir em decorrência de controvérsias sobre a invasão da competência assegurada constitucionalmente à União [Marco Aurélio, acórdão das Adins 252 e 384, 1997:14-15].

O ministro tem uma postura extensiva também quanto à legitimidade conferida às associações e demais entidades de classe para a proposição da ação direta de inconstitucionalidade. Esse comportamento se evidencia, por exemplo, na decisão da Adin 164. Essa ação foi ajuizada pela Confederação Nacional das Instituições Financeiras e pela Federação Nacional dos Bancos contra normas editadas para reger o Finsocial. Marco Aurélio[57] reconheceu a legitimidade da Confederação Nacional

---

[57] Assim o ministro Marco Aurélio argumentou: "Senhor Presidente, venho meditando sobre esta matéria, considerando, inclusive, os votos proferidos pelo Ministro Sepúlveda Pertence, e formei convencimento no sentido de conferir ao artigo 103 da Constituição Federal, principalmente ao último dos incisos nele contidos, uma eficácia maior, a ponto de distinguir a hipótese em que temos, realmente, a apresentação da ação direta de inconstitucionalidade por uma entidade sindical no primeiro caso, da outra em que uma associação de classe de âmbito nacional requer a declaração de inconstitucionalidade. Penso que no inciso IX do artigo 103, ao conferir-se legitimação às entidades de classe de âmbito nacional, teve-se em vista a representatividade. No caso, se esta representatividade é alargada, apanhando várias classes, nem por isso a associação, em si, perde a legitimidade para propositura da ação direta de inconstitucionalidade. Seria uma contradição admiti-lo. Peço vênia ao nobre Relator, reconhecendo, no entanto, que há precedentes em sentido

das Instituições Financeiras, seguido pelos ministros Sepúlveda Pertence e Paulo Brossard, contra a maioria do tribunal, composta pelos ministros Octávio Gallotti, Moreira Alves, Néri da Silveira, Sydney Sanches, Celso de Mello, Carlos Velloso e Ilmar Galvão, que não conheceram da ação por falta de legitimidade das autoras.

Como ficou demonstrado pela análise de agrupamento, Marco Aurélio é o que mais se distancia do comportamento dos outros ministros. Na decisão do mérito da Adin 600 (já citada no início deste capítulo), por exemplo, embora acompanhe a maioria, o ministro deixa claro que ao julgarem lei de manutenção de crédito do ICMS para as exportações, não reconhecendo a queixa do estado de Minas Gerais — que se sentia prejudicado pela lei —, estavam, na verdade, levando em conta os interesses da nação no estímulo das exportações, reconhecendo esse argumento como político: "A tese jurídica versada em meu voto alicerça-se na premissa de que o diploma atacado previu — como competia-lhe fazer, porque há autorização constitucional — hipóteses de manutenção de crédito". Ele conclui seu voto afirmando que "o problema é muito sério, principalmente quando se procura equilibrar a balança comercial" (Marco Aurélio, acórdão da Adin 600, 1995:38).

Mas é importante ressaltar que, mesmo sendo mais "politizado" que a média dos ministros do tribunal, o fato de ser um juiz de carreira fica evidente em algumas posturas adotadas por Marco Aurélio, como no julgamento da Adin 830 (já citada). No julgamento dessa ação, considerada improcedente pela maioria do tribunal,[58] o ministro Celso de Mello, retomando o parecer da Procuradoria-Geral, afirmou que "as prescrições que compõem o ADCT têm natureza constitucional, como as do texto permanente, podendo ser emendadas pelo mesmo processo estabelecido para estas". E acrescentou:

---

contrário, para concluir pela legitimação da Associação requerente, não o fazendo quanto à Federação, posto que veio a juízo como entidade sindical e, em tal campo, na Carta apenas cogita-se das Federações" (Marco Aurélio, acórdão da Adin 164, 1993:15-16).

[58] Votaram na maioria os ministros Sydney Sanches, Moreira Alves, Néri da Silveira, Octávio Gallotti, Paulo Brossard, Celso de Mello, Ilmar Galvão e Francisco Rezek. Na minoria, Marco Aurélio, Sepúlveda Pertence e Carlos Velloso.

Justiça, profissionalismo e política

É importante assinalar, por isso mesmo, que a rigidez dos preceitos constitucionais não significa a perpetuidade das Constituições, que são documentos jurídicos essencialmente mutáveis, em função, até mesmo, de novas exigências políticas, econômicas, culturais ou éticas, ditadas pela própria complexidade, conveniência ou necessidade da vida social. [...] A simples alteração da data que foi originariamente fixada para a realização da consulta plebiscitária, por representar um dado meramente secundário, destituído de maior relevo jurídico na definição do alcance do poder de reforma constitucional outorgado ao Congresso, não importou em transgressão a qualquer dos parâmetros que subordinam o válido exercício da atividade constituinte derivada [Celso de Mello, acórdão da Adin 830, 1992:56-60].

O voto do ministro Paulo Brossard vai nesse mesmo sentido, de chamar a atenção para a necessidade da mutabilidade das constituições para acompanhar a mutabilidade do mundo:

Inspirou-se em motivos não jurídicos, em motivos de natureza política, ou seja, de utilidade, de oportunidade, de conveniência, com os quais o Poder Judiciário não trabalha, porque trabalha, sim, com critérios de natureza jurídica [...] Nesta matéria é preciso haver um pouco de modéstia para não pretender transformar um legislador, o constituinte do ano tal, como dotado de poderes mais ou menos sobre-humanos, porque capaz de imobilizar o poder da sociedade, o poder da Nação, que, no curso dos anos e na sucessão das gerações, pode ter concepções e interesses profundamente distintos daqueles que eram dominantes quando a lei tal ou qual tivesse sido elaborada. Afinal de contas, são leis humanas e se trata de instituições humanas. De modo, Senhor Presidente, que não desprezo o que se dispõe na Constituição, no art. 60, § 42, mas também não o recebo como artigo de fé, como dogma. Vejo como medida de caráter político, de utilidade social, de conveniência nacional, mas cuja durabilidade e cuja resistência — agora se diz "pétrea" — é relativa. Tem sua utilidade, concorre para que a Constituição tenha certa estabilidade e que a sua alteração seja mais meditada, e melhor estudada, mas acho que não se pode, por mais sábia que

Ministros: restritivos *versus* ativistas

tenha sido esta ou aquela assembleia constituinte, não se pode, em termos absolutos, reconhecer-lhe o poder de dizer que, para sempre, tais ou quais assuntos sejam intocáveis, até porque as condições do mundo mudam, e mudam profundamente. Com a vênia devida, curvo-me diante das preocupações do legislador constituinte, mas confesso que guardo, do fundo do meu pensamento, um laivo de cepticismo quanto à sua real eficácia, ao efetivo caráter vinculativo que tenham ou possam ter esses preceitos [Paulo Brossard, acórdão da Adin 830, 1993:75-77].

Marco Aurélio defende visão diferente, afirmando ser essa alteração de data um ato quase tirânico:

Admitir-se a possibilidade de emenda não à Constituição, mas ao Ato das Disposições Constitucionais Transitórias equivale a reconhecer aos Congressistas o Poder Constituinte Originário que os legisladores de 1988 tiveram, retornando-se a fase legislativa-constitucional de há muito suplantada. Implica substituição indevida, quer sob o ângulo temporal, quer sob o do credenciamento, quer sob o factual. [...] Tais definições passarão, no que não exauridos os efeitos normativos próprios, a estar ao sabor de conveniências diversas daquelas notadas pelos que enfeixaram o Poder Constituinte de 1988, decorrendo daí a própria descaracterização das normas. [...] Presidente, a sociedade como um todo vinha aguardando um fato previsto para acontecer em época certa e o foi de forma definitiva e, por instituição que assim poderia fazê-lo. Viu-se surpreendida por efeito de prática que reputo de conteúdo único — o político — e convocada para pronunciar-se mais cedo. Em questão está um princípio que não pode ser mitigado diante da extensão limitada que se dê ao ato atacado — para alguns mera alteração de data, para outros precipitação de fatos de real valia que são os definidores da forma (república ou monarquia constitucional) e do sistema de governo (parlamentarismo ou presidencialismo) [Marco Aurélio, acórdão da Adin 830, 1992:33-39].

Embora Marco Aurélio seja considerado o juiz mais político pela mídia, a partir da posição do ministro nesse e em outros julgamentos

Justiça, profissionalismo e política

percebe-se que ele aceita e defende argumentos mais "políticos" e menos técnicos quando essa "política" não esteja diretamente ligada aos interesses partidários e governamentais imediatos, afetando a questão da segurança jurídica. Isso revela sintonia com os valores profissionais.

O argumento que o ministro defende na Adin 939[59] vai nesse mesmo sentido, enfatizando valores como o da segurança jurídica. A ação foi promovida pela Confederação Nacional dos Trabalhadores no Comércio (CNTC), contra a instituição do IPMF por emenda constitucional, sob a alegação da violação dos princípios da anterioridade e da imunidade tributária recíproca. O ministro afirmou em seu voto não poder o tribunal basear suas decisões nas necessidades do governo:

> Indago-me: por que a União desprezou o teor do artigo 154, inciso 1, da Constituição Federal e, ao invés de utilizar-se do meio adequado nele inserto para a criação de um novo imposto, lançou mão de emenda constitucional? A resposta é, desenganadamente, a tentativa de burlar as garantias constitucionais vigentes, drible que não pode prosperar, porquanto o inciso IV do § 42 do artigo 60 é categórico no que veda a tramitação de proposta de emenda tendente a abolir os direitos e garantias individuais. [...] Peço vênia àqueles que me antecederam para julgar procedente esta ação direta de inconstitucionalidade como um todo. Tenho que o Imposto Provisório sobre Movimentação Financeira, num exame desassombrado, não subsiste. Ao Judiciário não compete como que colaborar, objetivando acerto de caixa a ser feito no âmbito do Executivo; ao Judiciário cabe, acima de tudo, sem recear críticas, até mesmo exacerbadas, a preservação da ordem jurídica. Sob a minha óptica, com o devido respeito aos meus pares, esta ficará seriamente comprometida, caso se conclua pela inconstitucionalidade apenas parcial da Emenda n. 03/93 e, também, da Lei Complementar n. 77, que acabou por disciplinar o Imposto Provisório sobre Movimentação Financeira [Marco Aurélio, acórdão da Adin 939, 1993:102-105].

---

[59] Essa ação foi considerada unânime para fins de análise, tendo sido julgada procedente, em parte, pela maioria do tribunal, ficando vencido o ministro Marco Aurélio, que a julgava procedente no todo.

Outra ação na qual o ministro Marco Aurélio afirmou não ser possível levar em consideração os interesses de caixa do governo foi a Adin 1.103.[60] A Confederação Nacional da Indústria (CNI) entrou com essa ação contestando lei federal que alterava o cálculo da contribuição devida à seguridade social por empregador dedicado à produção agroindustrial. Em seu voto, Marco Aurélio afirmou que não se pode potencializar o problema do custeio da Previdência Social com questões alusivas ao caixa do governo, a ponto de colocar em plano secundário limitações constitucionais. Já o ministro Ilmar Galvão entendeu ter a lei o legítimo propósito de ampliar a receita da Seguridade Social, dada a necessidade de equilíbrio de seu custeio nas contas do governo.

Embora defenda com afinco uma visão expansiva da atuação do tribunal, na Adin 1.618 o ministro demonstrou uma visão mais restritiva. Nessa ação o procurador-geral da República questionou resolução do Tribunal de Justiça do Distrito Federal e dos Territórios, que reduziu a alíquota de contribuição previdenciária dos servidores e juízes. Houve preliminar de carência da ação, proposta pelo ministro Marco Aurélio, que foi rejeitada pelo tribunal. A ação foi julgada procedente pelo plenário do tribunal, considerando-se que houve usurpação de competência do legislador federal.

> Na matéria de fundo, acompanho o relator. Permito-me, porém, insistir um pouco mais quanto ao aspecto ligado à natureza do ato. A deliberação do Tribunal de Justiça foi em processo administrativo. Não atuou a Corte normativamente; não lançou, no mundo jurídico normativo, um diploma, de modo a usurpar a competência, no caso, do Congresso Nacional. Nessa parte, o Tribunal tem admitido a ação direta de inconstitucionalidade com flexibilidade maior, no que fico vencido [Marco Aurélio, acórdão da Adin 1.618, 2002:10].

---

[60] Nessa ação os ministros Sepúlveda Pertence, Moreira Alves, Sydney Sanches, Celso de Mello, Carlos Velloso, Marco Aurélio, Francisco Rezek e Maurício Corrêa compuseram a maioria, votando no sentido da procedência parcial da ação. Ficaram vencidos os ministros Néri da Silveira, Octávio Gallotti e Ilmar Galvão, que julgaram a ação improcedente.

Um aspecto importante para a análise é o fato de o STF deliberar publicamente, como lembrado por Vieira (2002). Com isso, nos julgamentos é possível perceber mais claramente as divergências entre os ministros. Os que mais estiveram envolvidos em debates acalorados foram Moreira Alves, Carlos Velloso, Sepúlveda Pertence e Marco Aurélio.

Como afirma Bourdieu (1990), a decisão judicial é um ato de nomeação, exercido por juízes que têm competências técnicas e sociais desiguais. Isso se manifesta com frequência nos julgamentos, com os ministros disputando, sutilmente, a hierarquia dessas competências.

Um exemplo é a Adin 613, em que o procurador-geral da República questiona lei federal que vedou o saque do saldo da conta vinculada ao Fundo de Garantia do Tempo de Serviço (FGTS) dos servidores públicos da União, pela conversão do regime celetista no regime jurídico único estatutário. O autor alegou ofensa a dois preceitos constitucionais: o do direito adquirido (art. 52, XXXVI), e a instituição de empréstimo compulsório (art. 148).[61] Nessa ação, Moreira Alves, decano do tribunal, polemiza com Velloso num tom de sagacidade e tênue ironia:

ALVES: Presidente, ao contrário do que se chegou a dizer nesta discussão, é possível que se ataque, em ação direta de inconstitucionalidade, uma norma sob a alegação de que ela ofende o direito adquirido. Isso ocorre quando a própria norma expressamente determina a aplicação do novo princípio que ela contém a situações passadas já protegidas pelo direito adquirido. Nesse caso, é do exame da própria norma impugnada que se verifica a ocorrência de violação ao princípio constitucional do respeito ao direito adquirido. Não

---

[61] O artigo questionado é o seguinte: "Art. 6 O saldo da conta vinculada ao Fundo de Garantia do Tempo de Serviço — FGTS, do servidor a que se aplique o regime da Lei n. 8112, de 1990, poderá ser sacado nas hipóteses previstas nos incisos III a VII do artigo 20 da Lei n. 8.036, de 11 de maio de 1990. § 1 É vedado o saque pela conversão de regime". Na ementa da ação lemos que, por maioria de votos, o tribunal não conheceu da ação, no ponto da alegação de ofensa ao princípio do direito adquirido, vencidos os ministros Ilmar Galvão, Marco Aurélio, Carlos Velloso, Paulo Brossard e Néri da Silveira, que dela conheciam. No mais, o tribunal, por votação unânime, conheceu da ação quanto à alegação de violação ao art. 148 da Constituição Federal e, por maioria de votos, julgou-a improcedente, vencido o ministro Marco Aurélio, que a julgava procedente.

é o que ocorre no caso presente, como resultou manifesto do debate, em que, em última análise, o eminente Ministro Carlos Velloso cancelou uma súmula do Tribunal Federal de Recursos. VELLOSO: Peço a V. Exa. que entenda que a Súmula do TFR não vincula o STF. ALVES: V. Exa., ao que me parece, disse que a súmula estava errada. VELLOSO: Absolutamente, não disse isso [acórdão da Adin 613, 1993:44].

O tempo de permanência no tribunal, que denotaria a experiência do ministro, é um dos aspectos mais valorizados e respeitados.

Outro exemplo é a Adin 1.851, em que a Confederação Nacional do Comércio (CNC) argui de inconstitucionalidade o convênio celebrado entre os estados, em relação à restituição ou cobrança complementar do ICMS.[62] Por maioria de votos a ação foi julgada improcedente, com os ministros Alves, Sanches, Pertence, Gallotti, Corrêa e Ellen Gracie aderindo ao voto do relator Ilmar Galvão, que afirmava tratar-se de convênio que objetivou evitar a guerra fiscal entre os estados. Os ministros Carlos Velloso, Celso de Mello e Marco Aurélio ficaram vencidos, considerando o convênio inconstitucional.

Nesse julgamento ocorreram três embates. O primeiro, transcrito abaixo, entre os ministros Pertence e Velloso:

PERTENCE: Falou-se muito, aqui, na máxima eficácia dos dispositivos constitucionais, mas que é regra hermenêutica de mão dupla. A Emenda Constitucional 03/93, de que resultou o § 7º do art. 150, veio para dar ao fisco um mecanismo eficaz para determinado tipo de circulação econômica e fez a ressalva. Agora, se esta ressalva é interpretada de modo a inviabilizar o instrumento fiscal que se autorizou, a meu ver, o que se está é negando a efetividade no sentido principal. VELLOSO: Data vênia, isso é uma ques-

---

[62] A autora da ação questionou a seguinte cláusula do convênio: "Convênio ICMS 13, de 21 de março de 1997. Cláusula segunda — Não caberá a restituição ou a cobrança complementar do ICMS quando a operação ou prestação subsequente à cobrança do imposto, sob a modalidade da substituição tributária, se realizar com valor inferior ou superior àquele estabelecido com base no artigo 8º da Lei Complementar 87, de 13 de setembro de 1996".

tão da responsabilidade da fiscalização, vale dizer, do Fisco. PERTENCE: Excelência, mas se essa fiscalização pudesse ser feita com perfeição, não haveria razão para o instituto da substituição tributária. VELLOSO: Esse argumento não faz justiça à cultura de V. Exa. PERTENCE: Muito obrigado. Apesar da eloquência de V. Exa., que hoje atingiu píncaros extraordinários, peço vênia para não me estender, porque o voto do eminente Relator, repito, e o primoroso memorial apresentado pelos estados convenceram-me integralmente.

Os outros se deram entre os ministros Moreira Alves e Marco Aurélio e entre Marco Aurélio e Pertence. O ministro Marco Aurélio ressalta em seu voto a necessidade de respeitar o que já foi decidido pelo tribunal, mas, ao mesmo tempo, de discutir a questão a fundo, não reproduzindo simplesmente os precedentes, não "sair batendo carimbo".

MARCO AURÉLIO: O ministro Carlos Velloso examinou o § 7 do artigo 150, e recuso-me a ceder à interpretação literal, gramatical, verbal, a qual realmente seduz [...] Colocaram aqui algo que reputo um verdadeiro engodo, já que o Estado também não terá direito a cobrar a diferença. Um engodo. Não sou ingênuo. E agora, com a idade que já tenho, não posso mesmo ser, a ponto de imaginar o Estado fixando valor aquém do normalmente praticado pelo mercado. ALVES: Não há ingênuos em matéria tributária, nem os tributaristas, nem os contribuintes. MARCO AURÉLIO: Estou falando de mim, não dos outros. O que não posso é olvidar a realidade. Interpretação que leve a enriquecimento sem causa conflita frontalmente, maltrata a Carta da República. Não posso simplesmente sair batendo carimbo. [...] Peço vênia ao relator para ficar com a posição unânime do Plenário quando apreciou o tema no campo cautelar — e se diz muito que, quando analisamos pedido de concessão de liminar, mergulhamos fundo, mas parece que, no caso, isso não ocorreu! PERTENCE: Comigo não cola, Senhor Presidente. Afirmei uma tendência inicial. MARCO AURÉLIO: É coisa que o depoente não acredita. PERTENCE: Contra os meus costumes, eu normalmente nem falo, como gosta de dizer o nosso Mestre Ministro Celso de Mello, ao cabo de uma análise exaustiva, que fez superficial apreciação liminar. Não. Costumo dizer realmente que estou julgando. Mas neste caso, constitucional ou não. Manifestei uma leve tendência. ALVES: Geralmente critico quando, em matéria de liminar, começamos a dizer, indubitavelmente, neste exame sumaríssimo que estamos fazendo... PERTENCE: Isso é um círculo vicioso. ALVES: Sei que é um círculo vicioso, mas, apesar disso, acho que não há cabimento, senão será melhor dizer: vamos julgar definitivamente sem liminar nenhuma. MARCO AURÉLIO: É interessante. Realizado o negócio jurídico, temos um conteúdo econômico e, aí, a base de incidência do tributo, segundo o que está no inciso II do artigo 155, no caso, é menor do que aquela indispensável a dar respaldo ao que recolhido anteriormente. De onde sairá essa diferença? ALVES: E o inverso? MARCO AURÉLIO: Senhor ministro, não posso, principalmente na quadra em que vivemos, acreditar na boa intenção do Estado. No campo tributário, então, é incrível o que vem ocorrendo [acórdão da Adin 1.851, 2002:49-54].

Além de permitir situar os ministros em posições mais e menos conservadoras, uma das passagens em que Pertence e Aurélio travam debate remete a uma temática de grande importância na discussão do exercício do controle da constitucionalidade das leis pelo STF, qual seja, a da reserva com que o Supremo discute sua jurisprudência, e o ministro Marco Aurélio defende uma atitude menos restritiva por parte do tribunal, afirmando ser preciso *mergulhar fundo* no debate das questões constitucionais. Essa "reserva" já foi apontada por alguns autores, entre os quais Werneck Vianna e colaboradores (1999:117), que chamaram a atenção para a atitude de parcimônia do STF quanto à explicitação de sua jurisprudência.

Um acontecimento que suscitou um grande número de ações no STF foram as eleições de 1994. Na amostra da pesquisa aparecem algumas delas, entre as quais as Adins 956, 958 e 966.

A Adin 956 tem a ver com a regulamentação da propaganda eleitoral gratuita, tendo sido impetrada pelo Partido dos Trabalhadores (PT) contra o presidente da República e o Congresso Nacional. O partido alegou que, ao proibir a utilização de gravações externas, montagens ou trucagens, a lei afrontou o princípio da liberdade de informação e de imprensa. A ação foi julgada improcedente pela maioria do tribunal (ministros Octávio Gallotti, Moreira Alves, Néri da Silveira, Sepúlveda Pertence, Carlos Velloso, Ilmar Galvão e Francisco Rezek), sob o argumento de que tal lei visava

> evitar o falseamento da verdade mediante programas caríssimos, e que os truques, as trucagens, as montagens e os recursos técnicos da mídia eletrônica costumam transformar imagens, superestimar conceitos, projetar imagens falsas para um público desarmado, que espera que os candidatos apresentem as suas ideias, mostrem as suas exatas personalidades. Sob esse aspecto a lei é boa [Carlos Velloso, acórdão da Adin 956, 1994:36].

Os ministros Marco Aurélio e Celso de Mello ficaram vencidos, concordando com o requerente no sentido de que tal lei cerceava a liberdade de expressão:

> Os valores que informam a ordem democrática, dando-lhe o indispensável suporte axiológico, revelam-se conflitantes com toda e qualquer pretensão estatal que vise a nulificar ou a coarctar a hegemonia essencial de que se revestem, em nosso vigente sistema constitucional, as liberdades do pensamento, especialmente quando exercidas para a exteriorização da plataforma de ação partidária e de revelação de seus fundamentos doutrinários. O regime constitucional vigente no Brasil privilegia, de modo particularmente expressivo, o quadro em que se desenvolvem as liberdades do pensamento. Esta é uma realidade normativa, política e jurídica que não pode ser desconsiderada pelo Supremo Tribunal Federal. [...] A liberdade de expressão representa, dentro desse contexto, uma projeção significativa do direito que a todos assiste de manifestarem, sem qualquer possibilidade de intervenção estatal na conformação legislativa dessa prerrogativa básica, o seu pensamento e as suas convicções, expondo as suas ideias e fazendo veicular as suas mensagens doutrinárias. [...] É preciso reconhecer que a vedação dos comportamentos estatais que afetam tão gravemente a livre expressão e comunicação de ideias

Ministros: restritivos *versus* ativistas

significou um notável avanço nas relações entre a sociedade civil e o Estado. A regra legal ora impugnada encerra um *diktat* que não pode ser aceito e nem tolerado, na medida em que compromete o pleno exercício, pelos *mass media*, da liberdade de criação no processo de divulgação publicitária das informações e das mensagens políticas, programáticas e doutrinárias dos Partidos Políticos. A Constituição, ao subtrair o processo de criação artística, cultural e publicitária da interferência, sempre tão expansiva quão prejudicial, do Poder Público, mostrou-se atenta à grave advertência de que o Estado não pode dispor de poder algum sobre a palavra, sobre as ideias e sobre os modos e técnicas de sua divulgação [Celso de Mello, acórdão da Adin 956, 1994:27-33].

É interessante observar a colocação do ministro Velloso após a exposição do voto do ministro Celso de Mello, chamando a atenção para que também ele compartilha dos valores liberais em relação à proteção dos direitos individuais de manifestação do pensamento, dando a eles, no entanto, extensão menor:

Sr. Presidente, apenas queria deixar expresso que subscrevo todas essas considerações libertárias tão bem postas pelo eminente Ministro Celso de Mello, no seu douto voto. Só que, no meu entendimento, acho que elas não teriam essa extensa aplicação, no caso, porque estamos no campo de propaganda eleitoral gratuita [Carlos Velloso, acórdão da Adin 956, 1994:13].

As Adins 958 e 966 foram julgadas ao mesmo tempo, por tratarem do mesmo objeto: a Lei nº 8.713, de 1º de outubro de 1993, que vinculava a indicação de candidatos à disputa das eleições para os cargos de presidente da República e governador de estado ao desempenho do partido político no pleito anterior (1990), devendo o partido ter atingido ao menos 5% dos votos válidos nessa eleição. A primeira das ações foi proposta pelo Partido da Reedificação da Ordem Nacional (Prona) e a segunda pelo Partido Social Cristão (PSC). O tribunal julgou procedente em parte a ação, com a maioria (ministros Octávio Gallotti, Moreira Alves, Néri da

Silveira, Sydney Sanches, Ilmar Galvão) acompanhando o voto do relator, ministro Marco Aurélio:

> As perplexidades que o ato normativo, confrontado com o texto constitucional, gera são enormes, valendo notar que conduziram, até mesmo, a triste episódio que os veículos de comunicação noticiaram, tendo como objeto, ninguém pode negar, a indicação, por certo Partido, de candidatos à Presidência e Vice-Presidência da República. No particular, é merecedora de encômios a iniciativa dos Requerentes — do Partido da Reedificação da Ordem Nacional — Prona e do Partido Social Cristão — PSC. Em demonstração de respeito aos Poderes constituídos e de apego a princípios inerentes à cidadania, lançaram mão do acesso ao Judiciário, evitando, assim, a repetição do episódio a que me referi, quando se cogitou da prática de estipular-se valor para a troca de partidos. [...] O dispositivo não tem o condão de abrir ao legislador ordinário a possibilidade de limitar a participação, nos certames eleitorais, dos pequenos partidos, afastando, assim, a representação das minorias [Marco Aurélio, acórdão das Adins 958 e 966, 1994:10].

Os ministros Rezek, Velloso e Pertence ficaram vencidos, considerando a lei constitucional, portanto, improcedente a ação, nos termos do voto do ministro Velloso:

> Tendo em vista, sobretudo, que a democracia representativa realiza-se através de partidos políticos, o direito eleitoral de muitos povos tem se preocupado com eles e tem exigido deles caráter nacional, no sentido de que devem ter representatividade e devem ter autenticidade. O direito eleitoral comparado, de regra, exige representatividade nacional dos partidos políticos. Esta representatividade nacional dos partidos políticos, que a Constituição de 1988 também exige de forma expressa, ao estabelecer, no art. 17, I, que os partidos devem ter caráter nacional, esta representatividade tem como consequência que somente devem participar do prélio eleitoral os partidos que tenham obtido um certo percentual de votos. Na França, por exemplo

— e ninguém haveria de dizer, de afirmar que lá não há liberdade — a partir de 1958, adotou-se o voto distrital e estuda-se o retorno ao distrital misto, só elege deputado o partido que tiver o mínimo de 5% do total de votos válidos. [...] Assim, Sr. Presidente, tenho como salutares e benfazejas as providências legislativas no sentido de fortalecer os partidos políticos, somente permitindo que participem das eleições para a chefia do Poder Executivo os partidos que tenham representatividade no âmbito em que ocorrerá a escolha. [...] Ora, penso que nada melhor para aferir se um partido político ostenta esse requisito do que exigir que o partido tenha obtido um certo percentual de Votos para a Câmara dos Deputados, ou que conte com um certo percentual de representantes nessa Casa, percentual calculado sobre a composição da Câmara Federal, tratando-se de eleição para a chefia do Executivo Federal, ou que tenha obtido um certo percentual de votos no Estado, tratando-se de eleição para governador [Velloso, acórdão das Adins 958 e 966, 1994:20].

O constrangimento que os fatores legais impõem às escolhas que os ministros fazem pode ser percebido no voto do ministro Sydney Sanches nesse julgamento. O ministro ficou constrangido a declarar inconstitucional a lei, embora tivesse opinião de que a ideia da limitação da atuação dos partidos políticos fosse positiva:[63]

Lamento ter de tomar essa posição, porque na verdade sou simpático à causa da limitação da atuação dos partidos políticos, para que não se chegue ao caos e aos notórios abusos da prática partidária e eleitoral, no Brasil, mas

---

[63] O constrangimento que os fatores legais impõem às escolhas que os ministros fazem transparece em outros votos, em outras ações, como na Adin 1.658, ação proposta pelo Conselho Federal da OAB contra nomeação de desembargadora para o Tribunal de Justiça do Pará em vaga destinada a representante da classe dos advogados. A Adin não foi conhecida pelo STF, sob a alegação de que se tratou de decisão administrativa do tribunal em caso concreto, não se constituindo em ato normativo. Assim o ministro Velloso se posicionou: "Não me parece existir, então, Sr. Presidente, um ato normativo, mas, sim, decisões em dois casos concretos. Eu gostaria muito que o Tribunal entendesse que há um ato normativo, dado que o entendimento que o Tribunal de Justiça sufragou nas duas listas, pelo menos numa delas, contraria frontalmente decisão do Supremo Tribunal no Mandado de Segurança nº 22.323, de que fui Relator".

Justiça, profissionalismo e política

não vejo, nesta lei, a solução correta para o problema. A lei não é razoável, quando leva em conta o passado dizendo quais os partidos que não podem concorrer. Isso, de certa forma, é um casuísmo. Estaria disposto, com muito prazer, a acompanhar as posições dos Srs. Ministros Francisco Rezek, Carlos Velloso e Sepúlveda Pertence, fossem outros os critérios da lei, se voltada, apenas, para o futuro [Sydney Sanches, acórdão das Adins 958 e 966, 1994: 36].

Ainda tratando de eleições, temos como exemplo a Adin 2.306. Essa ação foi impetrada pelo Conselho Federal da OAB contra a concessão de anistia de multas de natureza eleitoral, promulgada pelo Congresso Nacional. A OAB alegou ofensa aos princípios representativo e da isonomia, à separação de poderes, ao direito adquirido e à moralidade. A ação foi julgada improcedente pela maioria do tribunal (ministros Alves, Celso de Mello, Velloso, Galvão, Corrêa, Jobim e Ellen Gracie), tendo ficado vencidos os ministros Pertence, Sanches, Silveira e Aurélio. O debate que se travou entre os ministros explicita a oposição entre argumentos técnicos e argumentos políticos:

SILVEIRA: Esta Corte diz, pura e simplesmente, que uma anistia ampla e geral de todas as infrações eleitorais, depois de cada pleito, é constitucional. ALVES: A lei não diz... SILVEIRA: A Constituição cuida, em diversos pontos, no sistema eleitoral, da consolidação da democracia, do regime democrático como base de toda a nossa ordem constitucional. Isso não tem sentido algum? JOBIM: O princípio democrático não se consolida com multa. SILVEIRA: Ficamos num tecnicismo no exame desse assunto. ALVES: Se não houvesse lei estabelecendo multa, iríamos considerar que havia inconstitucionalidade por omissão? SILVEIRA: Mas ela existe. ALVES: E se não existisse? Isso não é da essência do processo eleitoral, porque se fosse, obviamente... SILVEIRA: A hipótese não é válida precisamente porque a lei existe e o PJ se esforça para cumpri-la. Toda a ação da Justiça Eleitoral é inócua, é sem razão de ser, é lírica, porque não tem eficácia diante da anistia. JOBIM: Não radicalize! V. Exa. está fazendo terrorismo. Não se resolve o problema da legitimidade do processo eleitoral por meio de multas. SILVEIRA: Não estou fazendo terrorismo. Depois de cada eleição vem a lei da anistia, e essa é a primeira vez, pelo que sei, que o Supremo está sendo chamado a manifestar-se sobre a constitucionalidade de uma lei de anistia ampla e geral das infrações eleitorais. JOBIM: V. Exa. vai resolver o problema do crime sem a anistia. ALVES: Nem o Conselho da Ordem dos Advogados invocou esse dispositivo. SILVEIRA: Não estamos presos aos fundamentos. Diz o art. 102 da Constituição Federal que o Supremo é guarda da Constituição. [...] ALVES: Nos Estados Unidos, há democracia e é facultativo o voto. Não é da essência do sistema democrático haver a obrigatoriedade do voto com punição. SILVEIRA: É da essência do sistema democrático que haja uma regularidade do processo eleitoral e que não se cometam infrações [...] SILVEIRA: É um juízo de enfraquecimento do processo eleitoral, o que não contribui em nada para a sua moralização. ALVES: Não levo a esse radicalismo, porque o problema, aqui, é o de saber se o princípio da moralidade se aplica, ou não, ao Poder Legislativo. Pela nossa Constituição, não... PERTENCE: Pode até mudar de nome, mas há abuso do Legislativo. ALVES: Não há abuso do Poder Legislativo. SILVEI-RA: Ministro, tudo aquilo que estiver em descompasso com os princípios da Constituição não há de merecer acolhida. ALVES: Quais são esses princípios? SILVEIRA: V. Exa. entende que o sistema democrático não é princípio básico da Constituição? ALVES: Por acaso o sistema democrático necessita de voto obrigatório? Por que os países democráticos não têm voto obrigatório? [...] SILVEIRA: É problema da guarda da Constituição e está inserido no sistema Constitucional. Parece-me que esse caso não se resolve no tecnicismo para saber se é constitucional, ou não; tem de se colocar uma lei dessas dentro do sistema da Constituição. ALVES: Se somos uma corte que tem de julgar juridicamente, é óbvio que teremos de seguir os princípios jurídicos para verificar se houve, ou não, afronta à Constituição [acórdão da Adin 2.303, 2002:21-28].

Em todos esses votos é possível ver confrontarem-se argumentos conservadores, de ordem mais técnica, e argumentos menos conservadores,

Justiça, profissionalismo e política

podendo ser caracterizados como políticos, no sentido de sustentar uma interpretação mais ampla dos princípios legais.

No mesmo sentido é possível afirmar que nesses julgamentos são cotejados argumentos de ordem formal e argumentos de ordem prática, como no caso da Adin 1.289, em que a AMB questiona decisão do Conselho Superior do Ministério Público, porque este determinou outro critério para a composição da lista de candidatos destinados ao quinto constitucional dos TRTs. A decisão desse conselho determinou que quando não houvesse membro do MP do trabalho com mais de 10 anos de carreira para se candidatar a essa vaga, seria permitido na inclusão da lista candidato que não cumprisse esse requisito temporal. A maioria do tribunal, a partir de um argumento formal, decidiu pela inconstitucionalidade de tal medida, visto que, nas palavras do relator, ministro Octávio Gallotti, "a Constituição estabelece a preponderância do requisito da experiência (tempo de serviço), sobre o da amplitude de faculdade de escolha" (acórdão da Adin 1.289, 1996:10). Votaram com ele os ministros Sanches, Alves, Celso de Mello e Rezek. Os ministros Corrêa, Galvão, Marco Aurélio, Velloso e Silveira ficaram vencidos, julgando improcedente a ação. Segundo Corrêa, "lamentavelmente, deu-se significativa importância política a tema eminentemente técnico da vida íntima do Judiciário, que a ele, agora, cabe equacionar" (acórdão da Adin 1.289, 1996:12). Ao que o ministro Marco Aurélio acrescenta:

> O quadro notado no Brasil é *sui generis* e ao me questionar, outro dia, quanto à legitimidade da associação requerente, dizia: por que um choque entre a Magistratura e o Ministério Público? Por que a Associação dos Magistrados Brasileiros está a pretender ver fulminada uma norma baixada pelo Conselho do Ministério Público? [Acórdão da Adin 1.289, 1996:18.]

Ao prosseguir seu voto, questionando que solução seria plausível quando não houvesse membros do MP a preencher a vaga, o ministro foi interrompido por Pertence, que afirmava que a solução proposta pelo Ministério Público não resolvia o problema se não houvesse quem preenchesse os requisitos da lei. Marco Aurélio foi enfático na defesa dos precedentes:

Aí V. Exa. não homenageia o precedente estabelecido quando do julgamento da ação direta de inconstitucionalidade nº 581. O mais interessante é que foi um julgamento que versava também sobre ato normativo ligado à Justiça do Trabalho. Demos essa interpretação quanto às vagas de carreira; agora, em relação às vagas do quinto, vamos emprestar à Constituição Federal outro enfoque. Onde a harmonia? Onde a célebre, tão decantada preservação da jurisprudência do Tribunal? De que valeu essa decisão que foi unânime? Não tivemos votos divergentes. E agora não queremos mais adotar a paternidade desse filho; estamos dizendo que é um filho feio e que, portanto, não somos os pais. [...] concluo, portanto, pela improcedência do pedido inicial, sem deixar de criticar a postura adotada pela Requerente, no que acaba por so-lapar o bom relacionamento que deve haver entre Magistrados e Membros do Ministério Público [Marco Aurélio, acórdão da Adin 1.289, 1996:20].

Na discussão dessa ação podemos perceber certo corporativismo por parte dos ministros, ao comentarem o desprestígio que a profissão de juiz estaria sofrendo, utilizando como parâmetro as carreiras do Ministério Público, em que os vencimentos seriam mais altos comparados aos do Judiciário.

CORRÊA: Além do desestímulo e desinteresse do Procurador do Trabalho em ingressar na Corte na condição de juiz — o que seria elevação do nível profis-sional — em virtude de vencimentos não convidativos porque praticamente são os mesmos ou, em certos casos, até superiores, ainda ocorre a carência de número suficiente de "parquet" trabalhista a contar o tempo mínimo previsto na norma constitucional. [...] AURÉLIO: Hoje, existem cerca de doze vagas abertas e, repito, considerado o desnível de vencimentos — soube que um Colega nosso, egresso do Ministério Público, recentemente nomeado para o Superior Tribunal de Justiça — o Ministro José Arnaldo —, está perdendo cerca de dois mil e oitocentos reais por mês —, os antigos que já estão em Brasília, oficiando no Tribunal Superior do Trabalho, ou mesmo já estão nas procuradorias regionais, não aceitam concorrer ao cargo. Em geral temos o Ministério Público percebendo mais do que os juízes e, atrevo-me a dizer,

Justiça, profissionalismo e política

com cerca de cinquenta por cento a menos de serviço [acórdão da Adin 1.289, 1998:12-19].

Embora Marco Aurélio aponte a necessidade do bom relacionamento entre magistratura e o Ministério Público, fica manifesto o conflito entre essas profissões.

Ainda que defenda a necessidade de um bom relacionamento entre MP e magistratura, o ministro Marco Aurélio questiona, no julgamento da Adin 613, o tipo de atuação do procurador-geral da República junto ao tribunal, na medida em que a ele seria permitido simplesmente encaminhar questão para a análise do STF, sem orientar claramente o sentido do pedido. Essa crítica é compartilhada pelo ministro Celso de Mello:[64]

---

[64] Celso de Mello: "Impõe-se ao Chefe do Ministério Público da União, pois, quando fizer instaurar a fiscalização abstrata de constitucionalidade, a obrigação processual de deduzir, de modo inequívoco, uma pretensão jurídica necessariamente voltada à obtenção de um pronunciamento de inconstitucionalidade. Tenho para mim que o Procurador-Geral da República não pode mais, ante a pluralização dos sujeitos processuais ativamente legitimados ao exercício da ação direta, limitar-se ao mero encaminhamento de representações que lhe venham a ser dirigidas, incumbindo-lhe assumir — como de ordinário se requer a qualquer autor — a posição de órgão impugnante do ato normativo questionado. Cabe-lhe, em suma, formalizar, sem qualquer ambiguidade, pretensão ao reconhecimento da inconstitucionalidade das leis que venha a impugnar em sede de controle concentrado. O fato irrecusável, Sr. Presidente, é que, desde que se ampliou, nas ações diretas de inconstitucionalidade, a pertinência subjetiva da lide, com o estabelecimento de um regime de legitimidade ativa *ad causum* concorrente, não mais subsiste a *ratio* que justificava, sob a égide das Cartas anteriores, o comportamento processual ora adotado pelo Procurador-Geral da República. Partilho, desse modo — e nesse sentido já me pronunciei em ocasião anterior —, do entendimento exposto pelo eminente ministro Marco Aurélio, não obstante seja diversa a orientação firmada no tema por esta Corte" (acórdão da Adin 613, 1993:37-38). Francisco Rezek é contrário à posição defendida pelos ministros Celso de Mello e Marco Aurélio, saindo em defesa da atuação do procurador-geral da República: "Dois comentários, o primeiro deles a propósito da questão preliminar. Não tinha ouvido antes, neste Plenário, as ponderações do Ministro Marco Aurélio sobre a ação direta quando movida pelo Procurador-Geral da República, no regime constitucional de 1988. Quero reservar-me para refletir sobre isso, mas à primeira abordagem persisto convencido de que manutenção do regime de que goza o chefe do Ministério Público, no caso da ação direta, é salutar. O Procurador-Geral é ainda aquele único titular de função pública a quem o cidadão comum propende a levar sua questão constitucional, por falta de acesso direto à Corte. Não é a partidos políticos, não é a corporações de ofício, não é a autoridades públicas outras, arroladas pela Constituição como titulares — ao lado do Procurador-Geral — do direito de aqui vir suscitar a questão constitucional em abstrato, que o cidadão comum se dirige. É ainda hoje,

Defrontamo-nos, a esta altura, com uma ação direta de inconstitucionalidade, que acabou sendo transmudada, pelo autor, em ação direta de constitucionalidade, já que não veio à balha, como deveria ocorrer, porque se trata, na verdade, de uma ação, com a petição inicial, um pedido específico do autor desta ação. Assumi desde a primeira hora junto a esta Corte essa posição, quanto à necessidade de se adotar uma inflexibilidade a respeito dos requisitos da petição inicial. Entendo que, não existindo mais o monopólio de outrora do Procurador-Geral da República, no campo da propositura da ação direta de inconstitucionalidade, não pode S. Exa., não pode o Órgão, simplesmente, tornar-se um mero encaminhador de provocações, objetivando a declaração de inconstitucionalidade de ato normativo porque, com isto, ficará afastada a limitação constitucional no campo da legitimidade. É preciso que S. Exa., compreendendo até mesmo a sobrecarga que vem suportando o Tribunal, haja, na verdade, como um verdadeiro autor da demanda, apresentando, se for o caso, a inicial à Corte com um pedido devidamente formulado. Veja, V. Exa., a incongruência de termos, a esta altura, uma ação sem pedido formulado, uma inicial sem a formulação de um pedido específico, e, agora, no pronunciamento final da Procuradoria-Geral da República, o requerimento no sentido de ser declarada constitucional a disposição que aquele que provocou o procurador-geral da República teve como inconstitucional [Marco Aurélio, acórdão da Adin 613, 1993:14].

---

apesar da titularidade compartilhada, ao Procurador-Geral que tende a sociedade, desde os seus estratos primários, a levar questões constitucionais para que, com o eventual patrocínio daquela autoridade, este Tribunal as resolva. Por isso parece-me que o Procurador-Geral continua sendo, embora não mais titular único da ação direta, um titular distinto dos restantes, que em geral agem em nome de um interesse próprio — o do partido, o da classe, o da função pública eminente. O Procurador-Geral, por seu turno, tem como interesse crônico a conformidade da ordem jurídica, no que ela tem de ordinário, com a lei fundamental. É o interesse coletivo confiado ao Ministério Público. Nada vejo de heterodoxo, desse modo — e analogias existem noutros domínios, como o do processo penal —, em que o Procurador, como autor da ação direta de inconstitucionalidade, possa a final, de acordo com sua consciência, desautorizar o pedido que deduzira vestibularmente. Com todas as vênias, volto a dizer que a tese da inconstitucionalidade aqui aventada me parece de uma comovente inconsistência" (acórdão da Adin 613, 1993:20-21).

Outro conflito que se verificou no Supremo Tribunal nesse sentido foi referente à atuação da Procuradoria-Geral da República como Advocacia-Geral da União nas ações diretas de inconstitucionalidade. Na Adin 88,[65] Gilmar Ferreira Mendes (na condição de advogado-geral da União, antes de ingressar no STF) argumentou que o entendimento de que o advogado-geral da União deveria atuar como curador especial em defesa da norma impugnada nas ações deveria respeitar o bom-senso para que, nas palavras de Gilmar Mendes, "a defesa não seja levada ao plano do desvario e da irracionalidade quando o Advogado Geral estiver plenamente convencido da ilegitimidade do ato". E concluiu que, no caso em questão,

> todas essas razões, calcadas na firme orientação do Supremo Tribunal Federal sobre a essencialidade do concurso público para investidura em cargo ou em emprego público, parecem recomendar que o Advogado Geral da União deixe de fazer a defesa do ato impugnado, no presente processo [acórdão da Adin 88, 2000:7-8].

O ministro Moreira Alves, relator do processo, determinou que fosse aberta nova vista à Advocacia-Geral para que apresentasse a defesa das normas estaduais impugnadas na ação direta, visto ser aquela sua função, argumentando que:

> Esta Corte, de há muito, firmou o entendimento de que em ação direta de inconstitucionalidade ao Advogado Geral da União compete sempre a defesa da norma legal ou ato normativo impugnado, porque, por força do disposto no artigo 103, § 3º, ele atua, nela, como curador especial, por causa do princípio da presunção de constitucionalidade do ato atacado [acórdão da Adin 88, 2000:9].

---

[65] A Adin 88 foi requerida pelo governador de Minas Gerais contra Ato das Disposições Transitórias da Constituição do estado que tratava da contratação de funcionários públicos, admitindo que quem já contasse com cinco anos de exercício no cargo ao se submeter ao concurso público teria contagem de pontos.

Foram muitas as tensões entre Advocacia-Geral e o Judiciário no período em que Gilmar Mendes ocupou o posto de advogado-geral da União, tendo os conflitos atingido o ápice quando Mendes declarou ser a Justiça brasileira um "manicômio judiciário".

Como vimos no capítulo 4, as variáveis atitudinais compõem o quadro dos fatores explicativos do comportamento judicial. Esse fato ficou evidente na análise da argumentação dos ministros e, em muitas passagens de votos, os próprios ministros admitem a influência que a ideologia e as predisposições pessoais têm na determinação da atuação dos juízes.

Na Adin 171, por exemplo, o ministro Francisco Rezek chama a atenção para o peso da ideologia na decisão dos ministros. "Penso que a análise desse problema, com toda a sua possível tecnicalidade, tem essencialmente a ver com a posição ideológica de cada um de nós a respeito do tema substancial. Há ou não base verdadeira para a isonomia?" (acórdão da Adin 171, 1994:30). Essa ação foi interposta pelo procurador-geral da República questionando artigos da Constituição do Estado de Minas Gerais que previam isonomia de remuneração entre as carreiras jurídicas.[66] A maioria do tribunal (ministros Sydney Sanches, Moreira Alves,

---

[66] As leis impugnadas são as seguintes: "Art. 273. Para cumprimento do disposto no art. 131, é assegurada isonomia de remuneração entre os cargos finais das carreiras do Ministério Público, de Procurador do Estado, de Procurador da Fazenda Estadual, de Defensor Público e de Delegado de Policia, observada a diferença não excedente a dez por cento de uma para outra classe das respectivas carreiras". "Art. 6. A remuneração dos integrantes da carreira de Delegado de Polícia, prevista nas Leis n. 6.499, de 4 de dezembro de 1974, e n. 8.582, de 22 de junho de 1984, corresponderá, a partir de 12 de julho de 1989, a 85% (oitenta e cinco por cento) da remuneração dos membros do Ministério Público, e a 100% (cem por cento) da mesma remuneração, a partir de 12 de dezembro de 1989. Parágrafo único — A correspondência de classes do Ministério Público e de Delegado de Polícia, para efeito deste artigo, obedecerá à seguinte ordem: 1 — Promotor de Justiça de Entrância Inicial — Delegado de Polícia I; 2 — Promotor de Justiça de Entrância Intermediária — Delegado de Polícia II; 3 — Promotor de Justiça de Entrância Final — Delegado de Polícia III; 4 — Promotor de Justiça de Entrância Especial — Delegado de Polícia de Classe Especial; 5 — Procurador de Justiça de Categoria E — Delegado-Geral de Polícia (Lei n. 9.769/89)." "Art. 1. Os valores de vencimentos dos cargos de provimento efetivo e em comissão dos Quadros de Pessoal da Procuradoria-Geral, da Defensoria Pública e da Procuradoria Fiscal do Estado, de que tratam, respectivamente, a Lei n. 9.724, de 29 de novembro de 1988, e os Decretos n. 21.453 e 21.454, ambos de 11 de agosto de 1981, corresponderão, a partir de 12 de julho de 1989, a 85% (oitenta e cinco por cento) dos valores básicos dos vencimentos dos

Octávio Gallotti, Paulo Brossard, Sepúlveda Pertence e Ilmar Galvão) julgou a ação procedente, em parte, com os ministros Francisco Rezek, Marco Aurélio, Carlos Velloso, Celso de Mello e Néri da Silveira ficando vencidos, por julgarem a ação improcedente.

Na Adin 313, proposta pelo Partido Democrático Trabalhista (PDT) questionando decreto do presidente da República que dispunha sobre vencimentos dos servidores públicos postos em disponibilidade, foi o ministro Marco Aurélio quem afirmou ser a interpretação judicial influenciada pelos valores e pela formação de cada um dos ministros.

> Portanto, e estamos num Colegiado, mesmo acaso inexistente o peso doutrinário a respeito de um entendimento externado, este não pode ser tido como merecedor de excomunhão maior. A beleza do Colegiado está justamente nisto: na manifestação, por cada qual que o integra, de acordo com o convencimento pessoal, de acordo com a formação humanística e profissional que possua [acórdão da Adin 313, 1992:91].

Por maioria de votos (ministros Sydney Sanches, Moreira Alves, Néri da Silveira, Octávio Gallotti, Célio Borja, Paulo Brossard, Sepúlveda Pertence, Celso de Mello e Carlos Velloso), o tribunal julgou procedente a ação, ficando os ministros Marco Aurélio e Ilmar Galvão vencidos, julgando-a improcedente.

Uma última ação que gostaríamos de comentar é a Adin 27, julgada em conjunto com a Adin 29. Nessa ação o Tribunal de Justiça do Estado do Paraná foi questionado pelo procurador-geral da República, devido à forma de acesso ao tribunal dos representantes do quinto constitucional. Segundo assento do tribunal, o preenchimento das vagas destinadas ao quinto constitucional que ocorressem no Tribunal de Justiça seria efetivado através de promoção dos juízes integrantes do Tribunal de Alçada, que ali tivessem ingressado como representantes do Ministério Público e

---

membros do Ministério Público e, a partir de 1 de dezembro de 1989, a 100% (cem por cento). Parágrafo único. A correspondência de classes, para efeito deste artigo, é a constante do Anexo desta Lei (Lei n. 9.943/89)."

dos advogados. O autor questiona a constitucionalidade dessa forma de provimento, alegando que os membros do Tribunal de Alçada, uma vez que são magistrados, devem concorrer às vagas destinadas, no Tribunal de Justiça, à promoção de magistrados. Por maioria de votos, o Tribunal julgou procedente a ação, declarando a inconstitucionalidade de tal assento, com os ministros Moreira Alves, Aldir Passarinho, Francisco Rezek, Carlos Madeira, Sepúlveda Pertence e Celso de Mello acompanhando o relator, ministro Célio Borja, alegando que, uma vez que o membro do Ministério Público ou o advogado tenham sido nomeados juízes através do quinto constitucional, eles passam a ser juízes e não mais representantes de sua classe de origem. Os ministros Paulo Brossard, Octávio Gallotti, Sydney Sanches e Néri da Silveira ficaram vencidos, considerando a ação improcedente, alegando que a experiência que trouxeram ao tribunal como advogados ou membros do Ministério Público não se apagaria com sua posse como juízes.

BORJA — O que existe, na verdade, é o que chamam "educação legal", quer dizer, a formação do espírito segundo o direito. Nós todos somos formados pelo direito. Isso é nossa característica. Era eu advogado, havia 35 anos, quando o Presidente da República e o Senado Federal me honraram com a investidura no Supremo Tribunal. Tomei posse e era um Magistrado no momento da posse. A minha educação legal, na formação da minha consciência jurídica, é rigorosamente a mesma, como V. Exa., que nunca foi Magistrado. Somos Magistrados no momento em que assumimos o compromisso da judicatura. É apenas isso. BROSSARD — Não posso contestar o que disse o eminente Ministro. Também eu, depois de 41 anos de advocacia, não tendo sido senão advogado, fui nomeado, com a maior distinção que já recebi, Juiz do Supremo Tribunal. A partir desse momento deixei de ser advogado e passei a ser juiz. Exclusivamente juiz. Mas, ter-se-á apagado o que vi e aprendi em 40 anos de advocacia? De maneira alguma. BORJA — A educação legal de V. Exa., a consciência jurídica de V. Exa. é tão útil à judicatura como a de um juiz de carreira. Foi isso que o legislador constituinte quis, que a magistratura fosse integrada com essas diferentes experiências, mas todos eles moldados pela educação legal. BROSSARD — A educação legal será a mesma. As experiências serão distintas. Gostaria de acentuar que o juiz que foi advogado, que viveu o drama do advogado, que ouviu coisas que só o advogado pode ouvir, jamais esquece a experiência adquirida enquanto advogado. Isto o que a lei quis, que no seio de um tribunal 4/5 dos seus membros fossem oriundos da magistratura, fossem juízes de carreira, mas que houvesse também juízes de outra origem, na medida de 1/5, capazes de dar uma contribuição que não se aprende nos livros, mas na vida. Isto o que quis a lei. ALVES — Veja V. Exa. que o Superior Tribunal de Justiça tem advogado e magistrado. Ora, um advogado que tenha entrado como desembargador do Tribunal, virá como advogado ou como magistrado? Vem como magistrado. O problema significa que o cidadão ao entrar na magistratura, seja no início ou no meio da carreira, ele é magistrado; vem como magistrado, não pode vir como advogado. [...] não é possível continuar advogado sendo juiz. BROSSARD — Fosse verdadeira a alegação, repito, ter-se-ia de concluir que dois ou três anos após a investidura, os juízes "classistas" tinham de ser afastados dos tribunais, pois não tinham mais o que fazer neles. Ora, o quinto não foi criado como homenagem à Ordem dos Advogados, não foi instituído como obséquio ao Ministério Público, mas para melhorar a qualidade dos tribunais, por entender o constituinte que a presença de pessoas estranhas à magistratura de carreira é útil e benéfica a eles [acórdão das Adins 27 e 29, 1990:61-64].

Essa discussão demonstra não haver consenso entre os ministros sobre a influência que a carreira teria na atuação dos juízes, com parte dos ministros acreditando ser a educação legal o fator mais importante, sendo esta considerada a mesma quer sejam advogados, juízes ou membros do Ministério Público, e parte dos ministros considerando ser a experiência profissional o fator mais relevante.

Em conclusão, podemos afirmar que nos debates do Supremo Tribunal Federal é possível perceber a confrontação de argumentos técnicos e políticos, de posturas restritivas e ativistas, conservadoras e progressistas. Os dados possibilitam inferir que direito, profissionalismo e política encontram-se bastante imbricados na atuação do STF. Os valores de autonomia, de justiça e de segurança jurídica permeiam a argumentação dos ministros, que, apesar de apresentarem diferenças em seu comportamento — dadas as diversidades de treinamento, trajetória de carreira, disposições e valores —, defendem uma postura mais uniforme do Supremo na atividade interpretativa, em sua jurisprudência. Os ministros almejam com isso construir e consolidar a autoridade e legitimidade do tribunal. Assim, é possível concluir que as decisões do Supremo Tribunal são influenciadas pelo formalismo jurídico, pelos ideais de autonomia e justiça e pela criatividade e arbítrio dos próprios ministros.

Conclusão

O objetivo deste estudo foi compreender o funcionamento do processo de decisão judicial a partir da análise da atuação do Supremo Tribunal Federal no exercício do controle da constitucionalidade das leis, indagando sobre os fatores envolvidos nesse processo e os elementos que mais exercem influência sobre ele. A discussão fundamental foi a da relação entre direito, profissionalismo e política.

Construímos um modelo de análise para entender a atuação do STF a partir da integração de diferentes abordagens sobre o comportamento do Poder Judiciário, olhares que apesar de diversos não se mostraram excludentes. Utilizamos elementos das abordagens atitudinal, estratégica, institucional e legal, assim como elementos da sociologia das profissões.

Dessas cinco diferentes abordagens teóricas e metodológicas resultaram sete âmbitos de análise, organizados para responder à questão dos fatores que influenciam as escolhas que os ministros fazem e a decisão final do tribunal. Foram eles: 1) aspectos legais e fatores dos casos, 2) atributos pessoais e ideologia (perfil de atuação), 3) contexto institucional, 4) contexto político e outros setores governamentais, 5) grupos de interesse, 6) opinião pública e 7) trajetória de carreira e profissionalismo.

Justiça, profissionalismo e política

O modelo foi aplicado no exame, quantitativo e qualitativo, de 300 ações diretas de inconstitucionalidade, julgadas pelo STF entre outubro de 1988 e março de 2003.

Essa análise nos permitiu concluir que um amálgama de motivações influencia o comportamento judicial, sendo o processo de decisão do Supremo Tribunal Federal determinado e constrangido por uma combinação de fatores, envolvendo valores institucionais, valores e disposições "ideológicas" dos ministros, a lógica cultural e a força estrutural das leis, a trajetória de carreira dos ministros e valores associados ao profissionalismo, motivações estratégicas de outros atores envolvidos nesse processo, como grupos de interesse e governo, o contexto político e também a opinião pública.

Contribuições trazidas pelo modelo

A primeira característica que destacamos no estudo da atuação do STF é a existência de grande consenso nas decisões do tribunal, mais de 80% das ações tiveram resultado unânime. Nas decisões judiciais o consenso é esperado e apreciado, pois, como afirmam Clayton e Gillman (1999), uma Corte em que as posições individuais dos ministros tenham mais espaço que o todo gera incerteza e instabilidade.[67] Espera-se o consenso porque há a necessidade de estabilidade — elemento essencial na promoção do *rule of law*. Com isso, é desejável que as decisões judiciais guardem certo grau de certeza e previsibilidade.

A explicação para o consenso no STF está na busca de uniformização da interpretação da lei pelo tribunal, em vista de assegurar sua legitimidade e autoridade e garantir a segurança jurídica. O fato de mais de

---

[67] Segundo Bobbio (1999), o consenso é esperado no mundo jurídico em razão da unidade, da coerência e da completude do ordenamento jurídico. Quando o consenso não ocorre é devido à falta de critérios válidos para decidir qual norma deve ser aplicada. Para Dworkin (1999) o dissenso ocorre quando os juízes divergem sobre aquilo que o direito deveria ser e não sobre o que ele é, ou seja, sobre questões de moralidade e fidelidade, não questões de direito.

Conclusão

80% das decisões terem sido unânimes reforça o profissionalismo como elemento-chave para entender o comportamento dos ministros do STF: apesar das diferenças na trajetória de carreira e no perfil de atuação, o profissionalismo prevalece, unindo os ministros em torno de decisões comuns.

Olhando para os fatores que influenciam as decisões do Supremo, percebemos que os constrangimentos institucionais têm um grande peso, assim como os aspectos legais — com a jurisprudência do tribunal tendo se mostrado bastante técnica, o que em parte pode ser explicado pelos tipos de casos que o Supremo foi chamado a decidir.

O contexto político e a opinião pública também tiveram papel significativo para explicar o comportamento do tribunal.

Elaboramos um modelo estatístico para explicar o aspecto individual das decisões, ou seja, as escolhas que os ministros fizeram, e outro modelo para explicar o aspecto coletivo da decisão, ou seja, que fatores influenciaram a decisão do tribunal, pois, como proposto pelos teóricos do novo institucionalismo, é preciso observar também o contexto doutrinário da Corte, observar a decisão como um todo e não apenas a escolha individual. Com esses modelos buscamos identificar padrões sistemáticos do comportamento de decisão judicial.

Os resultados obtidos com o modelo 1 demonstraram que o contexto institucional, a carreira, o contexto político, o governo e fatores legais influenciam a decisão da Corte. Os resultados do modelo 2 indicaram que a trajetória de carreira e os aspectos institucionais são os fatores de maior força na determinação do voto individual, com o contexto político, o governo, grupos de interesse e fatores legais também exercendo influência sobre as escolhas dos ministros.

Figura 1
Resumo do modelo 1, fatores que influenciam o STF a declarar norma inconstitucional[68]

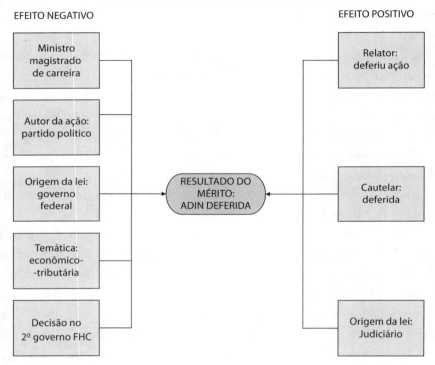

Esses resultados corroboram nossa hipótese de que, apesar de fatores políticos estarem envolvidos no processo de decisão judicial, os valores associados ao profissionalismo são fatores centrais na determinação do comportamento de decisão do tribunal. É essa identidade com os valores do profissionalismo que diferencia os ministros dos outros atores políticos.

---

[68] Lembramos que as variáveis envolvidas nesse modelo foram: carreira predominante do ministro: magistratura; perfil de atuação: restritivo; tempo de permanência do ministro na Corte (em anos); presidente que nomeou ministro: militar; relator votou pelo deferimento da ação; medida cautelar deferida; autor da ação (categoria de referência: governos estaduais); origem da ação (categoria de referência: governos estaduais); objeto da lei (categoria de referência: administração pública); governo da decisão (categoria de referência: primeiro governo FHC). No resumo apresentamos apenas as variáveis que obtiveram significância estatística.

Conclusão

Figura 2
Resumo do modelo 2, fatores que influenciam o ministro a votar pela inconstitucionalidade da norma[69]

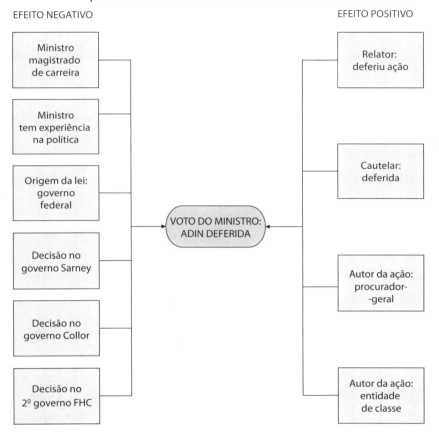

A análise demonstrou que o Supremo tem desempenhado um importante papel na criação da estabilidade, promovendo a integração

---

[69] As variáveis envolvidas nesse modelo foram: carreira predominante do ministro: magistratura; experiência anterior na política; experiência; perfil de atuação: restritivo; presidente que nomeou: militar; tempo de permanência do ministro na Corte (em anos); voto do relator pelo deferimento da ação; medida cautelar deferida; autor da ação (categoria de referência: governos estaduais); origem da ação (categoria de referência: governos estaduais); objeto da lei (categoria de referência: administração pública); governo decisão (categoria de referência: primeiro governo FHC). No resumo apresentamos apenas as variáveis que obtiveram significância estatística.

Justiça, profissionalismo e política

legal e a uniformização na interpretação das leis. Ainda que o sentido da argumentação dos ministros e da fundamentação das decisões tenha sido predominantemente técnico, o fato de o tribunal ter deferido 52% das ações julgadas indica que ele tem exercido seu papel político ativamente, interferindo nas decisões políticas tomadas por governos estaduais e federais e revendo decisões tomadas por outras instâncias do Judiciário. O reconhecimento e a anuência do desempenho desse papel se devem ao recurso ao formalismo legal, ao comportamento da Corte e dos ministros, que se apoiam na distinção do profissionalismo, aos interesses e ao comportamento de outros atores envolvidos nesse processo, como grupos de interesse, partidos políticos e governo, e também à opinião pública.

Apesar do alto consenso, constatamos a existência de divergências de opinião entre os ministros. Verificamos contrastes importantes nas visões jurídica, política, econômica e social dos ministros, como confirmado pela análise de redes de votação. Foram identificadas três redes, determinadas sobretudo pelo perfil de atuação e pelas diferenças na trajetória e nas experiências de carreira desses ministros.

Podemos afirmar, então, que ao mesmo tempo em que o profissionalismo une os ministros em torno de ideias comuns, fundamentadas na necessidade de garantir a legitimidade do tribunal e a diferenciação dos ministros em relação aos outros atores políticos, ele também os separa devido às diferentes visões em relação à extensão dos poderes que o tribunal deve ter. O STF é composto por ministros provenientes de diversas carreiras do mundo do direito, e a maioria deles passou por mais de uma dessas carreiras, muitos exercendo inclusive ocupações estranhas à profissão, ocupando postos políticos. Assim, esses ministros trazem diferentes visões ao tribunal. Suas diferentes vivências de carreira somam-se à vivência comum de integrar o STF.

Ilustrativo do fato de que ministros provenientes de diferentes profissões do direito trazem diferentes visões ao tribunal é o voto do ministro Paulo Brossard na Adin 27, discutida no final do capítulo 6. O ministro afirma em seu voto:

Dizer-se que um antigo advogado feito juiz, ao vestir a toga se desvestiu de sua experiência advocatícia, é uma afirmação improvada e que demandaria ser demonstrada para poder ser aceita. Em verdade, ninguém que tenha sido efetivamente advogado deixará de carregar consigo o que viu e sentiu no exercício da profissão. [...] Insisto: se a assertiva fosse verdadeira, o quinto seria inútil, pois dois ou três anos após a investidura os juízes "classistas" seriam em tudo e por tudo iguais aos de carreira, ou o juiz do quinto deveria ser afastado da magistratura ao cabo de dois ou três anos, quando se tivessem apagado os traços que justificaram sua escolha para o Tribunal [Brossard, acórdão das Adins 27 e 29, 1990:63-64].

Figura 3

Redes de votação no Supremo Tribunal Federal

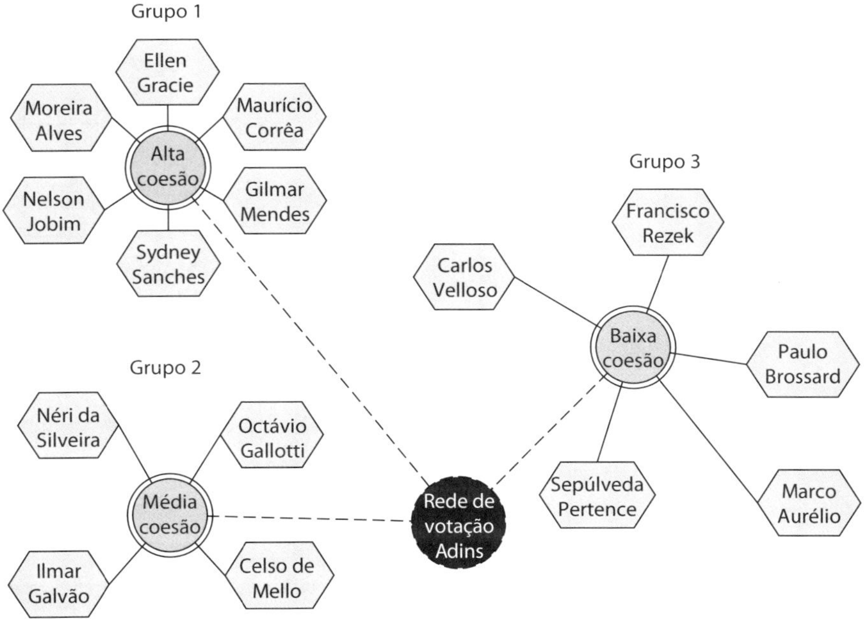

Figura 4
Resumo do modelo 3, fatores que influenciam o dissenso[70]

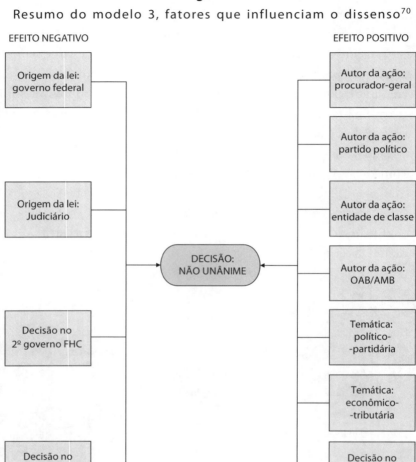

---

[70] As variáveis envolvidas nesse modelo foram: carreira predominante do ministro: magistratura; perfil de atuação: restritivo; autor da ação (categoria de referência: governos estaduais); origem da ação (categoria de referência: governos estaduais); objeto da lei (categoria de referência: administração pública); governo decisão (categoria de referência: primeiro governo FHC). No resumo apresentamos apenas as variáveis que obtiveram significância estatística.

Conclusão

Olhamos para o dissenso, contemplando os aspectos coletivo e individual, primeiro, questionando quando os casos trazidos ao STF produzem divisões no tribunal, atentando para os fatores que tendem a estruturar essas divisões; depois, observando os fatores que influenciam os ministros a votar na minoria.

Desenvolvemos dois modelos estatísticos, o primeiro visando determinar os fatores que influenciam o resultado não unânime das decisões e o segundo, os fatores que levam os ministros a votar contra a posição majoritária.

No aspecto coletivo os principais preditores do dissenso são o contexto político, o governo, os grupos de interesse e as variáveis legais. No individual, os atributos pessoais, o perfil de atuação, o contexto político e o governo apresentam as maiores influências na determinação do voto dissidente.

Observamos também a fundamentação dos votos dos ministros e verificamos a ocorrência de disputas entre posturas mais restritivas e mais ativistas, mais conservadoras e mais progressistas, argumentos técnicos e políticos, e posturas restritivas e argumentos técnicos prevaleceram.

Embora o sentido dos votos dos ministros tenha sido predominantemente técnico, não podemos ignorar o elevado percentual de votos políticos. Esses votos foram mais incidentes entre os ministros que votaram contra a posição majoritária do tribunal, sendo sua argumentação mais no sentido de uma atuação ampla e extensiva por parte do tribunal do que na defesa de aspectos de conveniência e governabilidade.

Aplicamos um modelo estatístico para identificar os fatores que influenciam o sentido do voto dos ministros, e concluímos que trajetória de carreira, aspectos institucionais, contexto político, governo, grupos de interesse e fatores legais influenciam os ministros a votar em um sentido técnico ou político — lembrando que não pudemos considerar o aspecto ideológico na análise estatística, mas a partir da análise qualitativa verificamos que o perfil de atuação dos ministros está intimamente associado com o sentido de seus votos.

Justiça, profissionalismo e política

Figura 5
Resumo do modelo 4, fatores que influenciam o ministro a votar contra a maioria[71]

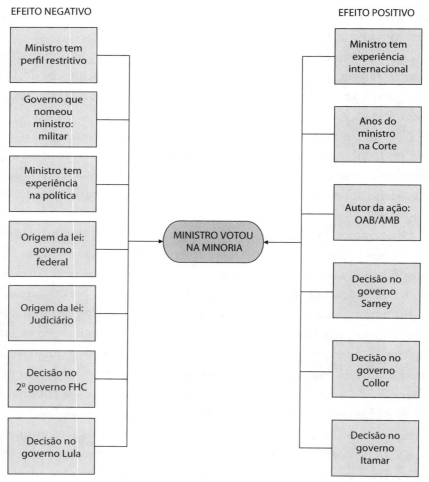

---

[71] As variáveis envolvidas nesse modelo foram: carreira predominante do ministro: magistratura; perfil de atuação: restritivo; experiência anterior na política; experiência internacional; tempo de permanência do ministro na Corte (em anos); presidente que nomeou: militar; autor da ação (categoria de referência: governos estaduais); origem da ação (categoria de referência: governos estaduais); objeto da lei (categoria de referência: administração pública); governo decisão (categoria de referência: primeiro governo FHC). No resumo apresentamos apenas as variáveis que obtiveram significância estatística.

Conclusão

Figura 6

Resumo do modelo 5, fatores que influenciam o ministro a votar num sentido político[72]

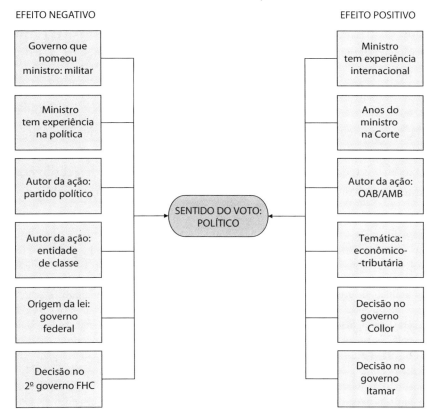

Podemos afirmar que o STF foi ativo no desempenho de um papel político quando olhamos da perspectiva da proporção das ações julgadas que foi deferida. Mas da perspectiva de sua jurisprudência o tribunal foi

---

[72] As variáveis envolvidas nesse modelo foram: experiência anterior na política; experiência internacional; tempo de permanência do ministro na Corte (em anos); carreira predominante do ministro: magistratura; presidente que nomeou: militar; passagem do ministro pelo Ministério Público; autor da ação (categoria de referência: governos estaduais); origem da ação (categoria de referência: governos estaduais); objeto da lei (categoria de referência: administração pública); governo decisão (categoria de referência: primeiro governo FHC). No resumo apresentamos apenas as variáveis que obtiveram significância estatística.

Justiça, profissionalismo e política

restritivo, no sentido de ter predominado uma argumentação mais técnica. Houve, no entanto, espaço para considerações mais ativistas, mais "progressistas", que se manifestaram sobretudo nos votos dissidentes. Exemplo dessas manifestações são as argumentações de ministros no sentido de afirmar que o tribunal não pode simplesmente bater carimbo, reproduzir decisões de liminares no julgamento do mérito, sem antes analisar profundamente o caso e suas consequências (Marco Aurélio, Adin 1.851), ou então de que não se pode aplicar "cegamente" a lei, a partir de uma interpretação literal (Sepúlveda Pertence, Adin 157), ou ainda a afirmação de que o Supremo Tribunal Federal deve ponderar as mudanças ocorridas na sociedade no momento de interpretar se os atos do Executivo e do Legislativo estaduais e federais estão de acordo com as normas constitucionais.[73] Outras considerações que indicam ativismo por

---

[73] O voto do ministro Paulo Brossard na Adin 830 é ilustrativo dessa preocupação com as mudanças que os contextos social, econômico e político, nacional e mundial, impõem à interpretação judicial. "De modo, Senhor Presidente, que não desprezo o que se dispõe na Constituição, no art. 60, § 42, mas também não o recebo como artigo de fé, como dogma. Vejo como medida de caráter político, de utilidade social, de conveniência nacional, mas cuja durabilidade e cuja resistência — agora se diz 'pétrea' — é relativa. Tem sua utilidade, concorre para que a Constituição tenha certa estabilidade e que a sua alteração seja mais meditada, e melhor estudada, mas acho que não se pode, por mais sábia que tenha sido esta ou aquela assembleia constituinte, não se pode, em termos absolutos, reconhecer-lhe o poder de dizer que, para sempre, tais ou quais assuntos sejam intocáveis, até porque as condições do mundo mudam, e mudam profundamente. [...] Por outro lado, gostaria de observar que com sabedoria o constituinte usou de um verbo que vem sendo empregado desde 1891: 'Não será objeto de deliberação a proposta de emenda tendente a abolir...' [...] A Constituição de 91, no art. 90, § 4, dispunha: 'Não poderão ser admitidos como objeto de deliberação, no Congresso, projetos tendentes a abolir a forma republicana federativa, ou a igualdade da representação dos Estados no Senado'. Entre as cláusulas limitativas do poder de emenda, a Constituição arrola a forma federativa de Estado. [...] De modo que mesmo essa cláusula pétrea, que veda abolir a forma federativa do Estado, abolir não quer dizer que ela não suporte mil e uma mutações, mil e uma variações, ditadas, obviamente, pela experiência nacional, pelas necessidades nacionais ou pelas transformações nacionais que venham impor novas experiências. [...] De modo que, Senhor Presidente, a cláusula consagrada tradicionalmente no nosso Direito e, ainda hoje, constante do § 42 do art. 60, deve ser entendida segundo a experiência humana, a experiência nacional e a experiência universal; [...] Ao que me parece, o fato de se dizer que não será admitida emenda tendente a abolir os direitos e garantias individuais não significa que a declaração dos direitos e o elenco de garantias não sejam suscetíveis de emendas" (Paulo Brossard, acórdão da Adin 830, 1993:76-80).

Conclusão

parte de ministros do tribunal são as defesas de direitos fundamentais, como os direitos da cidadania e da liberdade de expressão.

A abertura do Supremo a essas considerações toca em uma discussão mais ampla, sobre qual deve ser a relação do direito com a política e com a democracia, e quais os limites dessa relação. O debate contemporâneo aponta para a necessidade de os tribunais reconhecerem novos direitos, incorporarem novas demandas, no sentido de conciliar a generalidade do direito com a singularidade da justiça, nos termos dessa discussão. Como chama a atenção Boaventura de Sousa Santos (2002), o direito precisa equilibrar o desempenho dos papéis de regulação social e emancipação social.

Mas é preciso ter em conta que essas demandas precisam chegar ao Supremo e ser acolhidas e julgadas. Quando olhamos para a classe temática das ações julgadas pelo tribunal, vemos que poucas versam sobre essa temática. E quando esses interesses chegam ao tribunal muitas vezes esbarram na visão restritiva que predomina a respeito da legitimidade de as entidades de classe acionarem o STF por via da ação direta de inconstitucionalidade, e dos requisitos que a elas são impostos, em especial o da pertinência temática — requisito tido como mais um entrave à atuação dessas entidades. Uma minoria dos ministros defende no tribunal uma visão um pouco menos restritiva quanto ao reconhecimento das entidades de classe, figurando sempre nela os ministros Marco Aurélio e Sepúlveda Pertence. Algumas vezes esses ministros conseguiram a adesão da maioria do tribunal, como na Adin 159. Essa ação foi requerida pela Associação Nacional dos Procuradores do Estado (Anape) contra lei estadual paraense que possibilitava a transformação dos cargos de assistente jurídico, assessor jurídico e procurador jurídico em cargo de consultor jurídico. Os ministros Octávio Gallotti, Ilmar Galvão e Paulo Brossard ficaram vencidos, não reconhecendo a legitimidade da Anape. A maioria foi composta pelos ministros Francisco Rezek, Sydney Sanches, Néri da Silveira e Marco Aurélio, que acompanharam a posição do ministro Sepúlveda Pertence defendendo o reconhecimento dessa associação como entidade de classe de âmbito nacional.

Senhor Presidente, há pouco recordava o eminente Ministro Ilmar Galvão que S. Exa. tem sempre votado no sentido de restringir o plexo das entidades legitimadas à ação direta; até por uma questão de polaridade dialética, tenho que começar pela declaração oposta: tenho, sempre que possível, votado pela leitura mais ampla da regra de legitimidade — coerente com as inspirações democratizadoras do acesso à jurisdição constitucional concentrada, que entendo subjacentes à revolucionária inovação da Constituição de 88, no sentido de abrir todos os canais possíveis à participação de segmentos sociais na defesa da efetividade da Constituição [Pertence, acórdão da Adin 159, 1993:39].

O ministro Sydney Sanches complementou a argumentação de Pertence afirmando que

depois que o Supremo Tribunal Federal admitiu que a Associação dos Magistrados Brasileiros é uma entidade de classe de âmbito nacional, que a Confederação Nacional do Ministério Público é uma entidade de classe de âmbito nacional, que a Associação dos Delegados de Polícia é uma entidade de classe de âmbito nacional, fico com extrema dificuldade em concluir que a Associação Nacional dos Procuradores do Estado não é entidade de tal porte e com tal âmbito. Fico, pois, com essa orientação da jurisprudência, que foi produto de muito estudo, muito debate. E não quero restringir, mais do que me parece restringir a interpretação que tem prevalecido em alguns casos, até aqui [Sanches, acórdão da Adin 159, 1993:43].

Lembramos também que as ações que questionaram normas relativas à sociedade civil e ao mundo do trabalho foram tendencialmente indeferidas pelo tribunal, e o argumento em defesa dos direitos fundamentais, sociais e políticos fundamentou apenas 4% das decisões do STF. Mas se observarmos o comportamento dos ministros que dissentiram da opinião majoritária, notamos que eles tenderam a defender mais os direitos fundamentais.

Muitos ministros do STF têm também, reconhecidamente, levado em conta em suas decisões os limites concretos existentes para a realização dos direitos sociais fundamentais e de alguns preceitos constitucionais. Um argumento muitas vezes presente foi o da impossibilidade da extensão e aplicação desses direitos e princípios dada a ausência de capacidade estrutural do Estado para arcar com as consequências de sua realização. Tal argumento apareceu sobretudo em ações que questionaram normas relativas à temática econômico-tributária.

No que se refere à relação do Supremo com o Executivo e o Legislativo, notamos que um dos principais papéis que o tribunal tem desempenhado é o de árbitro das disputas entre os poderes do Estado e entre os estados e a União. Como vimos, a principal argumentação nas decisões foi a defesa dos princípios do federalismo e da separação de poderes. E é no desempenho desse papel que o Supremo tem sido mais ativo, no sentido de deferir ações: 66,4% das ações deferidas foram fundamentadas com base nesse argumento.

No caso específico das relações do tribunal com o governo federal, vimos que a maior parte das ações que questionaram normas federais foi indeferida. O STF tem tendencialmente declarado que as políticas públicas e as ações do governo federal estão em conformidade com a Constituição. Examinando os votos individuais dos ministros, notamos também que poucos têm se oposto à postura das instituições majoritárias — apenas o ministro Marco Aurélio se distancia desse comportamento, tendo votado pelo deferimento de ações que questionaram diplomas federais em 45% das ações de que participou. Mas disso não inferimos necessariamente uma subserviência do tribunal em face do governo federal. É preciso ter em conta que nem sempre os atores que questionam diplomas federais têm por objetivo ver a norma declarada inconstitucional, utilizando a via do questionamento judicial apenas para dar visibilidade a sua oposição ao governo. Taylor (2008) afirma que esse comportamento é comum principalmente entre os partidos políticos.

Os dados apresentados neste estudo permitem concluir que a judicialização da política no Brasil é uma realidade. A revisão judicial é um instrumento de controle político que dá poder de veto aos agentes que acionam o tribunal, e também aos ministros do Supremo, sobre as deci-

Justiça, profissionalismo e política

sões tomadas pelos demais poderes do Estado. Esse instrumento tem sido constantemente utilizado, bastando olhar para o volume de ações diretas de inconstitucionalidade distribuídas no tribunal. O Supremo tem exercitado seu poder de veto com alguma parcimônia, mas sua interferência na política e sua importância e contribuição para o desenvolvimento e a sustentação da democracia no país são inegáveis.

O relacionamento entre direito e política no Brasil se intensificou após a Constituição de 1988, que ampliou o espaço para a atuação política do tribunal, e o perfil dos ministros do STF, seus valores e suas práticas são fatores essenciais nessa atuação. E para legitimar sua atuação política os ministros do STF se apoiam no profissionalismo. Isso porque, apesar de os ministros gozarem de considerável poder político, o fato de eles serem nomeados e não eleitos faz com que esse poder não seja suficiente para assegurar suas posições — especialmente quando eles têm de enfrentar maiorias legislativas ao declarar leis ou atos inconstitucionais.

O fato de os ministros não serem eleitos dá força e ao mesmo tempo enfraquece o STF. Os ministros são imunes aos interesses partidários porque não estão preocupados em vencer eleições. Mas, quando decidem questões políticas, são facilmente rotulados como parciais, porque não podem reclamar suporte público. Com isso, os ministros do STF precisam legitimar-se através de outra fonte de autoridade, e assim se apoiam na *expertise* e nos valores profissionais como um meio para esse fim. Munidos com a autoridade profissional, fundamentada na *expertise*, os ministros do STF são capazes de fornecer presumibilidade assim como proporcionar uma arena alternativa na qual atores políticos e sociais podem exercer o controle democrático sobre as ações do governo.

Direito, profissionalismo e política são fatores inter-relacionados na determinação das decisões da Corte. O papel imperativo desempenhado pelo profissionalismo no processo de tomada de decisão judicial é um aspecto positivo, na medida em que favorece a independência dos juízes em relação aos interesses político-partidários e governamentais. Isso dá credibilidade e legitimidade ao STF.

Referências

ADORNO, Sérgio (Org.). Dossiê Judiciário. Apresentação. *Revista da USP*, São Paulo, v. 21, p. 7-11, mar./maio 1994.

AGRESTI, Alan. *An introduction to categorical data analysis*. New York: Wiley, 1966.

ANDREWS, Christina W. Implicações teóricas do novo institucionalismo: uma abordagem habermasiana. *Dados*, Rio de Janeiro, v. 48, n. 2, p. 271-298, 2005.

ARANTES, Rogério Bastos. *Judiciário e política no Brasil*. São Paulo: Idesp/Sumaré, 1997.

_____; KERCHE, Fábio. Judiciário e democracia no Brasil. *Novos Estudos Cebrap*, São Paulo, n. 54, p. 27-41, 1999.

AURÉLIO, Marco. Toga não pode ser usada para se chegar a um cargo eletivo. *O Estado de S. Paulo*, 5 fev. 2006.

BAIRD, Vanessa. *Influences on Supreme Court decision making*. 2001. Disponível em: <http://socsci.colorado.edu/~bairdv/anonymous.pdf>. Acesso em: mar. 2005.

BALEEIRO, Aliomar. *O Supremo Tribunal Federal, esse outro desconhecido*. Rio de Janeiro: Forense, 1967.

BERCOVICI, Gilberto. Constituição e política: uma relação difícil. *Lua Nova*, São Paulo, n. 61, p. 5-24, 2004.

BLOOM, Anne. The post-attitudinal moment: judicial policymaking through the lens of new institutionalism. *Law and Society Review*, Danvers, v. 35, n. 1, p. 219-230, 2001.

BOBBIO, Norberto. *Teoria do ordenamento jurídico*. Brasília: UnB, 1999.

BOLFARINE, Heleno; BUSSAB, Wilton. Elementos de amostragem: versão preliminar. São Paulo: Instituto de Matemática e Estatística/USP, 2000.

BONELLI, Maria da Glória. A competição profissional no mundo do direito. *Tempo Social*, São Paulo, v. 10, n. 1, p. 185-214, 1998.

_____. *Profissionalismo e política no mundo do direito*. São Paulo: Edufscar/ Sumaré, 2002.

_____; OLIVEIRA, Fabiana Luci de. A política das profissões jurídicas: autonomia em relação ao mercado, ao Estado e ao cliente. *Revista de Ciências Sociais*, Fortaleza, v. 34, n. 1, p. 990-1114, 2003.

BOURDIEU, Pierre. *Poder simbólico*. São Paulo: Difel, 1990.

BRENNER, Saul; HEBERLIG, Eric S. In my opinion... Justices' opinion writing in the U.S. Supreme Court, 1946-1997. *Social Science Quarterly*, West Sussex, v. 83, n. 3, p. 762-774, Sept. 2002.

BURRAGE, Michael. Escaping the dead hand of rational choice: Karpik's historical sociology of French advocates. *Law and Social Inquiry*, West Sussex, v. 24, p. 1083-1124, 1999.

CAPPELLETTI, Mauro. *Juízes legisladores*? Porto Alegre: Sergio Antonio Fabris Editor, 1993.

CASTRO, Marcus Faro de. O Supremo Tribunal Federal e a judicialização da política. *RBCS*, São Paulo, v. 12, n. 34, p. 147-155, jun. 1997.

CITTADINO, Gisele. Poder Judiciário, ativismo judicial e democracia. In: ENCONTRO DA ANPOCS, 25, Caxambu, 2001. *Anais...*

CLAYTON, Cornell W.; GILLMAN, Howard. *Supreme Court decision making*: new institutionalist approaches. Chicago: The University of Chicago Press, 1999.

COSTA, Emília Viotti da. *O Supremo Tribunal Federal e a construção da cidadania no Brasil*. São Paulo: Ieje, 2001.

DAHL, Robert. Decision-making in a democracy: the Supreme Court as a national policymaker. *Journal of Public Law*, n. 6, p. 279-295, 1957.

DANELSKI, David. Conflict and its resolution in the Supreme Court. *Journal of Conflict Resolution*, p. 71-78, 1967.

DOMINGO, Pilar. Judicial independence: the politics of the Supreme Court in Mexico. *Journal of Latin American Studies*, v. 32, p. 705-735, 2000.

Referências

_____. Judicialization of politics or politicization of the Judiciary? Recent trends in Latin America. *Democratization*, v. 11, n. 1, p. 104-126, Feb. 2004.

_____; SIEDE, Rachel. *Rule of law in Latin America*: the international promotion of judicial reform. London: University of London, 2001.

DWORKIN, Ronald. *O império do direito*. São Paulo: Martins Fontes, 1999.

_____. *Uma questão de princípio*. São Paulo: Martins Fontes, 2001.

EPSTEIN, Lee; KNIGHT, Jack. *The choices justices make*. Washington: CQ, 1998.

_____; SEGAL, Jeffrey; SPAETH, Harold. The norm of consensus on the US Supreme Court. *American Journal of Political Science*, Houston, v. 45, n. 2, p. 362-377, 2001.

FAORO, Raymundo. *Os donos do poder*. São Paulo: Globo/Edusp, 1973.

FELDMAN, Stephen M. The rule of law or the rule of politics? Harmonizing the internal and external views of Supreme Court decision making. *Law and Social Inquiry*, West Sussex, v. 30, n. 1, p. 89-135, Winter 2005.

FERRAZ JR., Tércio Sampaio. O Judiciário frente à divisão dos poderes: um princípio em decadência? *Revista da USP*, Dossiê Judiciário, São Paulo, p. 19-24, jan./fev./mar. 1994

FERREIRA FILHO, Manoel Gonçalves. Poder Judiciário na Constituição de 1988 — judicialização da justiça e politização da justiça. *Revista de Direito Administrativo*, Rio de Janeiro, v. 198, p. 1-17, 1994.

FREIDSON, Elliot. *O renascimento do profissionalismo*. São Paulo: Edusp, 1996a.

_____. Para uma análise comparada das profissões: a institucionalização do discurso e do conhecimento formais. *RBCS*, São Paulo, n. 31, p. 156-177, 1996b.

_____. *Professionalism*: the third logic. Cambridge: Polity Press, 2001.

GADAMER, Hans-Georg. *Verdade e método*. I. Traços fundamentais de uma hermenêutica filosófica. Petrópolis: Vozes, 1997.

GARAPON, Antoine. *O juiz e a democracia*: o guardião das promessas. Rio de Janeiro: Revan, 1999.

GARTH, Bryant; DEZALAY, Yves. *The internationalization of palace wars*: lawyers, economists, and the contest to transform Latin American states. Chicago: University of Chicago Press, 2002a.

_____; _____. *Global prescriptions*: the production, exportation, and importation of a new legal orthodoxy. Ann Arbor: University of Michigan Press, 2002b.

GEORGE, T. E.; EPSTEIN, L. On the nature of Supreme Court decision making. *American Political Science Review*, Washington, v. 86, n. 2, p. 323-337, 1992.

GIBSON, James L. From simplicity to complexity: the development of theory in the study of judicial behavior. *Political Behavior*, v. 5, n. 1, p. 7-49, 1983.

GIDDENS, Anthony. *As consequências da modernidade*. São Paulo: Unesp, 1991.

GILLMAN, Howard; CLAYTON, Cornell (Ed.). *The Supreme Court in American politics*: new institutionalist interpretations. Lawrence, Kan: University Press of Kansas, 1999.

GOLDSTEIN, Leslie Friedman. From democracy to juristocracy. *Law and Society Review*, Danvers, v. 38, n. 3, p. 611-629, 2004.

HÄBERLE, Peter. *Hermenêutica constitucional*: a sociedade aberta dos intérpretes da Constituição: contribuição para a interpretação pluralista e "procedimental" da Constituição. Porto Alegre: Sergio Antonio Fabris Editor, 2002.

HABERMAS, Jürgen. *Direito e democracia, entre facticidade e validade I*. Rio de Janeiro: Tempo Brasileiro, 1997.

HALLIDAY, Terence. The politics of lawyers: an emerging agenda. *Law and Social Inquiry*, West Sussex, v. 24, p. 1007-1011, 1999a.

_____. Politics and civic professionalism: legal elites and cause lawyers. *Law and Social Inquiry*, West Sussex, v. 24, p. 1013-1060, 1999b.

_____; KARPIK, Lucien. *Lawyers and the rise of western political liberalism*. Oxford: Clarendon Press, 1997.

HALPERN, Stephen; LAMB, Charles M. (Ed.). *Supreme Court activism and restraint*. Lexington, Mass: Lexington Books, 1982.

HAZARD, Geoffrey C.; DONDI, Angelo. *Legal ethics*: a comparative study. Stanford: Stanford University Press, 2004.

HEISE, Michael. The past, present, and future of empirical legal scholarship: judicial decision-making and the new empiricism. *University of Illinois Law Review*, Champaign, v. 2, n. 4, p. 819-850, 2002.

HERRERO, Álvaro. *Entre democracia, política y justicia*: un análisis político institucional de la Suprema Corte de Justicia de la Provincia de Buenos Aires. Buenos Aires: Pent, 2005.

HIRSCHL, Ran. *Towards juristocracy*: the origins and consequences of the new constitutionalism. London: Harvard University Press, 2004.

Referências

HOWARD JR., J. Woodford. On fluidity of judicial choice. *American Political Science Review*, v. 62, n. 1, p. 43-56, 1968.

HUNTINGTON, Samuel. *The soldier and the State*: the theory and politics of civil-military relations. Cambridge: Harvard University Press, 1957.

HURWITZ, Mark S.; LANIER, Drew Noble. I respectfully dissent: consensus, agendas, and policymaking on the U.S. Supreme Court, 1888-1999. *Review of Policy Research*, West Sussex, v. 21, n. 3, p. 429-445, 2004.

IARYCZOWER, Matias; SPILLER, Pablo; TOMMASI, Mariano. Judicial Independence in Unstable Environments, Argentina 1935-1998. *Journal of Political Science*, Clinton, v. 46, n. 4, p. 699-716, Oct. 2002.

IDEIAS do escolhido. *Consultor Jurídico*, 6 fev. 2006.

IKAWA, Daniela R. Hart, Dworkin e discricionariedade. *Lua Nova*, São Paulo, n. 61, p. 97-113, 2003.

JACOB, H. *Courts and law*: politics in comparative perspective. New Haven: Yale University Press, 1996.

KINZO, Maria D'Alva; DURKERLEY, James (Ed.). *Brazil since 1985*: politics, economy and society. London: Institute of Latin American Studies, 2003.

KOERNER, Andrei. *O Poder Judiciário na Constituição da República*. Dissertação (mestrado) — Faculdade de Filosofia, Letras e Ciências Humanas, Universidade de São Paulo, 1992.

_____. O debate sobre a reforma judiciária. *Novos Estudos Cebrap*, São Paulo, n. 54. p. 11-26, 1999.

KRITZER, Herbert M.; RICHARDS, Mark J. Jurisprudential regimes and Supreme Court decision-making: the Lemon regime and establishment clause cases. *Law & Society Review*, Danvers, v. 37, n. 4, p. 827-840, 2003.

LAMOUNIER, B. (Org.). *De Geisel a Collor*: o balanço da transição. São Paulo: Idesp/Sumaré, 1990.

LANIER, Drew Noble. *Of time and judicial behavior*: United States Supreme Court agenda-setting and decision-making, 1888-1997. London: Associated University Presses, 2003.

LARKINS, Christopher. The Judiciary and delegative democracy in Argentina. *Comparative Politics*, New York, v. 30, n. 4, p. 423-442, 1998.

LARSON, Magalli Sarfatti. *The rise of professionalism, a sociological analysis*. Berkeley: University of California Press, 1977.

MACAULAY, Fiona. Democratization and the Judiciary: competing reform agendas. In: KINZO, Maria D'Alva; DURKERLEY, James (Ed.). *Brazil since 1985*: politics, economy and society. London: Institute of Latin American Studies, 2003. p. 84-104.

MACHADO, Fábio Cardoso. Breves considerações sobre a função jurisdicional nos sistemas anglo-saxão e romano-germânico. *Jus Navigandi*, Teresina, ano 8, n. 343, [s.p.], 15 jun. 2004. Disponível em: <http://jus.uol.com.br/revista/texto/5333>.

MAGALHÃES, Pedro; ARAÚJO, Antonio. A justiça constitucional entre o direito e a política: o comportamento judicial no tribunal constitucional português. *Análise Social*, Lisboa, v. 145, n. 1, p. 7-53, 1998.

MAN, Wai Sin. Law, politics and professional projects: the legal profession in Hong Kong. *Social & Legal Studies*, London, v. 10, n. 4, p. 483-504, 2001.

MARCH, James G.; OLSEN, Johan P. The new institutionalism: organizational factors in political life. *American Political Science Review*, n. 78, p. 734–749, Sept. 1984.

MARTELETO, Regina Maria. Análise de redes sociais: aplicação nos estudos de transferência da informação. *Ciência da Informação*, Brasília, v. 30, n. 1, p. 71-81, 2001.

MARTIN, Andrew; QUINN, Kevin. *Assessing preference change on the US Supreme Court*. Working Paper n. 25, Center for Statistics and the Social Sciences University of Washington, 2002. p. 1-31.

MARTÍNEZ-LARA, Javier. *Building democracy in Brazil*: the politics of constitutional change, 1985-1995. New York: St. Martin's Press, 1996.

MAVEETY, Nancy (Ed.). *The pioneers of judicial behavior*. Ann Arbor: University of Michigan Press, 2003.

_____; GROSSKOPF, Anke. 'Constrained' constitutional courts as conduits for democratic consolidation. *Law & Society Review*, Danvers, v. 38, n. 3, p. 463-488, 2004.

MENARD, Scott William. *Applied logistic regression analysis*. California: Sage University Papers, 2001.

MENDES, G. F. *Controle de constitucionalidade*: aspectos políticos e jurídicos. Dissertação (mestrado) — Universidade de Brasília, 1987.

Referências

MERLE, Jean-Christophe; MOREIRA, Luiz (Org.). *Direito e legitimidade*. São Paulo: Landy, 2003.

MIRANDA, Décio. Discursos proferidos no STF, a 9 de outubro de 1985, por motivo de sua aposentadoria. *Revista Forense*, v. 292, p. 497, 1985.

MISHLER, W.; SHEEHAN, R. S. The Supreme Court as a countermajoritarian institution? The impact of public opinion on Supreme Court decisions. *American Political Science Review*, Washington, v. 87, n. 1, p. 87-101, 1993.

MORAES, Alexandre. *Direito constitucional*. São Paulo: Atlas, 2003.

MOUSTAFA, Tamir. Law *versus* the State: The judicialization of politics in Egypt. *Law and Social Inquiry*, West Sussex, v. 28, p. 883-930, 2003.

MURPHY, Walter F.; PRITCHETT, C. Herman (Ed.). *Courts, judges, and politics*: an introduction to the judicial process. New York: Random House, 1974.

NEQUETE, Lenine. *O Poder Judiciário no Brasil*. Brasília: Supremo Tribunal Federal, 2001.

OLIVEIRA, Fabiana Luci de. Os ministros do Supremo Tribunal Federal no pós-Constituição de 1988: profissionais *versus* políticos. *Revista Teoria e Pesquisa*, São Carlos, v. 40-41, p. 183-205, 2002.

_____. O Supremo Tribunal Federal nos anos de 1979 a 1999: uma análise de conteúdo dos jornais *Folha de S.Paulo* e *O Estado de S. Paulo*. *Revista de Sociologia e Política*, Curitiba, n. 22, p. 101-118, 2004.

_____. *Supremo Tribunal Federal*: do autoritarismo à democracia. Rio de Janeiro: Campus, 2011.

_____; SILVA, Virginia Ferreira. Processos judiciais como fonte de dados: poder e interpretação. *Revista Sociologias*, Porto Alegre, n. 13, p. 244-259, jan./jun. 2005.

OLIVEIRA, Vanessa Elias. Judiciário e privatizações no Brasil: existe uma judicialização da política? *Dados*, Rio de Janeiro, v. 48, n. 3, p. 559-587, 2005.

OLSON, Susan M.; DZUR, Albert W. Revisiting informal justice: restorative justice and democratic professionalism. *Law and Society Review*, Danvers, v. 38, n. 1, p. 139-176, 2004.

OSIEL, Mark J. Dialogue with dictators: judicial resistance in Argentina and Brazil. *Law and Social Inquiry*, West Sussex, v. 20, n. 2, p. 481-560, 1995.

OSTBERG, C. L.; WETSTEIN, Matthew E.; DUCAT, Craig R. Attitudinal dimensions of Supreme Court decision making in Canada: the Lamer Court, 1991-1995. *Political Research Quarterly*, v. 55, n. 1, p. 235-256, Mar. 2002.

PAMPEL, Fred C. *Logistic regression*: a primer. California: Sage University Papers, 2002.

PANG, Eul-So; SECKINGER, Ron L. The mandarins of imperial Brazil. *Comparative Studies in Society and History*, v. 14, n. 2, p. 215-244, Mar. 1972.

PRECARIEDADE da Justiça é unanimidade até entre ministros. *Folha de S.Paulo*, 5 out. 1986.

PRITCHETT, C. Herman. *The Roosevelt Court*: a study in judicial politics and values 1937-1947. New York: Macmillan, 1948.

REYNOLDS, H.T. *Analysis of nominal data*. 2nd ed. Beverly Hills: Sage, 1994.

RICHARDS, Mark J.; KRITZER, Herbert M. Jurisprudential regimes in Supreme Court decision making. *American Political Science Review*, v. 96, n. 2, p. 305-320, June 2002.

ROCHA, José de Albuquerque. *Estudos sobre o Poder Judiciário*. São Paulo: Malheiros, 1995.

RODRIGUES, Leda Boechat. *História do Supremo Tribunal Federal*. Rio de Janeiro: Civilização Brasileira, 1965/1968/1991/2002. 4 t.

RODRIGUES, Maria de Lurdes. *Sociologia das profissões*. Oeiras: Celta, 1997.

RUGER, Theodore W. et al. The Supreme Court forecasting project: legal and political science approaches to predicting Supreme Court decision-making. *Columbia Law Review*, v. 104, p. 1150-1209, 2004.

SADEK, Maria Tereza. A Justiça Eleitoral no processo de redemocratização. In: LAMOUNIER, Bolívar (Org.). *De Geisel a Collor*: o balanço da transição. São Paulo: Idesp/Sumaré, 1990. p. 153-180.

_____ (Org.). *Uma introdução ao estudo da Justiça*. São Paulo: Idesp/Sumaré, 1995a.

_____. *O Judiciário em debate*. São Paulo: Idesp/Sumaré, 1995b.

_____ (Org.). *Reforma do Judiciário*. São Paulo: Fundação Konrad Adenauer, 2001.

SANTOS, André Luis Lopes; ANDRADE, Rogério Emílio (Coord.). *Direito e política*: nos marcos da interdisciplinaridade. Campinas: Edicamp, 2003.

SANTOS, Boaventura de Sousa. *A crítica da razão indolente*: contra o desperdício da experiência. São Paulo: Cortez, 2002. v. 1.

Referências

SARAT, Austin; SCHEINGOLD, Stuart (Ed.). *Cause lawyering*: political commitments and professional responsabilities. New York: Oxford University Press, 1998.

SCHEINGOLD, Stuart. Taking Weber seriously: lawyers, politics, and the liberal State. *Law and Social Inquiry*, West Sussex, n. 24. p. 1061-1081, 1999.

SCHUBERT, Glendon. *The Judicial mind*: the attitudes and ideologies of Supreme Court Justices, 1946-1963. Evanston: Northwestern University Press, 1965.

SCHUMACHER, Aluisio A. Sobre moral, direito e democracia. *Lua Nova*, São Paulo, n. 61, p. 75-96, 2004.

SEGAL, Jeffrey; COVER, Albert D. Ideological values and the votes of U.S. Supreme Court Justices. *American Political Science Review*, n. 83, p. 557-565, 1989.

_____; SPAETH, Harold. *The Supreme Court and the attitudinal model*. Cambridge: Cambridge University Press, 1993.

_____; _____. *The Supreme Court and the attitudinal model revisited*. Cambridge: Cambridge University Press, 2002.

SHAPIRO, Martin. *Law and politics in the Supreme Court*: new approaches to political jurisprudence. New York: Free Press, 1964.

_____. The United States. In: TATE, Neal; VALLINDER, Torbjörn (Ed.). *The global expansion of judicial power*. New York: New York University Press, 1995.

_____; SWEET, Alec Stone. *On law, politics, and judicialization*. Oxford/New York: Oxford University Press, 2002.

SILBEY, Susan S. The dream of a social science: Supreme Court forecasting, legal culture, and the public sphere. *Perspectives in Politics*, v. 2, n. 4, p. 785-792, 2004.

SLOTNICK, E. E. Judicial politics. In: CROTTY, William. *Political science*: looking to the future. Evanston: Northwestern University Press, 1991. v. IV.

SOUZA, Jessé (Org.). *A atualidade de Max Weber*. Brasília: UnB, 2000.

SPAETH, Harold J. Warren Court attitudes toward business: the B Scale. In: SCHUBERT, Glendon (Ed.). *Judicial decision making*. New York: Free Press, 1963.

STOTZKY, Irwin P. (Ed.). *Transition to democracy in Latin America*: the role of the Judiciary. Boulder: Westview Press, 1993.

SYNDER, Eloise. The Supreme Court as a small group. *Social Forces*, Chapel Hill, v. 36, p. 236-238, 1958.

TATE, C. Neal. Personal attribute models of the voting behavior of US Supreme Court Justices: liberalism in civil liberties and economics decisions, 1946-1978. *American Political Science Review*, n. 75, p. 355-367, 1981.

_____. The judicialization of politics in the Philippines and Southeast Asia. *International Political Science Review*, v. 15, n. 2, p. 187-197, 1994.

_____. Courts and the breakdown and re-creation of Philipine democracy: evidence from the Supreme Court's agenda. *International Social Science Journal*, n. 152, 279-291, 1997.

_____; HANDBERG, Roger. Time binding and theory building in personal attribute models of Supreme Court voting behavior, 1916-88. *American Journal of Political Science*, v. 35, n. 2, p. 460-480, May 1991.

_____; VALLINDER, Torbjörn (Ed.). *The global expansion of judicial power*. New York: New York University Press, 1995.

TAYLOR, Matthew. *Judging policy: Courts and policy reform in democratic Brazil*. Stanford: Stanford University Press, 2008.

TEITEL, Ruti G. *Transitional justice*. New York: Oxford University Press, 2000.

TEIXEIRA, Ariosto. *A judicialização da política no Brasil (1990-1996)*. Dissertação (mestrado) — Departamento de Ciência Política, Universidade de Brasília, Brasília, 1997.

ULMER, Jeffery T. *Social worlds of sentencing*. New York: State University of New York Press, 1997.

VALE, Oswaldo Trigueiro do. *O Supremo Tribunal Federal e a instabilidade político-institucional*. Rio de Janeiro: Civilização Brasileira, 1976.

VAN GEEL, T. R. *Understanding SC opinion*. New York: Longman, 1991.

VAN HOY, Jerry. *Legal professions*: work, structure and organization. London: JAI, 2001.

VIEIRA, Oscar Vilhena. *O Supremo Tribunal Federal*: jurisprudência política. São Paulo: Malheiros, 2002.

_____. Supremocracia. *Revista Direito GV*, v. 4, p. 441-464, 2008.

WERNECK VIANNA, Luiz (Org.). *A democracia e os três poderes no Brasil*. Belo Horizonte: UFMG; Rio de Janeiro: Iuperj/Faperj, 2002.

_____ et al. *A judicialização da política e das relações sociais no Brasil*. Rio de Janeiro: Iuperj/Revan, 1999.

Anexo

Quadro 1

Lista das Adins sorteadas na amostra

3	227	430	626	844	1.103	1.438	1.612	1.946	2.336
8	234	449	627	849	1.106	1.444	1.617	1.968	2.339
9	236	452	628	864	1.115	1.458	1.618	2.038	2.360
27	237	455	632	885	1.116	1.459	1.621	2.043	2.368
29	249	458	635	892	1.145	1.460	1.630	2.047	2.385
30	252	461	644	895	1.153	1.471	1.632	2.055	2.422
36	260	462	658	902	1.193	1.474	1.643	2.057	2.439
47	266	465	661	909	1.196	1.475	1.653	2.067	2.448
48	274	473	672	935	1.218	1.480	1.658	2.070	2.450
56	281	477	676	939	1.230	1.484	1.669	2.085	2.481
71	296	490	678	948	1.233	1.496	1.670	2.100	2.492
83	297	495	681	956	1.249	1.498	1.685	2.119	2.493
88	303	498	684	958	1.254	1.500	1.696	2.133	2.495
91	305	508	693	965	1.262	1.506	1.704	2.161	2.503
95	306	512	707	966	1.273	1.510	1.709	2.166	2.507
97	309	520	718	975	1.276	1.515	1.712	2.172	2.508
110	313	538	721	978	1.280	1.516	1.717	2.190	2.510
137	316	542	726	979	1.289	1.517	1.730	2.205	2.520
142	322	546	728	983	1.305	1.523	1.751	2.207	2.524
153	325	550	729	997	1.307	1.527	1.779	2.209	2.525
156	342	552	730	1.001	1.317	1.540	1.782	2.219	2.526
157	356	562	737	1.014	1.319	1.541	1.789	2.224	2.557
159	363	577	739	1.018	1.339	1.543	1.803	2.243	2.565
164	366	581	754	1.020	1.345	1.582	1.812	2.246	2.582
166	384	600	761	1.025	1.353	1.587	1.827	2.267	2.585
171	401	601	770	1.032	1.355	1.591	1.832	2.272	2.586
196	406	613	799	1.051	1.396	1.592	1.837	2.275	2.606
200	407	615	802	1.056	1.411	1.603	1.849	2.306	2.627
217	419	624	824	1.088	1.416	1.607	1.851	2.313	2.666
222	428	625	830	1.097	1.422	1.610	1.935	2.334	2.770

Justiça, profissionalismo e política

Tabela A
Teste de qui-quadrado

	Value	df	Asymp. Sig. (2-sided)
Pearson Chi-Square	11,668	4	,020
Likelihood Ratio	10,318	4	,035
Linear-by-Linear Association	3,878	1	,049
N of Valid Cases	75		

Tabela B
Teste de qui-quadrado

	Value	df	Asymp. Sig. (2-sided)
Pearson Chi-Square	1,758	2	,415
Likelihood Ratio	1,624	2	,444
Linear-by-Linear Association	,500	1	,479
N of Valid Cases	300		

Tabela C
Teste de qui-quadrado para o cruzamento
voto minoritário × passagem pelo Ministério Público

	Value	df	Asymp. Sig. (2-sided)	Exact Sig. (2-sided)	Exact Sig. (1-sided)
Pearson Chi-Square	10,204	1	,001		
Continuity Correction	9,545	1	,002		
Likelihood Ratio	10,438	1	,001		
Fisher's Exact Test				,002	,001
Linear-by-Linear Association	10,183	1	,001		
N of Valid Cases	487				

Anexo

Tabela D
Votos minoritários dos ministros, de acordo com o objeto da lei em questão

| Ministro | Objeto da lei (temática) | | | | Total |
	Adm. pública	Questão político-partidária	Questão econômico-tributária	Sociedade civil	
Moreira Alves	100,0%				3
Néri da Silveira	58,3%	8,3%	25,0%	8,3%	12
Francisco Rezek	50,0%	50,0%			4
Sydney Sanches	83,3%	16,7%			6
Octávio Gallotti	85,7%		14,3%		7
Célio Borja	100,0%				3
Paulo Brossard	80,0%		20,0%		5
Sepúlveda Pertence	35,0%	30,0%	15,0%	20,0%	20
Celso de Mello	50,0%	25,0%	25,0%		4
Carlos Velloso	50,0%	18,8%	25,0%	6,3%	16
Marco Aurélio	63,3%	10,0%	16,7%	10,0%	30
Ilmar Galvão	81,8%		18,2%		11
Maurício Corrêa	100,0%				2
Ellen Gracie			100,0%		1
Total	62,1%	13,7%	16,9%	7,3%	124

Tabela E
Argumentos utilizados nas decisões monocráticas

Argumento	Frequência	%
Impossibilidade jurídica	46	88,5
STF não tem competência	5	9,6
Não contraria lei/preceito	1	1,9
Total	52	100,0

Tabela F
Teste de qui-quadrado

	Value	df	Asymp. Sig. (2-sided)	Exact Sig. (2-sided)	Exact Sig. (1-sided)
Pearson Chi-Square	52,066	1	,000		
Continuity Correction	50,559	1	,000		
Likelihood Ratio	52,277	1	,000		
Fisher's Exact Test				,000	,000
Linear-by-Linear Association	51,959	1	,000		
N of Valid Cases	487				

Tabela G
Teste de qui-quadrado

	Value	df	Asymp. Sig. (2-sided)
Pearson Chi-Square	18,619	4	,001
Likelihood Ratio	18,662	4	,001
Linear-by-Linear Association	10,596	1	,001
N of Valid Cases	487		

Tabela H
Teste de qui-quadrado

	Value	df	Asymp. Sig. (2-sided)
Pearson Chi-Square	,700	2	,705
Likelihood Ratio	,704	2	,703
Linear-by-Linear Association	,001	1	,981
N of Valid Cases	487		

Tabela I
Teste de qui-quadrado

	Value	df	Asymp. Sig. (2-sided)	Exact Sig. (2-sided)	Exact Sig. (1-sided)
Pearson Chi-Square	13,032	1	,000		
Continuity Correction	12,373	1	,000		
Likelihood Ratio	13,156	1	,000		
Fisher's Exact Test				,000	,000
Linear-by-Linear Association	13,005	1	,000		
N of Valid Cases	487				

Tabela J
Teste de qui-quadrado

	Value	df	Asymp. Sig. (2-sided)	Exact Sig. (2-sided)	Exact Sig. (1-sided)
Pearson Chi-Square	3,586	1	,058		
Continuity Correction	3,230	1	,072		
Likelihood Ratio	3,613	1	,057		
Fisher's Exact Test				,067	,036
Linear-by-Linear Association	3,578	1	,059		
N of Valid Cases	487				